宁德简志

中共宁德市委党史和地方志研究室　编

方志出版社
Publishing House of Local Records

图书在版编目（CIP）数据

宁德简志 / 中共宁德市委党史和地方志研究室编.
北京 : 方志出版社, 2023.12
ISBN 978-7-5144-5859-6

Ⅰ. ①宁… Ⅱ. ①中… Ⅲ. ①宁德－地方志 Ⅳ.
①K295.73

中国国家版本馆 CIP 数据核字(2023)第 205369 号

责任编辑：刘方圆
责任校对：张玉霞
责任印制：梅中英
出 版 者：方志出版社
地　　址：北京市朝阳区潘家园东里 9 号（国家方志馆 4 层）
邮　　编：100021
网　　址：http://www.zgfzcb.cn
发　　行：方志出版社图书营销中心（010-67110500）
印　　刷：福建省地质印刷厂
开　　本：787 毫米×1092 毫米　1/16
印　　张：24
字　　数：280 千字
版　　次：2023 年 12 月第 1 版
印　　次：2023 年 12 月第 1 次印刷
定　　价：180.00 元

《宁德简志》编纂机构组成名单

《宁德简志》编纂委员会

主　　任：梁伟新　张永宁

副 主 任：叶其发　蓝康昌

委　　员：吴乃意　郑建新　何　钊　韩筱芳　宁成杰

《宁德简志》编辑部

主　　编：吴乃意

执行主编：宁成杰

执行副主编：杨振旺　兰　洁

编辑人员：王乃化　林立光　吴巧蓉　翁泰其

福建省地图出版社 编制　审图号：宁S（2023）31 号　资料截至：2022年12月

序

宁德地处福建东北部，地理区位优越，依山面海、气候宜人、生态优美、资源丰富，拥有“中国化油器名城”“中国中小电机之都”“中国食用菌之都”“中国刀剪之乡”“中国太子参之乡”“中国大黄鱼之乡”“中国鲈鱼之乡”“中国茶叶之乡”“中国白茶之乡”“中国海带之乡”“中国紫菜之乡”“中国晚熟龙眼之乡”“南国葡萄之乡”“中国畲族医药文化之乡”“中国老年人宜居城市”“中国孝德文化之乡”“中国长寿之乡”“国家园林城市”“国家森林城市”“全国文明城市”等诸多荣誉。宁德历史源远流长，自旧石器晚期始有人类繁衍生息，文化积淀厚重，人文历史遗存众多，英雄人杰辈出，是全国著名的苏区和革命老区、土地革命战争时期全国主要革命根据地之一，同时也是全国少数民族畲族的主要聚居地。宁德山川秀丽，风光旖旎，旅游景观得天独厚，并形成以“山海川岛、畲族风情、宗教文化、红色历史”为特色的旅游产业。

1988 年，习近平同志就任宁德地委书记。在他提出“弱鸟先飞”理念、倡导“滴水穿石”精神的引领下，宁德人民久久为功，奋力拼搏，实现了历史上从未有过的翻天覆地巨大变化，经济社会发展取得巨大成就，实现脱贫致富奔小康的目标任务。新兴产业、现代服务业、高效农业加速发展，形成了锂电新能源、新能源汽车、不锈钢新材料、铜材料四大主导产业集群。拥有不锈钢新材料、锂电新能源两个千亿产业集群，成为全球最大的聚合物锂离子电池生产基地。宁德综合实力跃进中国百强城市行列。

鉴古知今，继往开来。宁德人民始终解放思想，坚持改革开放，推动科学发展，坚定不移地高举中国特色社会主义伟大旗帜，为构建“一核两廊五轴”发展格局，全方位推进高质量发展超越，奋力谱写“宁德篇章”作出新的贡献。

《宁德简志》编辑部

2023 年 9 月

凡　例

一、本志以马克思列宁主义、毛泽东思想、邓小平理论、“三个代表”重要思想、科学发展观、习近平新时代中国特色社会主义思想为指导，坚持辩证唯物主义和历史唯物主义的立场、观点和方法，择要记述宁德自然、政治、经济、文化、社会的历史与现状，以便读者快速、便捷地了解宁德。

二、本志记述上限起于事物发端，下限一般止于 2022 年 12 月 31 日；以宁德市境域为记述范围，详今略古，着重突出改革开放后的发展脉络，体现变化情况；详记市区，兼及辖县（市）。

三、本志述、志、图、表等体裁并用，横排纵写，由市情概览、地方组织、城乡建设、经济发展、社会事业、文化艺术、宁德人物七个部分组成。

四、本志采用规范的语体文、记述体，语言文字力求做到文风严谨、朴实、简洁。数字、标点符号用法分别采用国家标准《出版物上数字用法》（GB/T15835—2011）、《标点符号用法》（GB/T15834—2011），计量单位采用国家技术监督局 1993 年 12 月发布的《量和单位》系列国家标准，部分农田土地面积沿用“亩”为单位。统计数据以市统计局公布为准，缺失的则采用部门提供的数据，全书数据一般小数点后保留一位小数，由于四舍五入导致合计数与分项数加总可能存在误差。

五、本志纪年，清代及以前的纪年采用朝代年号纪年括注公元年份表述，自 1912 年 1 月 1 日起均使用公元纪年。

六、本志资料主要来源于《宁德地区志》《宁德市志（1993—2005）》及历年《宁德年鉴》，并对原志鉴部分史料进行修订和补充；增补资料来源于相关部门。所用资料一般不注明出处。

目　录

市情概览

宁德城区（柳明格 / 摄）

宁德市，福建省辖地级市，位于福建省东北部，地处北纬 26° 18′～27° 40′、东经 118° 32′～ 120° 43′，东临东海，南接福州，西连南平，北与浙江省温州市、丽水市接壤。陆地面积 13452 平方千米，海域面积 44566 平方千米，大陆海岸线长 1046 千米，居全省设区市之首。

2022年，宁德市辖蕉城区、福安市、福鼎市、霞浦县、古田县、屏南县、寿宁县、周宁县、柘荣县等9个县（市、区），有43个乡（含9个民族乡）、69个镇、14个街道，215个居委会、2134个村委会。

建置地理

建置沿革　宁德，俗称闽东，先秦时期为闽越族居地。西晋太康三年（282 年）置温麻县，是区内最早建立的县一级政区，县治在今霞浦县洪山山麓，辖境包括今宁德地区的大部分和政和、连江、罗源等县地。唐武德六年（623 年）析温麻县设长溪县（治所在今霞浦县）。元至元二十三年（1286 年），长溪县升为福宁州，辖本州和福安、宁德二县。清雍正十二年（1734 年），福宁州升为福宁府，领宁德、福安、寿宁、霞浦四县。1912 年，废府、州、厅建置，实行省、道、县 3 级地方政制，区内古田、屏南、霞浦、福鼎、宁德、福安、寿宁七县并属东路道。1914 年，东路道改称闽海道，七县并属闽海道。民国期间先后设第二、第一、第八、第一行政督察区。1949 年 9 月设立第三行政督察专员公署，专署驻福安，1950 年改称福安专区专员公署，1970 年 7 月专署迁驻宁德，1971 年 6 月改称宁德地区。1999 年 11 月 14 日经国务院批准撤地设市，成立宁德市人民政府，2000 年 11 月 14 日正式挂牌，下辖蕉城区、福安市、福鼎市、霞浦县、古田县、屏南县、寿宁县、周宁县、柘荣县 9 个县（市、区）。至 2022 年，宁德市建置未调整。

地理环境　宁德市地势西北高，东南低，中间隆起，自西北至东南呈阶梯状降落。地貌类型多样，以山地为主，丘陵次之，兼有平原、盆谷和滩涂。主要山脉有洞宫山脉、鹫峰山脉和太姥山脉 3 条。境内千米以上山峰共 913 座，最高峰为寿宁县山羊尖，海拔 1649 米。全市流域面积 100 平方千米以上的河流有 14 条，流域总面积 1.3 万平方千米，其中在境内流域面积 1.1 万平方千米，占全市总面积的 80.6%。属中亚热带海洋性季风气候，热量丰富，雨水充沛，雨热同期。

自然资源 宁德境内已发现矿产资源 43 种，其中，能源矿产 3 种，金属矿产 18 种，非金属矿产 20 种，水气矿产 2 种。海域水域总面积 4.5 万平方千米（包括闽东渔场、闽外渔场）。海岛 643 个，其中有居民海岛 37 个，无居民海岛 606 个，大小港湾 29 个，具有发展大型工业港和综合性枢纽港的优势条件。拥有官井洋大黄鱼天然产卵场（国家级水产种质资源保护区）和东吾洋对虾天然产卵场，福鼎野生紫菜和厚壳贻贝自然繁殖区，鱼类 500 余种，虾、蟹类 60 余种，贝类 70 余种，藻类 10 余种。根据年度土地利用变更调查成果，2021 年，宁德市土地利用总面积 134.4 万公顷。2022 年，全市年水资源总量为 137.1 亿立方米，人均水资源量 3860 立方米。根据福建省林草湿数据，全市林地面积 99.1 万公顷，森林蓄积量 5549.5 万立方米，森林覆盖率 70.0%（根据“国土三调”融合数据，森林蓄积量 5968.7 万立方米，森林覆盖率 59.7%）。宁德市野生动植物资源丰富，共有国家一级重点保护野生动物 28 种，国家二级重点保护野生动物 92 种；国家一级保护植物 5 种，国家二级保护植物 30 种。

人口民族 宁德地区早在新石器时代就有闽越族先民活动，秦汉以来汉族不断迁入。至 2022 年末，全市常住人口 315.6 万人，其中男性 164.2 万人，女性 151.4 万人；城镇常住人口 198.4 万人，占总人口的比重（常住人口城镇化率）为 62.9%；全年出生率 7.3‰，死亡率 7.6‰，自然增长率 -0.3‰。全市年末户籍人口 355.2 万人，户籍人口城镇化率为 38.8%。全市除汉族外有少数民族成分 45 个，少数民族人口 23.0 万人，占全市总人口的 6.5%，其中畲族 20.5 万人，约占全省的 1/2、占全国的 1/4，是全国与福建省最主要的畲族聚居地。全市设 1 个畲族经济开发区、9 个畲族乡，少数民族人口千人以上的

宁德中心城区（柳明格 / 摄）

乡镇59个，民族村246个（畲族村239个、回族村6个、壮族村1个），民族自然村约有1000个。2022年，全市旅外华侨、海外华人45.8万人，主要分布在马来西亚、美国、英国、澳大利亚等73个国家和地区，古田、屏南是宁德市重点侨乡。

城市名片

山海宁德（柳明格 / 摄）

【山海宁德】

宁德负山抱海，境内有全国少有的滨海山岳地貌，山、谷、林、溪、岛、礁、湾、滩遍布，景致优美。支提、太姥东海浮翠、饵霞栖云，三都澳天连水尾、渔乐陶陶。山海之间，茶香鱼肥，廊桥、福船巧夺天工。

【三都良港】

三都澳位于宁德市境内，口小腹大、风平浪静、水深港阔、山海相会、风光秀美，是中国沿海少有的良港，适合建设大型港口、布局临海型工业。近代，东西方商贸在三都澳留下了深厚的积淀。宁德以三都澳为核心，建设港口、产业、城市、生态“四位一体”联动发展的都市空间。

三都镇白基湾海域新型塑胶环保渔排（阮传龙 / 摄）

全国单拱跨度最长的寿宁县下党乡鸾峰桥（韦茂春/摄）

【廊桥之乡】

木拱廊桥是一种“桥上建廊、以廊护桥、桥廊一体”的独特桥梁样式，属中国传统木构桥梁中技术含量最高的品类之一，被誉为古代木构桥梁的活化石。全国木拱廊桥数量极少，截至 2022 年仅有 110 余座，而宁德市就有 52 座，每个县（市、区）均有分布，其中有全国单拱跨度最长的寿宁县下党乡鸾峰桥（单拱 37.2 米）和全国单拱跨度最短的寿宁县犀溪乡寿春桥（又名翁坑桥，单拱 12.4 米）。2009 年 9 月，中国木拱廊桥传统营造技艺被联合国教科文组织批准列入《急需保护的非物质文化遗产名录》。宁德木拱廊桥数量之多、工艺之精、保存之完整且延续之久，在国内实属罕见，堪称木拱廊桥的宝库，宁德也因此获“中国木拱廊桥文化之乡”的美誉。

畲族婚俗：凤凰装与银凤冠（丁立凡/摄）

【闽东畲乡】

2022 年末，宁德市畲族人口 20.5 万人，约占全省的 1/2、占全国的 1/4，是全国与福建省最主要的畲族聚居地。畲族千百年的繁衍生息在宁德积淀了深厚的文化底蕴，宁德至今较好地留存有畲族的语言、民歌、服饰、民俗等特色文化，在全国独树一帜。

【锂电小镇】

宁德锂电新能源小镇位于国家级东侨经济技术开发区，集聚形成以宁德时代新能源科技股份有限公司、宁德新能源科技有限公司为龙头的锂电新能源产业集群。2022 年，锂电新能源产业已建在建电池总产能达 330 吉瓦时，蕉城时代、福鼎时代一期等一批龙头项目建成投产。消费类电池、动力电池、储能电池市场占有率分别连续 11 年、6 年、2 年保持全球第一。锂电新能源产业完成产值 2756 亿元，规模以上工业企业 58 家，工业增加值增长 44.3%，动力电池产业集群入选国家先进制造业集群。

锂电新能源小镇　（徐烽 / 摄）

上汽乘用车宁德基地全景（杨慈监 / 摄）

【汽车城】

上汽宁德基地项目是在省委、省政府大力支持下，通过省市共同努力、政企密切配合引进的“金娃娃”项目，是全省设计产能最大的新能源乘用车生产项目，也是宁德市的四大主导产业之一，项目落地蕉城三屿工业园区。2018 年 4 月 28 日，上汽集团乘用车宁德基地项目正式动工建设；2019 年 6 月 28 日，首台通线车下线；2019 年 9 月 28 日，正式竣工投产，首款投产车型——插电混动名爵 eHS 下线。三屿工业园区配套供应商厂房、沈海高速公路宁德汽车城互通等一批新建项目同步竣工。上汽宁德基地集整车项目、供应商园区项目、物流配套项目三位一体，以上汽集团乘用车福建分公司为龙头企业，有延锋、振华振德、伊控动力、安脉时代等 40 余家一、二级配套供应商企业入驻，主机厂具备整车生产的冲压、焊接、涂装、总

装等完整的四大工艺，主要布局车型为荣威 ROEWE、名爵 MG 等品牌的新能源和传统能源汽车。截至 2022 年，上汽宁德基地已经是国内主要的新能源汽车出口基地，代表国内新能源汽车制造的领先水平，生产的 MG eHS 插电混动等多款车型远销欧洲、澳新、南美、中东等海外市场。上汽宁德基地拥有全亚洲最大的总装车间，曾获“2020 年中国标杆智能工厂”称号，构建“智能装备”“智慧供应链”“大数据智脑”三位一体的汽车智能制造体系，平均 53 秒可下线 1 辆整车，产能提升至 30 万辆 / 年，并入选 2022 年度国家级“绿色工厂”名单。2022 年 9 月 28 日，上汽宁德基地在投产三周年之际迎来第 50 万台整车正式下线。2022 年，上汽宁德基地实现工业产值约 300 亿元。

旅游景点

白水洋景区（汤须杨/摄）

宁德依山傍海，独特的青山秀水造就丰富的旅游资源。1978 年 12 月中共十一届三中全会后，中共宁德地委提出“开发旅游资源，启动闽东经济”的战略构想，大力发展旅游业，带动全区国民经济迅速发展，相继成立地、县（市）旅游机构，修葺旅游景点，完善旅游服务设施，使旅游事业成为经济发展新的增长点，也成为人们生活和文化需求的重要方式之一。2022 年，全市累计接待游客 4235.4 万人次，实现旅游总收入 363.8 亿元，游客人均消费 859 元。截至 2022 年，全市拥有世界地质公园 1 个，优秀旅游县 1 个，国家 A 级旅游景区 54 个（其中国家 AAAAA 级旅游景区 2 个，国家 AAAA 级旅游景区 3 个）。

国家 AAAAA 级旅游景区

屏南白水洋·鸳鸯溪旅游区 屏南白水洋·鸳鸯溪景区位于福建省宁德市屏南县境内，整个景区呈月牙形，总面积 66 平方千米；溪长 36 千米，分为白水洋、宜洋、刘公岩、太堡楼、鸳鸯湖五大景区。白水洋景区被誉为“奇特景观”“天下绝景，宇宙之谜”，是世界上唯一的“浅水广场”。长约 2 千米，最宽处 182 米，总面积达 8 万多平方米，平坦的河床一石而就，布水均匀，净无沙砾，人行其上，水仅没踝。中、下洋之间有一条近百米长的天然冲浪滑道，赤身下滑不伤肌肤，可尽享大自然赐予的清凉。一年一度的“8·18”白水洋水上文化旅游节，有浓郁的水上民俗风情表演和别具一格的水上运动会。鸳鸯溪景区被冠以“爱侣圣地”“鸳鸯之乡”“人间仙境”，是极为罕见的峡谷风光。景区内森林茂密，古树苍天，融秀溪、峡峰、怪石、奇洞、雄瀑、诡云、蒙雾、古道、险栈、珍禽异兽为一体，构成一幅立体的山水景观。同时，也是国内瀑布最多的景区，其中百丈漈水帘洞、小壶口瀑布、鼎潭仙宴谷为国家特级景点，是人们健身、探幽、休闲、旅游的胜境。

1994 年，鸳鸯溪风景区被列为第三批国家重点风景名胜区；2004 年 7 月，白水洋·鸳鸯溪景区被列为福建省十大旅游品牌之一；2005 年 8 月，白水洋·鸳鸯溪景区被国土资源部批准为国家地质公园；2006 年 12 月，白水洋被列为 CCTV 完美假期十佳旅游线路闽东北亲水游的龙头品牌；2007 年，白水洋·鸳鸯溪景区获“福建省最佳旅游目的地”称号；2009 年 1 月，白水洋·鸳鸯溪景区被国家旅游局批准为国家 AAAA 级旅游景区，同时成为国家级旅游服务业标准化工作试点单位；2010 年 10 月，白水洋·鸳鸯溪景区被联合国教科文组织正式批准为宁德世界地质公园；2011 年 11 月，白水洋·鸳鸯溪景区旅游服务标准化通过国家标准化管理委员会的试点验收；2012 年 8 月，白水洋·鸳鸯溪景区获评国家 AAAAA 级旅游景区；同年 12 月，福建白水洋体育旅游项目获评中国体育文化·体育旅游博览会“2012 年度中国体育旅游精品项目”；2013 年 10 月，被中国体育文化·体育旅游博览会评为“2013 年中国体育旅游十佳精品景区”；2014 年 11 月，福建屏南白水洋体育旅游休闲健身项目被中国体育文化·体育旅游博览会授予“2014 年中国体育旅游十佳精品景区”称号；2015 年 10 月，屏南白水洋国际水上极限挑战赛被中国体育文化·体育旅游博览会评为“2015 中国体育旅游十佳精品赛事”；2016 年 2 月，中国白水洋国际水上（皮划艇）极限挑战赛被中国体育旅游博览会组委会评为“2016 中国体育旅游精品赛事”；2016 年 1 月，入选国家旅游局“国家绿色旅游示范基地”；2017 年 7 月，被国家旅游局、国家体育总局认定为“国家体育旅游示范基地”创建单位；2018 年，白水洋·鸳鸯溪景区被批准为“国家体育旅游示范基地”；2019 年 4 月，被国家体育总局授予“国家体育产业示范项目”称号；2021 年 9 月，被福建省国资委命名为“福建省国有企业爱国主义教育基地”；2021 年 11 月，被国家体育总局、文化和旅游部批准为“国家体育旅游示范基地”，被国家体育总局评为“2021 中国体育旅游十佳精品景区”；2022 年 12 月，入选中共福建省委宣传部“首批 20 个重点影视外景拍摄基地”。

太姥山风景名胜区　位于闽浙交界的福鼎市境内，北离温州 118 千米、南距福州 200 千米，三面临海，于东海之滨，同三高速及温福铁路穿其脚下而过，交通十分便利。景区总面积 100 平方千米。景区内有三十六峰、四十五石、二十四洞、十岩、九泉、三溪、二岭、一谷。在中国 1.8 万千米的大陆海岸线上，太姥山是一处以自然风光著

太姥山（李步登 / 摄）

称的山岳型风景名胜区，堪称“中国海滨最美的山”。太姥山岳景区为太姥山风景名胜区的精华所在，峰峦险峻、怪石嵯峨、岩洞幽致、云雾缭绕，以“峰险、石奇、洞幽、雾幻”四绝闻名遐迩。“云横断壁千层险”是太姥奇峰的真实写照。太姥奇石，雕镂万态，形神兼备、惟妙惟肖，栩栩如生。峰石之下，有着一百多处宛如地下迷宫的岩洞，大洞套小洞，小洞连大洞，洞洞相通，纵横交错，曲折幽深，为天下名山所少有的花岗岩洞群景观。

太姥山历史上与武夷山、雁荡山并称闽越三大名山，相传尧帝母亲居山修真而得名太母山，汉武帝命东方朔为天下名山造册而正名太姥山，并敕封为“天下第一山”。传说东海诸仙常聚会于此，故有“海上仙都”的美誉。据地质学家考证，太姥山整座山体由肉红色钾长粗粒花岗岩组成，是地质史中生代白垩纪的产物，距今约有1亿年。1987年，太姥山经省人民政府批准为省级风景名胜区。1988年，被批准为国家级风景名胜区。2010年10月，福鼎太姥山被正式列入联合国教科文组织世界地质公园网络名录，获得“宁德世界地质公园”称号。2013年10月，太姥山旅游景区被国家旅游局授予国家AAAAA级旅游景区称号。

国家AAAA级旅游景区

周宁鲤鱼溪·九龙漈旅游区 鲤鱼溪景区位于周宁县城西5千米的浦源村，景区面积14.5平方千米，“鲤鱼溪护鱼习俗”至今已有八百年历史，南宋末年，郑氏先祖肇基于九曲溪畔，为保护溪中鲤鱼，订立村规民约：“人在鱼在、誓死护鱼、不捕不食、世代相传。”久

鲤鱼溪夜景（叶晓晖/摄）

之，人鱼情笃、生息与共，爱鱼护鱼蔚然成风，成就了这一独具特色、神奇美妙的鲤鱼溪自然生态保护区，是中国乃至世界人与自然和谐相处的典范，被中央电视台誉为“中华奇观”。

九龙漈景区，距县城 13 千米，景区面积 950 公顷，由九级瀑布组成，分别为一级大瀑布、龙蛙瀑、龙鳄瀑、龙牙瀑、卧龙瀑、龙井瀑、龙潭瀑、龙角瀑、龙口瀑，其中以第一级九龙漈大瀑布最为壮观，瀑布高 46.7 米、宽 76 米，丰水期可达 83 米，气势磅礴，雄浑壮阔，是中国十大瀑布之一，被誉为“福建第一，中国少有”。整个瀑布群在一千米的流程中，落差达 300 多米，形成奇绝的飞瀑深潭，悠久的九龙传说，更加彰显它的神秘色彩。1987 年，被省人民政府列为首批省级风景名胜区。2013 年，被批准为国家 AAAA 级旅游景区。

福安白云山风景名胜区　白云山风景名胜区位于福安市西北部穆云乡和晓阳镇境内，面积 67 平方千米。以规模宏大的河谷石臼、罕见的花岗岩峡谷深切曲流地貌和丰富的火山岩地貌为景观特征，规划为白云山、九龙洞、龙亭峡谷、黄兰峡谷、金钟山等 5 个景区。白云峰集佛光、云海和日出“三绝”，因山顶常年白云缭绕而得名，主峰海拔 1450 米。白云山“佛光”乃十分珍奇罕有的自然奇观，每年多出现在夏秋时节。白云山顶“天池”中还生长着一种十分罕见的野生中国睡莲——午时莲。九龙洞分布着大量壶穴、流水冲蚀沟槽和垂直弧形凹槽，其数量之丰、类型之多、发育之系统、保存之完整堪称一绝，九龙洞飞天井为特大型的穿壁壶穴，直径约 30 米，深约 50 米，规模宏大，尤为壮观。黄兰溪峡谷谷地狭窄，峭壁如削。峡谷两侧险峰矗立，奇石嶙峋；峭崖之上，飞瀑直降，谷底潭深水清。谷中林木茂盛，是鸟儿的天堂、猕猴的乐园。

2009 年 12 月，被国务院列入第七批国家级风景名胜区。2010

福安白云山·九龙洞景区俯拍

年10月，被列入世界地质公园。2014年6月，获评国家AAAA级旅游景区，2015年，获评国家级风景名胜区优秀景区。

柘荣鸳鸯草场景区　鸳鸯草场为国家AAAA级旅游景区，坐落于国家级生态示范区、省级园林县城福建省柘荣县，离城关约12千米，最高海拔1200米，面积11267亩，是南方最大的万亩高山草场，有着“南方的呼伦贝尔”之美誉。2022年，获评福建省级森林康养基地、宁德市级职工疗休养基地，被省旅游协会组织认定为福建省帐篷露营地。草场四周有大片的阔叶和针叶混交林，周边山峰巍峨挺拔，充满阳刚之壮美。草山低矮绵延起伏，山脊走势富有韵律，核心区的山岚远远望去，犹如人工泥塑的微型盆景。草场属于高山海洋性小气候，昼夜温差大、湿度大，独特的地理气候造就了其独特的自然景观：春天，绵延的草丛中绽放着淡紫色、红色和白色的杜鹃，与漫山遍野的野花竞相争艳，引来众多的蜜蜂和彩蝶尽情飞舞；夏天，翠绿的山岗与蓝天白云融为一体，放眼望去如入画中，令人心旷神怡；秋天，此起彼伏的草甸开着银白色的草花，在微风吹拂下，摆动着秀欣窈窕的身姿；冬天，泛红的草山与四周绿色的阔叶和针叶混交林带，形成鲜明的色彩对比。此时若降下一场瑞雪，草原披上银装，分外妖娆。

柘荣鸳鸯草场坚持可持续发展原则，以康养度假休闲为特色，因地制宜完成相关配套基础设施与景观建设，不断完善提升景区产品规模。配套的柘荣闽江饭店坐落于鸳鸯草场景区主入口处，采用地景式建筑设计理念，柔和质朴、化繁为简，将四季的流转变迁幻化为多姿色彩，巧妙地融入酒店空间布局，更有蕴含非遗手绘工艺的特色彩玻镶嵌其间，美味佳肴滋养舌尖上的味蕾，匠心孕育文旅生活新体验。外观酒店，与起伏的山势浑然一体、相映成趣；身居其间，目及所至皆为自然，静心醇享皆是经典。酒店总建筑面积约 14500 平方米，配套景区游客服务中心、128 间（套）温馨客房、可容纳 580 人的全日制餐厅和特色包间，以及综合性会议室、多功能厅，倾力打造静雅恬适、隐而逸居，集美食住宿、休闲娱乐、康养度假、全域集散等功能于一体的高品质度假酒店。

名优特产

闽东依山傍海，得天独厚的山海地理特性赋予闽东丰富的天然物产资源，积淀深厚的文化底蕴赠予闽东人精湛的生产技艺。尤其是改革开放以来，闽东大黄鱼、古田银耳香菇、福鼎白茶，福安南方葡萄、蕉城晚熟荔枝龙眼、柘荣太子参、霞浦海带紫菜、宁德新能源锂电池、寿宁三祥氧化锆……名优特产数不胜数。

【大黄鱼】

大黄鱼

宁德市享有“中国大黄鱼之乡”“中国大黄鱼之都”的称号。“宁德市大黄鱼”先后获评国家地理标志证明商标和中国驰名商标，并被列入全省十大渔业品牌。2022 年，全市大黄鱼养殖产量 194856 吨，约占全国大黄鱼养殖产量的 90.5%。

【食用菌】

宁德市境内有真菌类上百种，已被较大规模开发利用的有银耳、香菇、蘑菇、木耳、金针菇等 30 多种。20 世纪 70 年代以来，宁德食用菌鲜菇产量、产值一直位居全省第一，2022 年，全市食用菌产量 21.8 万吨（干鲜混合），比上年增长 5.6%，产值 76.5 亿元。古田县、屏南县、寿宁县分别被授予“中国食用菌之都”“中国夏香菇之乡”“中国花菇之乡”称号。

纯白银耳标准化、反季节栽培（李鸿驰 / 摄）

【茶叶】

宁德是全国重要产茶区、著名茶叶之乡，有着“中国红茶之都”“中国白茶之乡”“中国名茶之乡”“中国茶文化之乡”等称号，“福鼎白茶”“坦洋工夫”“天山绿茶”“寿宁高山茶”等名茶名品享

茶叶种植地（谢飞 / 摄）

誉中外，产茶工艺门类齐全。全市 9 个县（市、区）中有蕉城、福安、福鼎、寿宁、周宁等超过半数县（市、区）为“全国重点产茶县”。2022 年，宁德市茶园面积 108.5 万亩，毛茶产量 12.7 万吨，毛茶产值 48.4 亿元。

2022 年底，宁德市共有效注册国家地理标志证明商标 90 件，其中，蕉城 14 件，古田 8 件，屏南 10 件，周宁 8 件，寿宁 2 件，福安 18 件，柘荣 3 件，福鼎 14 件，霞浦 11 件，市直 2 件；被认定为中国驰名商标 46 件，其中，市本级 1 件，蕉城 9 件，古田 1 件，屏南 1 件，周宁 1 件，寿宁 1 件，福安 12 件，柘荣 4 件，福鼎 10 件，霞浦 2 件；被批准实施国家地理标志产品保护 6 个，其中，市本级 1 个，古田 1 个，屏南 1 个，福安 1 个，柘荣 1 个，福鼎 1 个。

县（市、区）概况

蕉城城区

蕉城区

蕉城区地处宁德市南部沿海，鹫峰山脉东南麓，位于北纬26° 31′～26° 59′、东经119° 07′～119° 50′ 15″。东临三都澳，与霞浦隔海相望，南与福州市罗源毗邻，西与屏南相接，西南与古田接壤，北与周宁交界，东北与福安相连。东西宽70千米，南北长50千米，土地面积1505.5平方千米，海域面积280平方千米，海岸线总长211千米。因城区轮廓形如芭蕉叶，俗称蕉城，是宁德市政府所在地，是“山、海、川、岛”旅游风光兼具的宜居港湾城市。蕉城区原

属温麻、长溪辖地。唐开成年间（836—840 年）析长溪县宁川及古田县东北部设感德场。五代后唐长兴四年（933 年）升场为县，取宁川、感德各一字，定名“宁德”县，属长乐府。1949 年 8 月 15 日宁德解放，属福建省第三行政督察区（1950 年改称福安专区）。1970 年福安专区驻地迁往宁德县城关（蕉城镇），次年 6 月改称宁德地区。1988 年 10 月，宁德撤县设市（县级市），隶属宁德地区管辖。1999 年 11 月经国务院批准，撤销宁德地区和县级宁德市；2000 年 9 月 3 日举行设立蕉城区（以原宁德市区域为准）庆典暨挂牌仪式，11 月地级宁德市挂牌后，蕉城区归宁德市管辖。2022 年，下辖 11 个镇、3 个乡（含 1 个民族乡）、2 个街道及 1 个省级开发区（三都澳经济开发区），常住人口约 64.6 万人；地区生产总值 1261.5 亿元（含东侨），一般公共预算总收入 60.9 亿元，农林牧渔业总产值 100.5 亿元，城镇居民人均可支配收入 44463 元，农村居民人均可支配收入 23139 元。三次产业结构调整为 4.1∶71.6∶24.3。

蕉城区依山面海，流域面积大于 10 平方千米以上。霍童溪、七都溪、金溪为境内三大河流，全区多年平均水资源总量 39.4 亿立方米。境内滩涂面积有 92.7 平方千米，是主要海产养殖区。素有“中国大黄鱼之乡”的美誉，拥有“三都港”“海名威”“宁德缢蛏”“岳海及图”等 12 个福建省著名商标。境内资源丰富，已探明地下矿藏主要有高岭土、叶蜡石、硅石、饰面石材、建筑石料、建筑用砂、矿泉水等。有针阔叶混交林群落和被列为国家二级保护植物的桫椤群落、南方红豆杉群落。动物资源丰富，拥有国家二级保护动物白鹇鸟。

蕉城区区位交通优越，离太平洋西岸国际主航线仅 30 海里，北距上海 390 海里，南距福州 66 海里，东距台湾基隆港仅 126 海里，开通了金门、马祖、澎湖货运直航；有温福铁路、衢宁铁路、沈海高速公路及复线、宁武高速公路等交通通道，处于宁德市“一个半小时”

交通网的中心。港口资源丰富，拥有“世界不多、中国仅有”的东方大港——三都澳，澳内海域714平方千米，10米以上的深水水域174平方千米，深水岸线88千米，主航道水深30～115米、无碍航暗礁，50万吨级巨轮可全天候自由进出，是建设大型物流港、储备港和中转港的理想港址。产业基础坚实，培育形成锂电新能源、新能源汽车、铜材料等具有国际影响力和竞争力的主导产业。生态环境优美，是一座“山、海、川、岛”兼具的滨海城市，流域面积10平方千米以上单独入海的溪河有8条，面积500平方米以上的岛屿27个，海拔千米以上的山峰有81座。历史文化悠久，已有千年建县历史，诗文书画兴盛；革命战争时期涌现出“无名英雄”蔡威、“百丈岩九壮士”等一批革命先烈。文化古迹众多，霍童线狮、畲族“双音”被列为国家级非物质文化遗产，“中国水密隔舱福船制造技艺”被列入世界非物质文化遗产名录，黄鞠灌溉工程入选世界灌溉工程遗产名录。

福安市

福安市地处宁德市中部，位于北纬26°41′～27°24′、东经119°23′～119°52′。东与柘荣县为邻，东南与霞浦县相接，西与周宁县相连，西北与寿宁县为邻，南与蕉城区毗邻，北与浙江省泰顺县接壤。全市陆域总面积1880平方千米，海域面积118.9平方千米，大陆海岸线长178.5千米。南宋淳祐五年（1245年）建县，直隶福建路福州。1949年7月19日，福安县解放，先后隶属福建省第三行政督察区、福安专区、宁德地区。1989年11月13日，福安撤县建市（县级市），仍属宁德地区。2000年11月宁德撤地设市，福安市属宁德市。福安市下辖1个省级经济开发区、18个乡镇、4个街道，常住人口 60.5 万人，其中畲族人口 7.7 万人，是全国畲族人口最多的县（市）。2022 年，地区生产总值 761.1 亿元，农林牧渔业总产值 107.2 亿元，规模以上工业增加值增长 10.9%，固定资产投资增长 6.9%，社会消费品零售总额 170.8 亿元，一般公共预算总收入 66 亿元，一般公共预算地方级收入 39.6 亿元，城镇居民人均可支配收入 46035 元，农村居民人均可支配收入 23928 元。

福安背山临海，是海西东北翼的交通枢纽和闽浙赣内陆的重要物

福安市区（吴庆堂 / 摄）

资集散地。铁路、公路、港口三位一体通江达海的交通体系完善，全市高速公路通车里程达 146.7 千米，高速互通达 12 个。境内流域面积 5638 平方千米，水资源蕴含量 34.1 万千瓦，已探明地下矿藏有钼、硫铁矿、高岭土、叶蜡石、硅石、饰面石材等 20 多种，探明矿区储量 22 处。境内有世界地质公园、国家 AAAA 级旅游景区——白云山、中国历史文化名村——廉村、刺桫椤省级自然保护区——瓜溪、红色旅游基地——柏柱洋、中国最美葡萄沟——溪塔、“坦洋工夫”历史文

化名村——坦洋以及楼下、南岩古民居群、松罗天池草场、金山大峡谷、仙岫畲族风情等自然、人文景观，是海西新兴旅游胜地。

福安是闽东经济重镇，是海西、环三发展的先行先试区。享有中国中小电机之都、中国中小电机出口基地、国家火炬中小电机特色产业基地、电机电器国家外贸转型升级基地、中国按摩保健器具生产/出口基地、全国民间船舶修造基地、机械工业引领高质量创新发展产业集聚区、中国红茶之都、中国特色巨峰葡萄之乡、中国茶叶之乡、南国葡萄之乡、中国绿竹之乡、中国特色竹乡、中国油茶之乡、中国畲族医药文化之乡等美誉。已形成以不锈钢新材料、电机电器、船舶修造、食品加工、医疗保健按摩器械等产业为支撑，现代农业、商贸物流齐头并进的三次产业发展格局。湾坞半岛是世界主要的不锈钢生产及深加工基地之一，2018 年，不锈钢新材料产业集群成为宁德市首个超千亿产业集群；2022 年，湾坞不锈钢新材料产业园获评国家新型工业化产业示范基地，青拓集团名列福建企业 100 强第六位、民企 100 强和制造业企业 50 强首位。现代农业特色鲜明，茶叶、葡萄、水蜜桃、脐橙、芙蓉李、杨梅、特晚熟龙眼等 20 多种农产品产量居福建省前列，拥有“坦洋工夫”国家地理标志保护产品及“福安巨峰葡萄”“福安葡萄”“福安刺葡萄”“福安芙蓉李”“福安绿竹笋”“福安油茶油”“穆阳水蜜桃”“穆阳线面”“溪塔刺葡萄”“福安白茶”等国家农产品地理标志和地理标志证明商标，是全国红茶、绿茶、花茶主产区和茶树良种繁育基地、福建省首个全国绿色食品原料（茶叶）标准化生产基地、中国茶业百强县、全国茶业生态建设十强县、全国茶业科技助农示范县，被列为首批国家农业可持续发展试验示范区创建县、中国特色农产品优势区。坦洋工夫茶制作技艺被列入联合国教科文组织人类非物质文化遗产代表作名录。

福鼎市

福鼎市地处宁德市东北部，位于北纬 26° 55′～ 27° 26′、东经 119° 55′～ 120° 43′。素为闽浙门户，吴越要冲。东南濒东海，东北界浙江省苍南县，西北邻浙江省泰顺县，西接柘荣县，南连霞浦县。正北的分水关是福鼎市与浙江泰顺、苍南两省三县的分界点，自古为闽越关隘，已历千年。市区南距省会福州 230 千米，北离浙江温州 105 千米，东到台湾基隆港 156 海里。全市总面积 1544.9 平方千米，海域面积 14959.7 平方千米。福鼎古属扬州，晋属温麻县；隋开皇九年（589 年），废温麻县，地入原丰县；唐武德六年（623 年）置长溪县，属长溪县辖；清雍正十二年（1734 年），为霞浦县辖地；乾隆四年（1739 年），由霞浦县划出劝儒乡的望海、育仁、遥香、廉江四里置福鼎县，属福宁府，县治桐山；1934 年 7 月至 1947 年 4 月间，福鼎先后隶属福建省第二行政督察区、第一行政督察区、第八行政督察区、第一行政督察区；1949 年 6 月，属浙江省第五行政公署。1949 年 10 月，福鼎改属福建省第三行政督察区；1950 年，属福安专区；1971 年，福安专区改称宁德地区，福鼎属之；1995 年 10 月 13 日，经国务院批准，福鼎撤县设市，由宁德地区代管，市政府驻地桐山。2022 年末，辖 3 个街道、10 个镇、3 个乡（其中 2 个畲族乡）、1 个开发区，常住人口 56.2 万人。2022 年地区生产总值 503.9 亿元，农林牧渔业总产值 131.0 亿元，社会消费品零售总额 203.4 亿元，一般公共预算总收入 36.5 亿元，城镇居民人均可支配收入 45419 元，农村居民人均可支配收入 23198 元。

福鼎山海资源兼备。海岸线长达 316 千米，大小港湾 41 个，大小岛屿 158 个，天然深水良港——沙埕港是中国东南沿海重要的深水避风良港。境内大小河流纵横密布，具有向心状水系的特点，多年平

福鼎城区（张晋/摄）

均地表水资源总量17.9亿立方米。已发现的矿产有30余种，矿产地、矿点及矿化点165处，探明储量的有铅锌、银、铜、镉、硫铁矿、叶蜡石、玄武岩、花岗岩等，其中中型矿床2处。拥有福鼎太姥山世界地质公园、福瑶列岛国家海洋公园、大洋山省级森林公园等自然保护地6处43301.0公顷，是省级森林城市。福鼎旅游资源丰富，是福建省首批生态旅游示范县（市）。太姥山风景名胜区融山、海、川、岛

和人文景观为一体，是世界地质公园、国家自然遗产、国家级风景名胜区和国家 AAAAA 级旅游景区，素以“山海大观”“海上仙都”著称；嵛山岛是中国最美十大海岛之一，入选中国和美海岛；还有古村畲寨、古堡民居、生态茶园等遍布全域。福鼎美食发达，特色美食、小吃 300 多种，其中“中华名菜、名点、名小吃”96 个，“福建名菜、名点、名小吃”182 个，拥有首条“福建省美食街”石湖海鲜一条街，

是福建省首批"美食名城"和中国首批"美食地标城市"。

福鼎工业发展强劲。福鼎皮衣、玄武岩石材、化油器等产业在历史各个时期均占据国内同行业的重要地位，被授予"中国化油器名城"等称号。2021 年以来，福鼎加快前岐双岳锂电新能源产业园、店下龙安省级化工园、佳阳新能源产业拓展区等 3 个千亿产业片区建设，培育壮大合成革、汽摩配、食品加工等一批百亿产业。宁德时代锂离子电池福鼎生产基地 1 ～ 4 号工厂建成投产，5 号超级工厂加快建设，投产和在建电芯产能达 109 吉瓦时。建成白琳金山石材标准化园区，石材产业整治提升经验获生态环境部认可。福建首个核电项目宁德核电落户福鼎，总装机容量 600 万千瓦，一期 4 台机组全部并网商运，二期两台机组采用"华龙"技术启动建设。福鼎名优特产丰富。福鼎黄栀子、福鼎槟榔芋、福鼎四季柚、福鼎白茶等被纳入全国名特优新农产品名录，是"中国栀子花之乡""中国栀子名市""中国鲈鱼之乡""中国坛紫菜之乡"。福鼎是白茶发源地和主产区，是中国主要的白茶出口基地、全国十大产茶县（市）之一、中国茶叶发展示范县，被誉为"世界白茶发源地""中国白茶之乡""中国名茶之乡""中国茶文化之乡"。福鼎白茶获"中国驰名商标""中国地理标志保护产品""中国名牌农产品"等称号，被列入中欧地理标志首批互认清单。2022 年，福鼎白茶品牌价值 52.2 亿元，连续 13 年进入中国茶叶区域公用品牌十强，被评为"最具品牌带动力"品牌。福鼎文化积淀深厚，是全国文化先进县（市），独具特色的海洋文化、太姥文化、畲族文化、宗教文化、民俗文化、白茶文化、美食文化等在这里汇聚融合、交相辉映。"福鼎白茶制作技艺"作为"中国传统制茶技艺及其相关习俗"之一入选联合国教科文组织人类非物质文化遗产代表作名录，福鼎白茶文化系统入选中国重要农业文化遗产名单；福鼎沙埕铁枝和瑞云"四月八"歌会为国家级非物质文化遗产。

霞浦县

霞浦县地处宁德市东部，位于北纬26°25′～27°9′、东经119°46′～120°26′。东濒东海，西与福安市接壤，西南与蕉城区、罗源县、连江县隔海相望，北与福鼎市、柘荣县毗邻。陆域面积1716平方千米，海域面积2.9万平方千米。霞浦县因境内霞浦山而得名，是闽东最古老的县份，据黄瓜山贝丘遗址证明，商周时期就有先民在境内繁衍生息。西晋太康三年（282年）建温麻县，县治在今霞浦县洪山山麓，以原东吴立温麻船屯于此，故名。晋初至清末，霞浦县为闽东政治、经济、军事、文化中心，曾是福宁州治、福宁府治所在地。1949年中华人民共和国成立后，霞浦县先后隶属福建省第三行政督察区、福安专区、宁德地区，2000年11月，宁德撤地设市，属宁德市。2022年，下辖3个街道、6个镇、6个乡（含3个畲族乡），常住人口47.9万人。地区生产总值353.7亿元，一般公共预算总收入0.8亿元，城镇居民人均可支配收入42774元，农村居民人均可支配收入23786元。

霞浦地处福州、温州的中点，沈海高速公路和福温高速铁路穿境而过，设有4个高速互通口、1个火车站；拥有三沙、溪南、东冲等深水泊位，三沙口岸获得国务院批复同意扩大开放。依山面海，海洋资源尤为丰富，是全省十个渔业重点县之一，海域面积2.9万平方千米、海岸线480千米、浅水、滩涂265万亩、岛屿442个，均居福建省沿海县份首位。海洋鱼类700余种，滩涂生物300余种，盛产大黄鱼、海带、紫菜、刺参、鲍鱼等，年水产品总量在46万吨以上，位居全省前列，享有“中国海带之乡”“中国紫菜之乡”“中国南方海参之乡”“中国海带苗之乡”的美誉，同时也是“省级园林县城”“省级生态县”“省级文明县城”。境内有杨家溪等风景名胜区和

松城新貌（张铭 / 摄）

佛教、道教等自然人文景观，有大京、高罗等10余个沙滩，被称为“梦幻海岸、休闲天堂”。尤其是海滩摄影独具特色，是“全国摄影创作基地”，被称为中国“十大风光摄影圣地”“中国最美丽的滩涂”。三沙渔港经济区被列入全省首批渔港经济区建设规划，溪南半岛、东冲半岛等地拥有宝贵的港口岸线和充裕的土地后备资源，深水岸线长61千米，可建3万吨～50万吨深水泊位100余个。境内历史文化底蕴深厚，溪南白露坑村入选“中国少数民族特色村寨”，半月里村被列入“中国历史文化名村”。建善寺为佛教沩仰宗创始人灵祐祖师出

家地、城东赤岸为日本空海大师入唐求法海难登陆点、妈祖娘家松山妈祖天后宫等均闻名遐迩。

古田县

古田县地处宁德市西南部，位于北纬 26° 16′～26° 53′、东经 118° 32′～119° 24′。东连宁德蕉城区、福州罗源县，西接南平延平区、建瓯市，南邻福州闽清、闽侯县，北枕南平建瓯市、宁德屏南县，

古田城区（黄谷上/摄）

土地面积2372.8平方千米。古田县，别称玉田、青田。境内发现商、周古聚落遗址72处，证明先民早在3000多年前的商周时代，就在这里繁衍生息。唐开元二十九年（741年）始置县治，属福州都督府。1949年后，先后隶属南平专区、闽侯专区、宁德地区，2000年11月宁德撤地设市，属宁德市。2022年，辖2个街道、8个镇、4个乡，常住人口31.5万人。有归侨侨眷近10万人，海外华侨华人主要分布在马来西亚、澳大利亚、意大利等40多个国家和地区，是福建省重点侨乡、闽东第一侨乡。全县地区生产总值242.5亿元，农林牧渔业总产值94.9亿元，社会消费品零售总额100.1亿元，一般公共预算总收入10.9亿元，城镇居民人均可支配收入40692元，农村居民人均可支配收入24357元。

古田素有“一都”（中国食用菌之都）、“两区”（老区和库区）、“五乡”（华侨之乡、水电之乡、水果之乡、红曲之乡和文化体育之

乡）美誉。境内自然资源丰富，森林覆盖率72.3%，水电资源优越，理论蕴存量422万千瓦、可开发量399.0万千瓦、已开发量311.6万千瓦，古田是福建省最大的库区移民县，为支持国家发展水利电力事业先后两次移民，形成福建省最大的人工淡水湖——古田翠屏湖，古田溪水电站是新中国第一座梯级水电站、首座地下厂房水电站，被誉为“福建的水电摇篮”和“新中国水电人才的摇篮”。交通优势明显，地处闽江流域中段，位于福州、宁德、三明、南平四市中心，京台高速、合福高铁穿境而过，是连接沿海与内陆山区的重要交通枢纽和区域物流中心。产业基础稳固，盛产食用菌、水果、红曲等特色农产品，获得“中国食用菌之都”“中国银耳之乡”“中国红曲之乡”“全国食用菌行业先进县”“全国食用菌产业化建设示范县”等称号，创建国家级食用菌产品出口质量安全示范区、全国农村一二三产业融合发展先导区、国家现代农业产业园、全国乡村振兴示范县、

国家级生态文明建设示范区等诸多品牌。古田被誉为“中国菇业之源、世界菌业之窗”，截至2022年已开发生产食用菌品种38种，其中银耳产量占全国总产量的90%以上，是全国食用菌产销大县。古田气候温和湿润，果树生长环境得天独厚、种类丰富，其中古田水蜜桃、油柰、脐橙、芙蓉李等水果被誉为“八闽珍果”，“古田水蜜桃”获评国家地理标志证明商标。古田红曲产量居全国之首，占全国红曲产量的85%以上，“古田红曲”为国家地理标志证明商标。

古田人文荟萃，境内有妇幼保护神陈靖姑及其祖殿古田临水宫（始建于唐代）、南宋理学宗师朱熹讲学的蓝田书院、九届中国佛教协会领袖圆瑛大师及其任住持的千年古刹极乐寺、人类学民族学泰斗林耀华及其故居等众多历史文化遗迹，形成陈靖姑信俗文化、朱熹理学文化、圆瑛法师宗教文化、库区文化、华侨文化和食用菌文化等系列特色文化，先后被评为全国文化模范县、全省文化先进县、全国体育先进县、全国群众体育先进单位等，连续4届获评“省级文明县城”。县内有省级革命遗址15个，中共古田特别支部是闽东最早成立的党组织。主要旅游景点有翠屏湖景区、临水宫景区、金翼之家（AAA级）、前洋中国韵村景区、蘑菇部落（AAA级）、白溪草场、杉洋“文武古镇”、钱厝钱来山风景区、高岗草场、白岩洞、圆瑛故里、前洋古村、双坑油画。

屏南县

屏南县位于北纬26° 44′～27° 10′、东经118° 41′～119° 13′。地处福建省东北部霍童溪、古田溪上游，东南与蕉城区相连，南至西南与古田县相接，西至西北与南平建瓯市毗邻，北与南平政和县接壤，东北与周宁县交界。辖区总面积1487平方千米。屏南原属古田县。

清雍正十二年（1734 年）分治。因旧县治双溪位于屏山之南，故雍正皇帝赐名“屏南”。屏南建县后，属福州府。中华人民共和国成立后，属福建省南平专区。1963 年 8 月后，相继隶属闽侯专区、福安专区、宁德地区。2000 年 11 月，宁德撤地设市，屏南属之。2022 年，下辖 5 个镇、6 个乡，常住人口 13.7 万人。地区生产总值 125.9 亿元，社会消费品零售总额 44.8 亿元，一般公共预算总收入 5.9 亿元。城镇居民人均可支配收入 35530 元，农村居民人均可支配收入 20831 万元。

屏南地处福建省鹫峰山脉中段，境内山峦重叠，群峰林立，山谷盆地纵横交错，拥有独特的生态气候优势，平均海拔 830 米，森林覆盖率 76.2%，绿化率 92.2%；年平均气温 17℃，冬无严寒，夏无酷暑，素有“天然大空调”之美誉，被列入国家重点生态功能区、省级生态县、省十佳林业县，是全省少数保持水、大气、生态环境质量均为优良等级的县份之一。拥有世界地质公园、国家级风景名胜区、国家森林公园等，被列入国家绿色旅游示范基地、国家红色旅游经典景区、中国传统村落文化创意产业发展示范县、国家东部生态文明旅游区、国家全域旅游示范区创建名单和省全域化旅游试点县。屏南是福建省 26 个重点老区县之一，被誉为“红旗不倒县”。屏南还是“中国木拱廊桥文化之乡”“中国民间文化艺术之乡”“中国民间武术文化之乡”“中国红粬黄酒文化之乡”“中国本草养生文化之乡”。境内有古代廊桥 56 座，木拱桥传统营造技艺被列入《急需保护的非物质文化遗产名录》；四平戏、平讲戏、双溪铁枝入选国家级非物质文化遗产代表作名录；双溪镇、漈下村、漈头村入选中国历史文化名镇名村；北墘、厦地、棠口、漈头、漈下、双溪古镇以及屏南木拱廊桥被列为中国传统建筑文化旅游目的地。屏南是福建省 26 个重点侨乡之一，是全国农村改革试验区、全国金融扶贫示范县、全国土地承包经营权

屏南城区（甘叶斌 / 摄）

抵押贷款试点县、全国民间药膳示范县、全国开展美好环境与幸福生活共同缔造活动第一批试点县、省新型城镇化试点县、省农村电子商务示范县等。

寿宁县

寿宁县地处宁德市北部，鹫峰山系洞宫山脉东麓，位于北纬27° 11′～27° 41′、东经119° 14′～119° 44′。东与东北靠浙江省温州市泰顺县，西北界浙江省丽水市景宁县、庆元县，南与东南毗邻福安市，西连南平市政和县，西南接壤周宁县，北邻浙江省景宁县，是闽浙边重要交通枢纽，素有“两省门户，五县通衢”之称。东西宽54千米，南北长50千米，土地面积1433平方千米。明景泰六年（1455年），因“歼平矿贼”置县，县名取“福寿康宁”之义，隶属建宁府。清雍正十二年（1734年），划归福宁府。1912—1947年，先后隶属东路道、闽海道、福建省、闽海省、第二行政区。1949年7月13日，寿宁县解放，先后隶属福建省第三行政督察区、福安专区、宁德地区。2000年11月，宁德撤地设市，寿宁隶属宁德市。2022年，下辖8

个镇、6 个乡，常住人口 17.4 万人。全县地区生产总值 111.4 亿元，农林牧渔业总产值 32.8 亿元，社会消费品零售总额 33.3 亿元，一般公共预算总收入 5.8 亿元。城镇居民人均可支配收入 33407 元，农民人均可支配收入 20315 元。

寿宁属山岭重丘区，境内重峦叠嶂，峡谷纵横，千米以上山峰 257 座，其中山羊尖海拔 1649 米，为闽东群峰之冠。处海西绿色腹地，林地面积 8.8 万公顷，森林覆盖率 72.0%，是中国天然氧吧。气候温暖湿润，年平均气温 15.1℃，冬无严寒，夏无酷暑，被誉为“天然大空调”。生物种类繁多，常见野生动物 804 种，其中珍稀动物有娃娃鱼、穿山甲、苏门羚等；珍稀植物有红豆杉、福建柏、香樟、银杏等，被列入国家重点生态功能区、国家生态综合补偿试点县、国家生态文明建设示范县。矿产储量丰富，探明金属和非金属矿产 21 种，其中叶蜡石、石英石、明矾、白云石储量较大。土壤天然纯净，拥有 58.2 万亩富硒土壤和 68.8 万亩富锌土壤，其中 10 万亩土壤硒锌叠加，被列为首批福建省富硒农业产业开发重点县，获中国富硒富锌农业示范县、中国硒锌绿谷、中国长寿之乡等称号。寿宁还是中国茶叶重要产区，2022 年茶园面积 17.7 万亩，产量 2.2 万吨，“寿宁高山乌龙

鳌城新貌（卓仕尉 / 摄）

茶”获评国家地理标志证明商标，“寿宁高山茶”获国家地理标志农产品保护登记和中国地理标志认证，是中国名茶之乡、全国重点产茶县、中国茶叶产业发展示范县、全国十大生态产茶县、全国茶产业百强县。同时，还是全国乡村振兴典型观测县、全国农村创新创业典型县、国家数字乡村试点县、全国“十三五”搬迁工作成效明显县、全国信访工作“三无”县、全国信访工作示范县等。

寿宁人文底蕴厚重，明代著名文学家、戏曲家冯梦龙曾任寿宁知县，著书《寿宁待志》；北路戏是代表清代乱弹声腔的珍稀剧种，被列入国家级非物质文化遗产名录；有贯木拱廊桥 19 座，其营造技艺

被列入世界急需保护的非物质文化遗产，下党鸾峰桥等 6 座廊桥是全国重点文物保护单位，获评“中国木拱廊桥文化之乡”；红色传承明显，曾是闽浙两省临时省委、闽东苏维埃政府所在地，粟裕、叶飞、范式人等老一辈革命家曾在这里领导过革命斗争，境内有红色文化遗存遗迹 82 处，是福建省重点老区县、全国首批革命文物保护利用片区分县。旅游资源丰富，获批建设杨梅洲峡谷国家森林公园、古银硐国家地质公园、西浦国家水利风景区，拥有难忘下党、云上花田、西浦 3 个国家 AAA 级旅游景区，以及南山顶、金鸡巢、百步岭等一大批极具旅游开发潜力的景点，获评全国休闲农业和乡村旅游示范县。

周宁县

周宁县地处宁德市西北部，位于北纬 26° 53′～ 27° 19′、东经 119° 07′～ 119° 29′。东与福安市交界，西与南平政和县接壤，东南与蕉城区毗邻，西南与屏南县隔溪相望，北与寿宁县相连。全县土地面积 1047 平方千米。周宁古为七闽地。唐属长溪县。五代闽龙启元年（933 年）起属宁德县，宋初为青田乡东洋里。明嘉靖三十五年（1556 年）筑周墩城堡建东洋行县，由宁德县主簿驻治。清雍正十三年（1735 年）改由宁德县丞驻治，称周墩分县，辖 4 个都。1933 年，改为宁德县第五区。1935 年 6 月，改设周墩特种区，脱离宁德县辖，

周宁全景

直属福建省第一行政督察区（公署驻长乐）。1945 年 8 月设周宁县，县治所在地狮城，辖地 639.6 平方千米，隶第八行政督察区（1947 年 4 月，改称第一行政督察区）。1949 年 6 月 28 日，周宁和平解放；9 月 1 日，成立周宁县人民民主政府；11 月 12 日，成立周宁县人民政府，先后隶属于福建省第三行政督察区、福安专区、宁德地区。2000 年 11 月，宁德撤地设市，属宁德市。2022 年，下辖 6 个镇、3 个乡，常住人口 14.6 万人。地区生产总值 109.0 亿元，社会消费品零售总额 29.8 亿元，一般公共预算总收入 4.1 亿元。城镇居民人均可支配收入 36993 元，农村居民人均可支配收入 21543 元。

周宁地貌以山地为主，境内大小山峰 661 座，超过千米以上山

峰282座，海拔落差大，最低处咸村镇街头亭海拔65米，最高处浦源镇紫云村龙岗头海拔1506米，全县平均海拔800米，是全省海拔最高的县城，盛夏日均气温仅24℃，冬无严寒，夏无酷暑，环境宜人，素有“天然空调城”之称。林地面积8.4万公顷，森林覆盖率73.0%，活立木蓄积量436万立方米，境内还有红豆杉、水杉、银杏、南方油杉、古柳杉等古树名木。作为国家重点生态功能区，空气质量长年达到国家一级标准，年均负离子浓度值达到3466个/立方厘米，获国家级生态文明建设示范区、“中国天然氧吧”、全国村庄清洁行动先进县、省级生态县、省级森林县城、省级园林县城称号。农业“高山”“高优”特质明显，截至2022年，有茶园、毛竹各10万亩，油茶、锥栗各3万亩，高山马铃薯、高山冷凉花卉、晚熟葡萄、中华鲟等特色现代农业已具规模，拥有国家地理标志证明商标7件、全国名特优新农产品2件，并打造“周宁有鲤”区域公共品牌，推出了一批具有周宁特色的“土特产”产品，获评国家级电子商务进农村综合示范县，省级农产品质量安全县。水电矿产资源丰富，可开发利用水能57.5万千瓦，已开发55.3万千瓦，居宁德市第一位；总投资67亿元的周宁抽水蓄能电站全面建成投产发电，装机容量120万千瓦。已探明富有开采价值的矿产资源14种，其中稀土、明矾石、饰面石材、高岭土、银等储量较大。周宁是中国鲤鱼文化之乡，境内有宁德世界地质公园核心园区、国家级风景名胜区、国家AAAA级旅游景区、全国首个鱼文化主题公园——九龙漈·鲤鱼溪，国家森林康养基地仙风山，被列入世界文化遗产预备名单的禾溪三仙桥，全国重点文物保护单位杉洋林公祖殿、宝丰银矿遗址，国家AAA级旅游景区有陈峭、苏家山、云门、石门山·楼坪，中国历史文化名村浦源村，中国美丽休闲乡村陈峭村，以及14个中国传统村落，还有后垄大峡谷、芹山湖、蝙蝠洞等一大批极具旅游开发潜质的景点。

柘荣县

柘荣县地处宁德市东北部，位于北纬 27° 05′～27° 19′、东经 119° 43′～120° 04′，东邻福鼎市，西接福安市，南连霞浦县，北毗浙江泰顺县。全境土地面积 543.9 平方千米。柘荣原名柘洋，古名柘阳，1945 年 10 月建县后始称“柘荣”。宋属福建路长溪县灵霍乡柘阳里，并在库溪（即今富溪）设立巡检司，为境内最早建立的政权机构。元代升长溪县为福宁州，柘阳改称为柘洋，并析为上、下二里（今柘荣县境大部为柘洋上里之地）。清雍正十二年（1734 年），柘洋属霞浦县。宣统元年（1909 年），为霞浦县上西柘洋区。1935 年 6 月，设立柘洋特种区，直属福建省第一行政督察区。同年 5—10 月，建立霞鼎泰县委、苏维埃政府，属闽东苏维埃政府。1949 年 6 月 15 日柘荣县解放，属福建省第三行政督察区（专员公署驻福安县城，1950 年 3 月改名福安专区）。1956 年 8 月撤并入福安县，1961 年 10 月复县。1970 年 7 月又撤并入福安、福鼎二县。1975 年 3 月重新复县，属宁德地区。2000 年 11 月，宁德撤地设市，属宁德市。2022 年，下辖 2 个镇、7 个乡，常住人口 9.2 万人。地区生产总值 85.6 亿元，社会消费品零售总额 37.4 亿元，一般公共预算总收入 5.7 亿元。城镇居民人均可支配收入 3.4 万元，农村居民人均可支配收入 2.0 万元。

柘荣县是全省人口最少、区域面积最小的福建东北部山区县。太姥山脉盘亘境内，地势东高西低，山峦起伏、盆谷交错，地形复杂，属中山、低山类型区，平均海拔 600 米。东山顶海拔 1479 米，是太姥山脉主峰，为全县最高峰。属中亚热带山地气候，受海洋季风影响较大，雨量充沛，四季分明，年平均气温 13℃～18℃，冬无严寒，夏无酷暑。境内河道属赛江流域、七都溪（杨家溪、赤溪）流域，主要河流有龙溪、东溪、西溪、桃坑溪、石山溪等 12 条，总长 196.3

清新柘荣（魏发松 / 摄）

千米。全县年径流总量 7.0 亿立方米。境内土壤以红黄壤为主，呈偏酸性，可开发山地面积大。重要矿产资源有银、铅、锌和凝灰岩、花岗岩。主要旅游景点有国家 AAAA 级旅游景区鸳鸯草场、太姥山主峰马仙圣境东狮山、冰臼峡谷九龙井景区等。交通便利，横有国道 104 线，纵有县道柘霞、柘泰线，沈海高速穿境而过。气候宜人，环境宜居，是福建省首个“中国长寿之乡”，宁德市首个“国家级生态文明建设示范县”，被评为中国老年人宜居城市。物产丰富，太子参道地质优，高山白茶独具特色，有“中国太子参之乡”“中国高山白茶之乡”之誉，获评“2022 年度茶业百强县”“茶业最具投资价值县域”。传统手工业众多，是“中国刀剪之乡”、全国主要的僧服生产基地。生物医药产业聚集，创成全市首个省级高新技术产业园区，有

“闽东药城”之称。人文荟萃，薪火传承，是“中国民间文化艺术之乡”“中国孝德文化之乡”，柘荣马仙信俗被列入国家级非物质文化遗产代表性项目名录，柘荣剪纸入选联合国教科文组织人类非物质文化遗产代表作名录项目。全县在国家备案的不可移动文物有245处，其中东源桥、凤岐吴氏大宅为全国重点文物保护单位，遍布县境的颇具规模的青瓷宋窑群和明代建筑的双城城堡尤为突出。地灵人杰，历史人物有宋代礼部侍郎守介不移的陈桷，明代有开国功臣袁天禄、为官清廉的游朴、乐善好施的郑宗远。富有革命传统，建立苏维埃革命根据地——中共霞鼎泰县委、苏维埃政府等，红色遗址遗迹60处，有西竹岔战斗遗址、彭家山战斗遗址、楮坪会议旧址、富溪秘密交通站等，英烈有林爱、吴法弟、吴成、蓝阿嫩等。

附：东侨经济技术开发区建设

1997 年 8 月，宁德地区行署批准成立闽东华侨经济开发区管理委员会，作为行署派出机构，县（市）级行政建制。12 月 8 日，举行开发区挂牌仪式暨项目奠基仪式。1998 年 7 月 6 日，闽东华侨经济开发区动工兴建闽东路、东侨大道、游乐中心、广电大厦等十大项目，标志着闽东华侨经济开发区和占地 6.3 平方千米的宁德新建城区建设全面启动。1999 年 5 月，闽东华侨经济开发区经省政府批准为

东侨全景图（刘忠忠 / 摄）

省级开发区，规划面积 16.7 平方千米，首期规划面积 9.6 平方千米。2006 年 4 月，闽东华侨经济开发区与闽东工业园区整合，更名为福建东侨经济开发区，拓展地域 15.3 平方千米。2012 年 12 月，经国务院批准，东侨经济开发区升级为国家级经济技术开发区，定名为东侨经济技术开发区。

东侨经济技术开发区管辖面积 40.7 平方千米，辖区域包括中心城区（16.7 平方千米）和北部新区（24 平方千米），下辖 16 个社区，常住人口约 16 万人。东侨经济技术开发区为宁德市唯一的国家级经

开区，在2022年度国家级经开区综合发展水平考核评价中排名第22位，是全省唯一进入前30强的开发区。获“中国人居环境范例奖”及“国家水利风景名胜区”等国字号城市名片，获评国家级绿色工业园区、全国第二批“先进制造业和现代服务业融合发展试点区域”、全国第三批“大众创业万众创新示范基地”。

2022年实现规模以上工业总产值增速46.7%，突破千亿元大关；一般公共预算总收入51.9亿元；固定资产投资86.6亿元；实际利用外资2250万元；出口总值383.1亿元。

地方组织

宁德地委办公楼旧址（兰方 / 摄）

中共党组织

闽东地区第一个中共地方组织

1925年，闽东籍进步学生接受马克思主义思想，成了无产阶级先锋战士。宁德的郑长璋、蔡泽鏳（又名蔡威），古田的陈炳、黄孝敏、陈宗远等人在北京、上海、福州等地加入中国共产党，成为闽东地区最早的一批中共党员，也是福建省的早期党员。1927年初，陈炳、黄孝敏等人奉命返回家乡进行秘密活动；3月，在古田旧城五保街成立闽东地区第一个共产党组织——中共古田县特别支部，隶属中共福州地委。1928年秋，国民党军的镇压与“围剿”，使特支成员被迫疏散，特支停止活动。

书　记　陈　炳（1927年3月至1928年秋）

中共福安中心县委

1931年8月，中共福安中心县委在福安成立，直属中共福州中心市委。福安中心县委下辖福安、寿宁、宁德、霞浦、福鼎等县及邻县边区党的组织。

书　记　马立峰（1931 年 8 月至 1932 年 4 月；
　　　　　　　　1932 年 10 月至 1933 年 2 月）
　　　　邱小村（1932 年 4 月至 1932 年 10 月）
　　　　詹如柏（1933 年 2 月至 1933 年 7 月）
　　　　叶　飞（1933 年 7 月至 1934 年 6 月）

中共闽东临时特委

1934 年 6 月，中共福安中心县委与连江中心县委在福安柏柱洋召开联席会议，成立中共闽东临时特委，统辖以福安、连江为中心的福安、宁德、福鼎、寿宁、霞浦、周墩（周宁）、柘洋（柘荣）、连江、罗源等地县委及设立在邻县边区的（福）安（宁）德、福（安）霞（浦）、福（安）寿（宁）、霞（浦）（福）鼎、霞（浦）（福）鼎泰（顺）、（福）安福（宁）县委。

书　记　苏　达（1934 年 6 月至 1934 年 10 月）
　　　　詹如柏（代，1934 年 10 月至 1935 年 3 月）

中共闽东特委

1935 年 5 月，闽东临时特委主要领导人在反“清剿”斗争中牺牲，闽东临时特委委员叶飞、阮英平召集分散在各地坚持斗争的负责人在寿宁含溪村召开紧急扩大会议，决定重新组成中共闽东特委。8 月，中共闽东特委领导机构在柘洋楮坪召开会议，充实健全特委的组织机构。至 1938 年 2 月，下辖霞鼎、周墩、福寿、寿（宁）泰（顺）景（宁）庆（元）、（福）鼎平（阳）5 个中心县委，福霞、霞鼎、霞鼎泰、安福、安德、宁德、周墩、政（和）屏（南）、宁（德）寿（宁）、寿宁、寿（宁）泰（顺）、寿（宁）景（宁）庆（元）、（福）鼎平（阳）、福鼎 14 个县委。1938 年 2 月，根据中共中央长江局东南分局的指示，由范式人任书记。特委下辖宁德、寿（宁）政（和）庆（元）2 个中心县委，福安、宁德、政（和）屏（南）、周墩 4 个县委以及连江中心党支部。1941 年 4 月至 1944 年 8 月，闽东地区斗争局势极其险恶，革命斗争转入隐蔽战线，直至 1945 年 8 月，因特委主要领导人调离闽东，特委领导机构名存实亡。

书　记　叶　飞（1935 年 5 月至 1938 年 2 月）
范式人（1938 年 2 月至 1938 年 6 月）
郭文焕（1938 年 6 月至 1939 年 9 月）
戴炳辉（1939 年 9 月至 1940 年 4 月）
罗富弟（1940 年 4 月至 1940 年 11 月）
左丰美（1940 年 11 月至 1941 年 4 月）
张　翼（1944 年 8 月至 1945 年 8 月）

中共闽东城市工作委员会

1947 年 3 月，为领导各城市开展第二条战线斗争和城市党的工作，成立中共闽东城市工作委员会，直属中共闽浙赣区委城市工作部，10 月，改属中共闽东地委。下辖福安、宁德、霞浦、福鼎、罗源、寿宁等城工部组织。1948 年，因“城工部事件”发生，中共闽东城市工作委员会解体。

书　记　林　立（1947 年 3 月至 1947 年 6 月）
关平山（1947 年 10 月至 1948 年 2 月）
陈子英（1948 年 2 月至 1948 年 5 月）

中共闽东地委

1947 年 9 月，中共闽东地委在宁德洋中九斗丘村成立，直属中共闽浙赣区委，11 月改属中共闽浙赣省委，下辖宁德、福安、周（墩）政（和）屏（南）等县委以及古（田）罗（源）林（森）中心县委、中共闽东城市工作委员会等。

书　记　阮英平（1947 年 9 月至 1948 年 2 月）

中共闽东工委

1949 年 6 月，中共闽东工作委员会成立。9 月，与中国人民解放军长江支队第六大队胜利会师，随后与中共福建省第三地委进行交接。

书　记　陈邦兴（1949 年 6 月至 1949 年 9 月）

中共福建省第三地委

1949 年 9 月 19 日，中共福建省第三地方委员会在福安宣告成立，为中共福建省委派出机构，由 12 名委员组成，设书记 1 人。先后下辖福安、宁德、福鼎、霞浦、寿宁、周宁、柘荣 7 个县委。

书　记　王毅之（1949 年 9 月至 1949 年 11 月）

中共福安地委

1949 年 11 月，中共福建省第三地方委员会改称中共福安地方委员会（以下简称福安地委），下辖宁德、福安、福鼎、霞浦、寿宁、周宁、柘荣 7 个县委。1950 年 7 月，福安地委设常务委员会。1960 年

2 月，地委成立工交、财贸、农业、文教、政法 5 个党组。1960 年 7 月，成立中共福安地委书记处。1963 年 11 月，撤销中共福安地委书记处，恢复福安地委领导机构。1968 年 8 月，地委下辖宁德、福安、福鼎、霞浦、寿宁、周宁、柘荣、松溪、政和 9 个县委。

书　记　王毅之（1949 年 11 月至 1952 年 10 月）
　　　　肖文玉（1952 年 10 月至 1955 年 7 月）
　　　　郑丹甫（1955 年 7 月至 1956 年 6 月）
　　　　程少康（1956 年 9 月至 1960 年 7 月；
　　　　　　　　1963 年 11 月至 1965 年 1 月）
　　　　吴　健（代，1965 年 1 月至 1968 年 4 月）

中共福安地委书记处

1960 年 7 月，成立中共福安地委书记处，下辖宁德、福安、福鼎、霞浦、寿宁、周宁、柘荣、松溪、政和 9 个县委。

第一书记　程少康（1960 年 7 月至 1963 年 11 月）

福安专区革委会党的核心小组

1966 年“文化大革命”开始后，福安地委领导机构陷入瘫痪状态。1967 年初，驻军对福安专区实行军事管制。1968 年 4 月，福安专区革命委员会党的核心小组成立，下辖宁德、福安、福鼎、霞浦、寿宁、周宁、古田、屏南、连江、罗源等县革委会党的核心小组。

组　长　范银根（军队代表，1968 年 4 月至 1970 年 9 月）
　　　　叶克守（军队代表，1970 年 9 月至 1971 年 3 月）

中共（福安专区委员会）宁德地委

1970年7月，福安专区革委会迁址宁德城关。1971年2月，福安专区第一次党员代表大会选举产生中共福安专区第一届委员会，设常委制。福安专区革委会党的核心小组即行撤销。6月，中共福安地委改称中共宁德地委。1983年12月，机构废除常委制，设全委制，下辖宁德、福安、福鼎、霞浦、寿宁、周宁、柘荣、古田、屏南9个县委（1983年，连江、罗源县划出）。

书　记　叶克守（1971年3月至1973年3月）
刘健夫（1973年3月至1977年3月）
温秀山（代，1977年3月至1977年10月；
1977年10月至1979年11月）
李天瑞（1979年11月至1983年4月）
吕居永（1983年4月至1988年2月）
习近平（1988年5月至1990年4月）
陈增光（1990年4月至1995年5月）

中共宁德市委

1999年11月14日，宁德撤地设市，2000年11月14日正式挂牌，下辖蕉城区、福安市、福鼎市、霞浦县、古田县、屏南县、寿宁县、周宁县、柘荣县9个县（市、区），中共宁德地委改称为中共宁德市委。

书　记　朱之文（2005年6月至2006年12月）
陈荣凯（2007年6月至2011年12月）
廖小军（2011年12月至2016年11月）
隋　军（2016年12月至2018年3月）
郭锡文（2018年3月至2021年5月）
梁伟新（2021年6月起）

人民代表大会

闽东工农兵第一次代表大会

1934年2月，中共福安中心县委在福安柏柱洋召开闽东工农兵第一次代表大会，选举产生主席和副主席。

主　席　马立峰（1934年2月至1935年2月）

宁德地区人大联络组

1981年12月30日，福建省五届人大常委会第二次会议决定，设立省人大常委会驻宁德地区联络组，作为省人大常委会的派出机构。受福建省人大常委会和中共宁德地委的双重领导。

组　长　江作宇（1981年12月至1983年5月）

林思翔（1983年5月至1985年1月）

吴敦诚（1985年1月至1988年6月）

宁德地区人大工委

1988 年 6 月，福建省七届人大常委会第三次会议决定，撤销省人大常委会宁德地区联络组，改设福建省人大常委会宁德地区工作委员会，内设办公室、联络处。1996 年，地区人大工委为正厅级机构，内设办公室、法制处、经济处 3 个处级单位。

主　任　吴敦诚（1988 年 6 月至 1994 年 3 月）

　　　　钟雷兴（1994 年 3 月至 2000 年 10 月）

宁德市人民代表大会

2000 年 11 月 8 日，宁德市第一届人民代表大会第一次会议召开；11 月 10 日，人大一届二次会议选举产生市人大常委会主任 1 人，副主任 5 人。

主　任　钟雷兴（2000 年 11 月至 2007 年 3 月）

　　　　林多香（2007 年 3 月至 2011 年 1 月）

　　　　陈荣凯（2011 年 1 月至 2012 年 1 月）

　　　　谢仰俊（2012 年 1 月至 2016 年 12 月）

　　　　金　敏（2017 年 1 月至 2021 年 12 月）

　　　　王世雄（2022 年 1 月起）

人民政府

闽东苏维埃政府

1934 年 2 月，中共福安中心县委在福安柏柱洋主持召开闽东工农兵第一次代表大会，成立闽东苏维埃政府，内设组织部、土地部、财政部、粮食部、交通部、军事部、肃反部，下辖连江、罗源、福（安）霞（浦）、福（安）寿（宁）、霞（浦）（福）鼎泰（顺）、（福）安（宁）德、霞（浦）（福）鼎、宁德、（福）安福（宁）、周墩等 10 个县苏维埃政府。1935 年初，国民党军的“清剿”，使闽东苏维埃政府遭受严重破坏。

主　席　马立峰（1934 年 2 月至 1935 年 2 月）

闽东军政委员会

1937 年 2 月，中共闽东特委成立闽东军政委员会。

主　席　叶　飞（1937 年 2 月至 1937 年 7 月）

福建省第三行政督察专员公署

1949 年 9 月 30 日，福建省第三行政督察专员公署在福安成立，为福建省人民政府的派出机构。

专　员　康润民（1949 年 9 月至 1950 年 4 月）

福安（专区）专员公署

1950 年 4 月，福建省第三行政督察专员公署改称福建省人民政府福安专区专员公署。1955 年 4 月，改称福建省福安专员公署（以下简称福安专署）。1958 年 3 月，福安专署改为省人委派出的督导性机构，同年 4 月，恢复领导机构。

专　员　康润民（1950 年 4 月至 1952 年 6 月）

侯景域（1952 年 6 月至 1954 年 4 月）

郑丹甫（代，1954 年 4 月至 1955 年 10 月）

赵守训（1955 年 10 月至 1966 年 6 月）

福安专区（宁德地区）革命委员会

1966 年 5 月，“文化大革命”开始，专署领导机关陷入瘫痪状态。1967 年 3 月，驻军介入地方成立福安军分区生产领导小组。6 月，成立福安专区军事管制委员会，代替原专署职能。1968 年 4 月，由军队代表、地方干部代表和群众代表“三结合”成立福安专区革命委员会。1970 年，福安专区革命委员会驻地迁至宁德县城关。1971 年 6 月，福安专区革命委员会改称宁德地区革命委员会。

主　任　叶克守（军队代表，1968 年 4 月至 1971 年 6 月；
1971 年 6 月至 1973 年 3 月）
刘健夫（1973 年 3 月至 1977 年 3 月）
温秀山（1977 年 3 月至 1978 年 3 月）

宁德地区行政公署

1978 年 4 月，撤销宁德地区革命委员会，成立宁德地区行政公署（以下简称行署），恢复为省人民政府的派出机构。地委、行署领导机构分开。

专　员　温秀山（1978 年 4 月至 1979 年 2 月）
李天瑞（1979 年 2 月至 1979 年 11 月）
姬志立（1979 年 11 月至 1983 年 6 月）
陈增光（1983 年 12 月至 1990 年 4 月）
汤金华（1990 年 12 月至 1997 年 8 月）

宁德市人民政府

1999 年 11 月 14 日，宁德撤地设市。2000 年 11 月 14 日，宁德市人民政府成立，下辖蕉城区、福安市、福鼎市、霞浦县、古田县、屏南县、寿宁县、周宁县、柘荣县 9 个县（市、区）。

市　长　陈荣凯（代，2003 年 7 月至 2004 年 2 月；
2004 年 2 月至 2007 年 6 月）
廖小军（代，2010 年 5 月至 2011 年 1 月；
2011 年 1 月至 2012 年 1 月）

郑新聪（2012 年 1 月至 2013 年 2 月）

隋　军（代，2013 年 2 月至 2013 年 5 月；
2013 年 5 月至 2016 年 12 月）

郭锡文（候选人，2016 年 12 月至 2017 年 1 月；
2017 年 1 月至 2018 年 7 月）

梁伟新（代，2018 年 7 月至 2018 年 8 月；
2018 年 8 月至 2021 年 6 月）

张永宁（2021 年 6 月起）

人民政协

政协宁德地区联络组

1987 年 2 月，中国人民政治协商会议福建省委员会宁德地区联络组成立，为派出机构。

组　长　邱光荣（1987 年 2 月至 1989 年 5 月）

政协宁德地区工委

1989 年 5 月，撤销中国人民政治协商会议福建省委员会宁德地区联络组，改设中国人民政治协商会议福建省委员会宁德地区工作委员会，内设办公室、联络处等办事机构。1996 年 4 月，为正厅级机构。

主　任　姚智梅（1989 年 5 月至 2000 年 11 月）

政协宁德市委员会

2000 年 11 月，宁德撤地设市，政协宁德市委员会正式成立。政协机关陆续内设办公室、机关党委、研究室、委员工作室和提案委员会、经济委员会、农业和农村委员会、人口资源环境委员会、教科卫体委员会、社会和法制委员会、民族和宗教委员会、港澳台侨和外事委员会、文化文史和学习委员会等13个委、室。

主　席　姚智梅（2000年11月至2010年3月）

林鸿坚（2010年3月至2012年1月）

郑民生（2012年1月至2017年1月）

兰斯琦（2017年1月起）

机构改革

1996 年机构改革

1996 年 1 月，机构改革后，宁德地级党政机构设 48 个，比原有 68 个减少 20 个，精简 29.4%。地委机构设 7 个，行署机构设 41 个。另设部委办局管理机构 9 个，协调议事机构 2 个，合署机构 5 个。地委、行署工作机构的规格为正处级，部委办局管理的机构为副处级。地级机关核定行政编制精简 30.5%。宁德、福安、福鼎为三类市，核定行政编制精简 31.3%。霞浦、古田为二类县，寿宁为三类县，屏南、周宁、柘荣为四类县，核定 6 个县行政编制精简 20.2%。通过这次改革，宁德地区各级机关的行政编制总额精减了 34.8%。至 1997 年 6 月，全区地直 85 个副处级以上单位的“三定”方案全部审批结束。此轮机构改革，促进了机关工作作风的转变，提高了工作效率。

2001 年机构改革

2001 年 4 月，宁德市委成立了机构改革工作小组，完成宁德市委、市政府2001年重点调研课题中有关乡镇机构改革部分的调研工作，全面推进审批审核制度的改革，为全市推进党政机构改革，政府职能转变打下良好基础。8月，福建省委、省政府正式批准宁德市市级党政机构改革方案。市级党政机构设41个部门，部门管理机构设6个，议事协调机构设6个，总编制精简22%。调整后市委设工作部门9个，部门管理机构3个，议事协调办事机构2个。市监察局与市纪律检查委员会合署办公。市政府设工作部门32个，部门管理机构3个，议事协调办事机构3个，另设派驻机构8个。市委、市政府工作部门的规格为正处级，内设机构综合设置，规格为科级。宁德市县、乡机关原有行政编制按22%精简，全市政法机关专项编制按10%精简，这次改革，为配合全省公安体制改革，将全市公安系统的治安、政保、经侦、禁毒等机关内设机构改设为大队，实行队建制。对宁德师范学校和闽东富民信托投资公司及古田库区办等机构进行调整更名，成立宁德市建筑工程施工图审查中心、中国海监宁德市支队、绿色食品发展中心、《闽东侨乡报》编辑部、市液化石油气管理站、广播电视网络传播中心以及东侨土地收购储备中心等事业机构，有利于推进事业单位改革。政府职能以加强经济调控、社会管理和公共服务等方面为主。政府职能划出74项，转变职能56项，划入职能73项；下放到企事业单位管理职能81项，新增职能41项。

2018年机构改革

2018年12月，福建省委、省政府批准《宁德市机构改革方案》，调整优化宁德市级党政机构和职能。改革后，宁德市本级共设置党政机构47个：党委机构15个，其中纪检监察机关1个，工作机关14个；政府工作部门32个。政府新设和调整12个工作部门，分别是宁德市工业和信息化局、宁德市自然资源局、宁德市生态环境局、宁德市农业农村局、宁德市文化和旅游局、宁德市卫生健康委员会、宁德市退役军人事务局、宁德市应急管理局、宁德市市场监督管理局、宁德市医疗保障局、宁德市人民政府信访局、宁德市城市管理局。健全优化市委对重大工作的领导体制机制，组建市监察委员会，与市纪委合署办公，实行一套工作机构、两个机构名称。组建和调整宁德市审计委员会等 9 个市委议事协调机构。加强市委职能部门的统一归口协调管理职能，市委组织部统一管理市委编办，统一管理公务员工作。市委统战部统一领导民族宗教工作，统一管理侨务工作。深化综合行政执法改革，整合组建市场监管、生态环境保护、文化市场、交通运输、农业 5 个领域综合执法队伍。宁德市人大组建人大社会建设委员会、人大监察和司法委员会作为人大专门委员会。宁德市政协机构改革组建市政协农业和农村委员会，将市政协文史资料和学习委员会更名为市政协文化文史和学习委员会，将市政协教科文卫体委员会更名为市政协教科卫体委员会。按照精干高效原则设置市委和市政府直属事业单位，将市委党史研究室与市地方志编纂委员会整合，设置市委党史和地方志研究室，作为市委直属事业单位。将完全、主要和部分承担行政职能的事业单位全部纳入改革范围，全面清理事业单位承担的行政职能，将行政职能划归行政机构。改革后的事业单位不再称“委、办、局”。深化县（市、区）机构改革，蕉城区、福安市、福鼎市、霞浦县、古田县党政机构不超过 37 个，寿宁县、屏南县、周宁县、柘荣县不超过 35 个。

城乡建设

城市建设

历史上的宁德城是一座土城。据旧志记载，唐开成间（836—840年）析长溪县（现霞浦县）宁川、古田县东北地置感德场，五代后唐长兴四年（933年）升场置县，取宁川之“宁”、感德之“德”，命名宁德县，始筑土城。初，择地四都陈塘洋，因土疏水轻，乃迁城于白鹤山麓。时，所立四门，东曰“崇仁”，西曰“和义”，南曰“德化”，北曰“朝天”。宋时环以木栅。明正德元年（1506年），分巡道佥事阮宾檄知县高应，易以砖。开五门，东门为“跨鳌”，西门为“憩亭”，南门为“清宴”，北门为“朝天”，增小东门为“登瀛”。嘉靖年间（1522—1566年），倭寇作乱，宁德县城数度被毁，又数度重建。至清代，县城规模略有扩大，建筑设施略有增添。清顺治十二年（1655年），于

宁德城区全景（柳明格/摄）

西、南、北门各设炮台 1 座。顺治十六年（1659 年），又于正东门与西北隅各添设炮台 1 座。康熙二年（1663 年），县令张承瑞奉檄捐修，城墙增高三尺，建城垛 340 个，游廊 640 处。康熙三十一年（1692 年），县令杨德仁捐俸开浚西南城濠，并修四门外马道。时，城高二丈四尺，广一丈八尺，周五百九十二丈，垛 335 个，敌楼 5 座，大炮台 7 座，小炮台 3 座。

民国时期，由于开辟了环城路，拆除部分城墙，宁德县城规模有所扩大。至 1949 年中华人民共和国成立前夕，宁德城区面积约 1 平方千米，人口不足 1.6 万人，城内仅有 11 条小街道，商业街宽 4 米，均为弯弯曲曲的石铺小径。小东门护城河路仅能通行人力车和马车，路面凹凸不平。无供水、供电和环卫设施。

中华人民共和国成立之初，地方财力有限，城市市政建设十分缓慢。全市城区仅 4.3 平方千米。1970 年后，随着地委、行署从福安迁至宁德县，作为行署驻地，城区建设加快推进。特别是 1978 年改革开放以来，城市建设投入力度不断加大，城区面积日益扩大。中心城区的交通、邮电、供水、供电、环卫、绿化等基础设施及其他功能设施配套日臻完善。随着经济的发展，人民生活水平逐步提高，所辖各乡（镇）村建设亦发生巨大变化。

2000 年，撤地设市后，宁德市以建设滨海山水园林城市为目标，

加快了城市供水、园林绿化、环境卫生等一大批骨干项目建设，旧城区改造和新城区建设步伐加快，宁德城市面貌发生了翻天覆地的变化，并先后组织编制《宁德市城市总体规划（2005—2020 年）》《宁德市城市总体规划（2011—2030）》和《宁德市国土空间总体规划（2021—2035）》。2022 年，宁德市组织编制宁德市主城区共享单车停放点布局规划、主城区交通规划提升方案、国土空间生态修复规划编制及 35 个片区、地块控规，完成城区公共停车场规划布局评估优化。全市新建和改造公园绿地 117.6 公顷，建成区园林绿地面积 5704.3 公顷，建成区绿化覆盖率 41.8%，建成区绿地率 38.1%，人均公园绿地面积 15.1 平方米。

附：宁德市城市和国土空间总体规划

《宁德市城市总体规划（2005—2020 年）》

随着“十五”计划的胜利完成，宁德进入新一轮加快发展的历史时期。为推进海峡西岸经济区东北翼中心城市建设，编制《宁德市城市总体规划（2005—2020 年）》。该规划的主要内容：1. 规划期限：近期（2005—2010 年）；远期（2011—2020 年）。2. 规划范围：东以蕉城区与霞浦县行政界线为界，向南包括三都镇全部、飞鸾镇与城南镇沿海部分，西至金涵乡金涵水库，北以七都溪南分水线、蕉城—福安行政界线为界。总面积 527 平方千米。3. 城市性质：海峡西岸经济区东北翼中心城市，滨海生态工业型港口城市，最适合人类居住型城市。4. 功能定位：海峡西岸经济区东北翼中心城市，滨海生态工业型城市，环三都澳港口城市。5. 城区规模：规划确定宁德城区人口规模为：2010 年 35 万人，2020 年 55 万人。规划确定宁德市建设用地规模为：2010 年 30 平方千米，2020 年 45 平方千米。6. 规划结构：

以山海为边界，在相对集中的空间范围内，以交通干线和自然山体、水体相分隔，形成有主有次、重点突出、功能明确、分阶段发展的大城市多核心组团城市。集聚发展城市中心区，南北辐射建设港口区，依托港口发展大型临港工业，进而带动制造业和物流业的发展，造就既是产业快速发展，又是滨海生态优良的新型城市，即“一心一核，三轴两港七片区”的城市总体布局结构。

《宁德市城市总体规划（2011—2030）》

2012 年 5 月 30 日，福建省人民政府批复同意《宁德市城市总体规划（2011—2030）》（以下简称《总体规划》）。《总体规划》中城市的设置是，宁德中心城区、福安、霞浦，从分散走向融合，各大组团“各显神威”，福安、福鼎、霞浦等，或沿江向海，或向东向海。内陆山区县古田、屏南、周宁、寿宁、柘荣，也受到环湾惠及的强大辐射力。1. 规划范围：总规分市域、规划区、中心城区三个层次。市域范围为宁德市行政辖区，总面积为 13452 平方千米；规划区总面积 2264 平方千米；中心城区总面积为 1364 平方千米，其中，陆域面积 999 平方千米，海域面积 365 平方千米。包括蕉城区、福安市和霞浦县三个区（县、市）的 2 个街道办事处、13 个乡镇以及东侨开发区。2. 城市空间结构：一带、一轴、一区、一城、多点的市域城镇空间结构。对市域的县（市）进行高度整合，在产业协作、交通联系、城市建设上互补、协同，实现跨越式发展目标；协调宁德市与福安市、霞浦县在环三都澳区域内一体化发展，在规划区层面上实现宁德都市区（环湾城市）的整体实力的提升；整合形成宁德中心城，优化提升蕉城区、东侨新区开发布局，规划建设滨海新区、铁基湾新城，打造绿色宜居海湾新城。“一城四区”城市空间结构，即宁德中心城区、主城区、白马城区、海西宁德工业区和三都岛群区。3. 城市总体发展目标：

海西东北翼中心城市，对接长三角前沿区域，对台交流合作重要平台，临港先进制造业基地，东南沿海重要港口枢纽，海西特色文化和生态旅游基地，生态宜居海湾城市。4. 发展规模：预计 2030 年城镇化达到 73%。本规划期末形成“大城市 1 个、中等城市 3 个、小城市 5 个、中心镇 11 个、一般镇 26 个”的市域城镇规模结构。宁德市城镇化已于 2015 年达到 56.1%，2018 年达到 56.7%，2022 年达到 62.9%，预计 2030 年将达到 73%。大城市（50 万人以上）：宁德中心城区人口达到 100 万人左右。

《宁德市国土空间总体规划（2021—2035）》

随着城市发展，宁德市于 2020 年 7 月正式启动市级国土空间总体规划编制。规划范围包括市域、中心城区两个层级。市域范围为宁德市行政辖区，2020 年变更调查国土总面积约 13438 平方千米，管辖海域面积约 8259 平方千米（区域海域与 2020 年变更调查国土范围有重叠，主要涉及沿海滩涂等地类）；中心城区范围包括蕉城区（蕉北街道、蕉南街道、七都镇、八都镇、九都镇、漳湾镇、金涵畲族乡、三都镇、飞鸾镇、城南镇）、福安市（下白石镇、湾坞镇、溪尾镇）和霞浦县（盐田畲族乡、沙江镇、溪南镇、北壁乡、下浒镇、长春镇）三个区（县、市）的 2 个街道办事处、17 个乡镇以及东侨开发区，共 19 个乡镇街道，面积约 2461 平方千米。至 2020 年底，已形成主报告初步成果及人口与城镇化等 10 个重要专题研究报告，完成“三条控制线”初划方案，上线试运行市级国土空间基础信息平台。2022 年，联动县市统筹形成宁德市“三区三线”划定成果并通过自然资源部和省自然资源厅质检，正式启用作为建设项目用地用海组卷报批依据；市级和各县市国土空间总体规划均形成阶段成果。

市区道路

宁德市区在明弘治年间（1488—1505 年），即有德化、肃政、钟秀、崇仁、和义等 5 坊之设。清乾隆二十七年（1762 年）在 5 坊的基础上形成城内东、南、西、北、中 5 街：中街，街为十字，居中而达东、西、南、北四门；东街，自中街达东门；南街，自中街达南门；西街，自中街达西门；北街，自中街达北门。时，城外亦有 5 街，即东门外的下尾街、碧山街，南门外的圣唐街，北门外的店前街、芙蓉街。清乾隆四十六年（1781 年），城内增至 11 街、城外 8 街。当时街道狭窄，店面挂蒲帆。1916 年，知事沈宇经以火患堪虞，令各店皆退入蒲帆以内，拓宽街道。民国时期，城内以衙前街、状元里、街中头为中心，分四门，东有东门兜、竹兜街、街尾下、前林坪；西有西门街、棋盆头、上企头；南有南门兜、潭尾陈、学前街、鹏程境、下侄头；北有北门街、金峤陈、韩厝下、总衙前、辕井边。1930 年，县人张恒明以个人名义在县城募捐修路，由北门外修至西门外，同时将城内杰头街、前林巷、七层企、上企头等处的石阶路障全部铲除，降低路面坡度并在路旁挖暗沟。1940 年，县政府决定并拆除城墙，平整墙基，开辟环城路。次年，为改变集市拥挤状况，将状元里、街尾下、东门里街、宫前街拓宽至 6 米，改称中山路与中正路。

中华人民共和国成立后，经数次大规模的拓宽与改造，陆续建成八一五路、蕉城路、环城路、署前路、署前北路、署前西路、南漈路、少年宫路、天王路、建新路、金涵路等 20 多条主次干道。至 1998 年，辟建、改建宁德蕉城南北路、鹤峰路、南环路、金涵大桥、兰溪大桥等一批城市主干道和城市桥梁工程，以及地上、地下设施的配套建设，有效地改善了城市交通、促进城市建设。2000 年，城区道路总长 85 千米、面积 108.2 万平方米。

2001—2010 年，宁德中心城区新建闽东路、东侨大道、工业路、坪塔路、天湖路、曲尺塘 1 号路、富春西路、闽东路、福宁路、南湖滨路等 10 条主干道以及南湖桥、东侨彩虹桥等桥梁，改造拓宽鹤峰路、北大路、蕉城南北路、护城河、八一五路、坪塔中路、小东门、南环路、环城东路、鹤峰路、天王路、环城北路、国宝路等 13 条主次干道。东西走向的工业路、坪塔路、天湖路的全线贯通，不断完善城市路网结构，缓解城区东西向交通压力。2010 年底，宁德中心城区东西、南北走向道路路网基本形成，拥有道路总长 150.8 千米，面积 284.3 万平方米。2011 年，宁德中心城区道路总长达到 153.1 千米，宁德大桥加宽改造完成并通车，城区主入口道路基本实现沥青化。2012 年，一批市政道路建设施工，着重打通了制约城市交通的断头路、瓶颈路、咽喉路，贯通建成制约城市扩张的主通道，优化升级城区道路等级，逐步实现主次干道沥青化，提高道路通行能力和通行舒适性，同步建设完善地下管网和地上配套设施。中心城区道路面积达 302.4 平方千米，人均道路

1956 年的宁德街尾下（今八一五路近东门兜路段）风貌

面积达到 12.5 平方米。中心城区新建成富春东路、侨兴路等万达周边配套路网和金漳路 817 米、金马北路中段、高速公路西侧路基，完成城区 5 条道路沥青化，加快推进福宁北路、学院路、金马北路、天山路、塔南片区五条路、闽东中路、华庭路、尚德路、和畅路、十号路、万安路延伸段等主要路网建设，启动滨海大道建设前期，实现新旧城区畅通联系。

2016 年，宁德市出台畅通城市三年行动计划，综合协调推动畅通城市建设。全市有城市道路长度 805.0 千米，其中宁德中心城区 201.9 千米、霞浦县 88.3 千米、古田县 63.5 千米、屏南县 79.9 千米、寿宁县 25.1 千米、周宁县 80.3 千米、柘荣县 28.6 千米、福安市 129.3 千米、福鼎市 108.3 千米。2022 年，宁德市新建、改造城市道路 118.5 千米，其中中心城区完成新建、改造城市道路 31.8 千米，推进连城路、金漳路（东侨路至招贤路）、北湖滨路延伸段、富春大道等市政道路建设，完成中心城区漳湾大道、国道 104 线蕉城区城南福洋至飞鸾孝岐头段改扩建，江门路、锦屏路一期、福鼎滨海大道二期、寿宁三祥大道等一批城市道路建设，全市完成投资 43.8 亿元。2022 年，全市城市道路总长度 1239.2 千米，其中宁德中心城区 386.2 千米、福安市 210.4 千米、福鼎市 150.7 千米、霞浦县 114.2 千米、古田县 90.5 千米、周宁县 96.6 千米、屏南县 96.4 千米、柘荣县 61.4 千米、寿宁县 32.7 千米。

公共交通

20 世纪 50 年代，城区交通运输以人力车为主。1956 年 1 月，国道 104 线宁德城区段通车，沿线群众开始乘坐汽车进出县城。60 年代初期，城区始有三轮摩托车客运与货运。1976 年，宁德第一次出现公共汽车。是年，成立宁德县公共交通公司，由省基本建设委员会拨给“榕城640”双大型客车3辆，设城区至八都、礁头两路线，运行于城乡之间，售票员随车卖票。1980年，宁德公共交通公司营运线路长度增至721千米，年客运总量195.9万人次。1983年，城区部分个体户开始购置安徽产0.4马力轻便三轮摩托车参与营运。因三轮摩托车方便易行，颇受群众欢迎，城区摩托车运输业飞速发展。当年，因大量个体户三轮摩托车参与短途客运，公交公司客运由过去不能满足旅客需要变为班班有虚座，营业大受影响，企业亏损，公司转向兼营长途客运，开辟宁德至福州、建瓯、泉州、温州、广州、上海、北京等地线路。1990年，城区与乡镇之间客运多由三轮摩托车营运，城区内则由人力三轮车营运。至1992年，城区共有三轮摩托车391辆。

1998年底，城区有4家公交公司，营运车辆达167个标台，营运线路达255千米。2003年，宁德市共有城市公共交通企业8家，其中宁德、福安、福鼎、霞浦4家为国有企业，其余为利用社会资金创办

宁德火车站，站前广场西北侧的综合客运枢纽站于2018年10月建成启用　（王志凌/摄）

的民营企业。当年，宁德市城市公共交通从业人员达 1595 人，城市公共交通客运车辆总数为 448 部（合 323 标台），全市公共交通运营线路网长约 330 千米，客运总量 5911.9 万人次，企业运营收入为 3139 万元。公交票价基本上按有关文件规定的 5 站以内 0.5 元，5 站以上 1 元的标准收费。2004 年，全市公共交通运营线路网增长至 452 千米。宁德市公交公司通过听证、市物价局审核，对城区部分线路的公交车票价进行调整，调整为 1 元 / 人的全程一票制。2006 年，为扶持中心城市公交事业的发展，市政府将公交基础设施列入中心城市建设计划，无偿划拨建设用地，安排建设资金 985 万元，建设宁德市公交停车场 2 个，并建成公交停靠站 6 个；更新改造中心城市公共交通车辆 20 辆；共投入中心城区公交补助资金 162 万元，其中老年人免费乘车补贴 65 万元，大大推进了城市公交事业的发展。

2009 年，宁德中心城区公共交通实现现代化服务的跨越，首次实行无人售票、推行公交 IC 卡，主要线路为宁德城区 3 路（金涵—体育中心）、4 路（继光花苑—汽车南站）、401 路（继光花苑—岐头村）。全年全市公共交通完成投资 2336 万元，新增公交车辆 67 标台，更新公交车辆 22 标台。

2010—2014 年，宁德公交事业进入快速发展新时期，宁德城区蕉城南北路新建设完成 18 座“太阳能”港湾式公交站点，建成东侨公交停车保养场及指挥调度中心大楼，新建市区智能公交候车亭 32 座，新开通火车站—漳湾工业园区公交线路和汽车南站—漳湾镇后湾村公交线路。至 2014 年底，全市新增、更新公交车 41 辆，新增改造公交候车亭 98 座，开工建设公交站场 5 个，市中心城区营运公交车辆 181 辆，出租汽车 590 辆，运营线路 17 条，线路总长度为 173.6 千米，年客运量 4391 万人次。逐步建立和完善的合理路线，构筑了换乘方便的公交线网，积极推进了城乡公交一体化，明显提高了城市公交服务能力和服务质量。2015 年，宁德市实施“公交优先”的交通为民办实事战略，全市新增或优化公交运营线路 19 条、新建或改造公交站 13 个（其中智能候车亭 5 个）。新增公交车 244 辆、出租汽车 289 辆，其中新能源公交车 243 辆，新能源出租汽车 100 辆；新增或更新农村客运车辆 103 辆。

2018 年，宁德火车站综合客运枢纽站启用，是全市首个以客运为核心，集公交、出租、旅游大巴、社会车辆等多种交通方式于一体的综合客运枢纽站，设有社会车辆停车位 347 个、出租车到发车位 44 个、非机动车位 508 个。2022 年，宁德市公共交通有限公司经营公交线路 33 条，公交车辆 428 辆，公交运营里程 1982 千米，运营趟次 124 万次，客运量 3275 万人次。年内优化公交线路 10 条。

住宅建设

宁德民宅建筑，在明代以前，多系外围墙、内廊屋，典型的封闭式建筑，外观简单，内部以院落为中心，房屋空间组合以若干院落互相联系调和。富家住宅，柱、窗多雕龙绘凤，气派豪华且多有二堂（二进）、三堂（三进）、三扇、四扇之分，布局工整，多为满堂柱形式，柱子多圆形。民国时期，市民房建筑多沿袭清代格局，无大的改革与变化，少数官绅巨商，也有富丽堂皇的深宅大院。房屋建筑多为木结构、土木结构或砖木结构的平房或二层瓦房，结构简单，采光、日照、通风等均较差。1949 年，宁德城区民宅总建筑面积约为 4 万平方米，各县驻地私人房屋建筑总面积约为 24.1 万平方米。

中华人民共和国成立后，民宅建设随着社会的变革发展而变化。1952 年，人民政府把土地改革中没收和征收的多余住宅分配给无房或缺房户。20 世纪 60 年代，政府帮助渔民进行“连家船”改造，渔民开始转向陆上定居。70 年代，有部分居民在原宅基地上拆建、改建、扩建新住宅。80 年代始，政府把城区住宅建设纳入规划，建设商品房，解决住宅紧缺户住房困难。1990 年，全区有住宅区面积 133 万平方米，其中私宅建筑面积约 5.5 万平方米。1993 年，全区有房地产开发公司 32 家，其中“三资”开发公司 8 家。完成施工面积 12.0 万平方米，竣工面积 5.7 万平方米，其中住宅面积 4.4 万平方米。

1999 年，宁德地区房改办启动城镇住房制度改革方案。从当年 7 月起，各县（市）、地直各单位将公房租金提高到占双职工家庭平均工资的 8%；出售单位公有住房给职工的、一次性付款可享折扣 20%，执行至当年 6 月 30 日止，7 月 1 日以后执行一次性付款折扣率为 10%。截至当年底，全区出售公有住房 2777 套，建筑面积 20.7 万平方米，回收资金 4206.9 万元；严格审批集资建房，对于土地、住房矛盾突出、集资建的住宅又能符合城市规划要求的单位，经行署领导批准、地区建委领导研究后方可办理审批手续。1999 年，审批地直单位集资建房 23 幢、406 套，建筑面积 3.3 万平方米，投资 2115 万元。是年，全区集资建房 1079 套，11.2 万平方米，总投资 5884.9 万元；推进全区经济适用住房建设，1999 年底，停止集资建房、全区动工经济适用房建设项目 5 个，施工面积 5.8 万平方米，完成投资 5395 万元；规范住房公积金管理，至 1999 年，全区 9 个县（市）全部建立了公积金管理机构，累计归集住房公积金 8363 万元。市、县住房公积金管理中心开展个人住房公积金贷款及组合贷款业务。

2000 年，宁德市加大城市基础设施投入，大力推进城镇化进程，房屋交易总建筑面积 81.7 万平方米，其中商品房销售总面积 24.6 万平方米，商品房住宅销售面积 19.9 万平方米；房地产抵押 7067 起，抵押房地产建筑面积 190.7 万平方米，抵押总金额 10.3 亿元。

继续推进保障性安居工程续建项目建设，2022 年全市续建项目当年完成投资约 2.7 亿元，全市累计开工保障性安居工程 6.5 万套，其中，开工保障性住房 3.5 万套，棚户区改造 3.0 万套；累计基本建成各类保障性安居工程项目 5.9 万套。探索发展保障性租赁住房，全市共申报保障性租赁住房项目 2 个、2512 套，加快完善以公租房（补贴）、保障性租赁住房和共有产权住房为主体的住房保障体系。

2022 年，宁德市加快完善城市住房制度建设，坚持“房住不炒”定位，出台实施房地产市场优化政策，允许非本市户籍家庭购买商品住房 1 套，中心城区户籍和二孩、三孩家庭购买 3 套，其他县市户籍购买 2 套；新出让用地可分期缴交土地出让金，最长 6 个月；土地竞买保证金比例从 30% 调整为 20%；对于信用等级 AA 以上的开发企业可采取银行保函方式、抵顶商品房预售重点监管资金的 30% 等措施，促进房地产市场平稳健康发展。完成房地产开发投资 219.1 亿元，其

宁德市金涵小区保障性住房（李民雄 / 摄）

中住宅投资 169.9 亿元，商品房销售面积 205.0 万平方米。截至 2022 年底，宁德市商品房累计可售面积 316.6 万平方米，去化周期 10.3 个月，其中商品住房累计可售面积 247.3 万平方米，去化周期 8.9 个月。中心城区商品房累计可售面积 46.0 万平方米，去化周期 4.6 个月，其中商品住房累计可售面积 24.3 万平方米，去化周期 2.7 个月。全市商品住房平均成交价 9154 元，比上年增长 2.1%。中心城区商品住房平均成交价为 1.1 万元，比上年减少 0.3%。

城市供水

民国以前，市民皆溪流水或“凿井而饮”。1933 年 2 月，县人陈由新、叶少山、皮必冬、廖北丹等合资建水厂，在福山街坑臼下建蓄水池 2 座，蓄水量 111 立方米。由山洞引水至水池，上为过滤池，用小石、棕片、细砂过滤后，流入下池，再用毛竹管分接各用水户，供应福山街 30 多户居民饮用。

中华人民共和国成立后，供水面不断扩大，引青靛头与五里亭上游 2 条溪的溪水为水源，以毛竹管输水供应车站、米厂、车站饭店、人武部、搬运站、县医院、毛猪仓库等 40 多个单位用户的用水。

1977 年 5 月，经省计委、建委批准立项，拨款 89.9 万元，筹建宁德县自来水厂。厂址选在金涵乡桥头山，占地面积 1000 多平方米，取金涵溪水为水源，设计供水能力为日产水 4000 吨。工程于 1978 年破土动工，铺设 100 ～ 300 毫米口径管道 4766 米，1979 年 10 月投产，但仍无法缓解城区供水紧张状况。1982 年，宁德县人民政府再次投资 77 万元，进行第二期工程扩建，设计供水能力为日产水 5000 吨。1984 年 8 月建成投产，缓解了城区供水紧张状况。1988 年 2 月，政府投资 120 万元，对水厂工艺、设备进行更新改造，将水厂至市五交化公司地段总长2800米、口径为300毫米的镀锌主管道改为口径为500毫米的主管道，以提高输水能力、减少水头损失，解决高层住户用水难的问题；又新铺设后岗、灵溪、署前地段水管，扩大供水区域。当年，城区日供水量从9000吨提高到1.5万吨，城区供水管道延伸至40千米，用户达7091户，用水普及率达71.2%，水费收入由1980年的7万元增加到59.6万元。

为解决宁德地区供水问题，宁德县政府于1981年开始筹建第二水厂。厂址选在金涵乡亭坪村，水源取自金涵水库。1989年8月开工建设，规划设计能力日产水4万吨，总投资991万元。第一期工程日产水2万吨，投资710万元，1992年7月1日竣工试产运行。

1993—1998年，宁德各县（市、区）水厂均进行了改建、扩建，

蕉城区洪口水库（李民雄/摄）

建成了包括宁德第二水厂、福鼎岙里水厂、屏南县第二水厂等一批项目，全区供水能力从 1992 年的 11.0 万吨每日增至 1998 年的 23.4 万吨每日，增长 112.7%。

2002 年，宁德市有自来水企业 10 家，从业人员 1160 人，综合生产能力为 27.0 万立方米每日，供水管道长度 510.5 千米，用水户数 141746 户，全年供水量为 5045.0 万立方米，其中生产运营用水 446.0 万吨，公共服务用水 839 万吨，居民家庭用水 3261.0 万吨，消防等其他用水 449.0 万吨。售水量 4230 万立方米，实现产值 4912 万元，利润总额 216 万元。

2006 年，加快宁德第三自来水厂的建设进度，完成进场道路等配套设施建设，加大城市供水管网投入，新建、改建城市供水管网 6 千

米。同时，为消除老城区部分地段的消防隐患，投入资金，完成了60个消防栓建设改造。水生产能力为34.5万立方米每日，供水管道长度817千米，用水户数15.5万户。全年供水量6048.0万吨，其中生产运营用水561.0万吨，公共服务用水639.0万吨，居民家庭用水3688.0万吨，消防等其他用水261.0万吨，免费公共用水154万吨，漏损水量745万吨，售水量5149万吨。2009年，及时调整给排水专项规划，增补德源自来水厂为中心城区供水水源，于当年10月下旬向市区供水。2011—2013年，宁德城市供水能力不断加强，先后复工、扩建完成宁德第二水厂、宁德第三水厂、金涵至漳湾工业区8千米输水管道和义联项目6.3千米DN500供水管道，宁德大桥至兰溪桥5.8千米DN400供水管道工程，以及宁德中心城区配套供水管网，日均供水能力从2011年的8.5万吨提升为2012年的13万吨；供水普及率达99%，水质综合合格率达99.9%，维护及时率达99.9%。

2014年，中心城区启动“一户一表”改造，计划分五年完成，每年完成4000户以上。宁德中心城区第一水厂供水能力从1万吨每日扩建到1.7万吨每日，城市供水总量2207.7万吨，供水管道总长286.7千米，用水户数约6.5万户，普及率为99.2%。2015年，成立“宁德中闽水质检测有限公司”，实行市场化经营。2016年，新改建供水管网121千米，中心城区启动第三水厂供水能力从5万吨每日扩建到10万吨每日的工程。同时市政府印发《实施城市内涝防治三年行动计划（2016—2018年）》，推动城市内涝防治建设。2020年，宁德市完成中心城区第二水厂技改，古田县和霞浦县也分别完成古田水厂技改和霞浦第一水厂扩建，完成新建改造供水管网157.6千米。2021年，宁德市完成中心城区第二水厂扩容至6万吨每日项目，启动第三水厂“10扩20”项目。2022年，宁德市推进中心城区第三水厂“10扩20”项目建设，完成新建改造供水管网103.7千米，其中中心城区完成新建改造供水管网 28.5 千米。

城市排水

宁德市区旧时排水主要是通过房屋边沟与街道暗沟、明沟排入护城河、小东门溪或汇集于月爿池、碧山池、头坪池，最后注入附近海域。时因房屋较少，住户不多，尚无淤塞，排水顺畅，极少涝灾。20世纪 50 年代，城区多挖掘明沟排水。60 年代，随着道路的修建，建筑物的增多，逐步采用下水道排水。

1976—1983 年，宁德修建蕉城路下水道 3900 米。1982—1983 年，相继拓宽护城河 861 米，砌筑驳岸 1911 米。1984 年，建设护城河双孔闸门 1 座，新建泄洪涵洞 80 米及护城河桥 3 座总长 24 米。1987 年，修筑宁德自来水公司门口排水沟 58.2 米 ×1.3 米，更换城区排水沟窨井盖 36 个，维修城区主干道之一的少年宫路排水沟 800 米，清理淤泥 562 立方米。至 1992 年，全区共修建下水道 51 条，总长 21416 米。其中，明沟 13 条、8674 米；暗沟 38 条、12742 米。2000 年，宁德市年污水排放量 228 万立方米，排水管道长 44.2 千米。

2002 年，按照省政府污水产业化要求，全市动工建设宁德、福安、福鼎、霞浦 4 个污水处理厂。其中宁德市污水厂规模为 4 万吨每日，总投资 1.1 亿元；福鼎市污水处理厂规模 4 万吨每日，总投资 3880 万元；福安市污水处理厂 3 万吨每日（一期 1 万吨每日）预算总投资为 5000 万元；霞浦县污水处理厂规模 2 万吨每日，总投资 4000 万元。到 2008 年底，宁德市污水处理厂、霞浦县污水处理厂、福鼎市污水处理厂正式投入使用。2010 年，福安、古田、周宁、寿宁、柘荣等市（县）污水处理厂相继建成，实现每县（市、区）有一座污水处理厂目标，全市污水处理能力达 18.1 万吨每日。宁德市本级污水年排放量 1330 万立方米，排水管道长度 138 千米，污水处理率 73.8%。截至 2013 年底，全市城市污水处理率达 82.5% 以上。其中，中心城区污水处理率达 86.9%，9 个县（市、区）均达 80% 以上。

2015—2016 年，福安市柳堤污水处理厂二期、寿宁县污水处理厂二期、古田县污水处理厂二期相继投入使用。2016 年，全市城市污水处理率 85.0%。2017 年，宁德市启动东区（东侨经济开发区）污水处理厂一期工程建设，各县（市、区）污水处理厂、垃圾无害化处理厂正常运营。实现每个县（市、区）都有一座污水处理厂和垃圾无害化处理厂。

2018 年 10 月起，宁德市开展中心城区黑臭水体整治攻坚行动，12 月底完成南大塘排涝渠、南港联通渠渠体建设，铺设大口径截污管道 2550 米，改造排污口 53 个，清疏污水管道 3.8 千米，清掏、清洗检查井 90 座；排查餐饮、企业、洗车等排污单位 215 家，建成 1 座日处理 1 万吨的临时污水处理厂及 5 座日处理 500 吨的小型一体化污水处理站，完成中心城区雨污分流二期改造工程，清理垃圾、漂浮物 420 余吨。在南大塘和东湖塘北港段起点分别安装投用 1 万吨每日、7500 吨每日一体化水体净化设备。12 月下旬，检测显示 2 条黑臭水体 4 项指标均合格，完成福建省政府下达的年底前基本消除宁德市中心城区黑臭水体的阶段性目标。2019 年，宁德市推进中心城区污水管网建设、河道清淤疏浚、污水处理设施建设、内河上游环境整治、水体生态修复等 44 项工程项目和 12 项非工程措施，完成投资 3.5 亿元。2020 年，宁德市中心城区黑臭水体整治工作以中心城区水系综合治理 EPCO 项目建设为重点，系统推进控源截污、内源治理、终端处理、生态修复、长效机制等工程项目和餐饮场所油烟、油污整治等非工程措施，完成投资 15.7 亿元。实现整治区域污水管网系统基本覆盖，基本完成雨污水混流、污水排口整治工作，基本实现中心城区餐饮企业油水分离、油烟净化，基本消除中心城区黑臭水体。2022 年，全市完成新建改造雨水管道 71.8 千米，完成新建改造污水管网 92.5 千米；完成屏南县污水处理厂二期扩建、古田县污水处理厂技改项目建设。

城市燃气

中华人民共和国成立之前，宁德地区单位和家庭都是以柴火作为主要燃料，后来城镇逐步用煤球替代。宁德市燃气事业起步较晚，始于 20 世纪 80 年代后半期。1993—1998 年，宁德各县（市）才先后建立了小型地面储气站，在下白石引资建设 2000 立方米液化气中转站，解决燃气的来源和供气的安全问题，供应方式以瓶装液化气为主。

2000 年，各级政府重视液化气市场管理。调研出台《宁德地区液化石油气管理意见》，对职能分工、规划、建设管理、市场管理、安全管理等进行了明确规定、规范。2001 年，全市拥有液化石油气经营企业 20 家，均分别取得省建设厅颁发的资质证书和市建设局颁发的试运行证书。全市共有瓶装供应站点 531 个，遍布城乡各地，满足了城乡居民生产生活的需要。2002 年，建成燃气供应基地 21 个，储气规模 6000 立方米。

2003 年 8 月，经宁德市政府批准，由福建省安然燃气投资有限公司和宁德市城市建设投资开发有限公司共同投资组建了宁德安然燃气有限公司，建设经营宁德市区管道燃气，实行管道燃气特许经营。2004 年，在宁德中心城区信达豪庭、冠宏星、长兴城、天安经典等 8 个住宅区域铺设了燃气主干管，累计长度达 10 千米，同时，促成取得特许经营权的宁德市七都液化气储配站竣工投产运营，改变城区燃气市场独家经营现状。

2006 年，宁德市液化石油气由弘生燃气有限公司和万方燃气有限公司2家供应，建成液化石油气储配站2座，分别位于漳湾溪口村东高坪和七都镇六都村，年供液化气量约为8100吨；单体储量分别为420立方米和120立方米。市区共有瓶装供应点5个，供应户数约为4.2万户。液化石油气气源主要来自福州和浙江的进口液化石油气。随着城市道路的建设，宁德安然燃气有限公司已在宁德中心城区的城东路、工业路、闽东西路、蕉城路等12条路段上铺设燃气干管约20.6千米，配套开发天安经典、长兴城等36个小区的燃气管道设施和宁德市美伦大饭店餐饮管道供气。2009年，宁德中心城区已安装小区管道燃气设施的有53个小区、1.3万户，已用供气2000余户。历年累计铺设市政燃气干管60.8千米，覆盖蕉城区、东侨经济开发区、漳湾工业园区等主要市政道路；历年累计配套安装27627户；实现居民用户供气8270户，商业及公共服务用户供气45家。

2016年，宁德市新增1家管道燃气公司——新奥燃气有限公司，并在市本级、福安市、霞浦县、古田县成立市（县）级新奥燃气公司。

2020年8月18日，蕉城区三屿工业园区LNG气化站

截至当年末，全市有瓶装燃气企业 28 家，液化石油储配站 28 座，储气规模 5891 立方米，其中市本级燃气企业 2 家，储气规模 540 立方米；管道燃气企业 6 家，LNG（液化天然气）气化站 4 座，储气规模 620 立方米，其中市本级管道燃气企业 2 家，LNG 中心气化站 1 座，储气规模 200 立方米。全市燃气管道总长 260 千米，配套安装用户近 95500 户，已用气近 33000 户，其中市本级燃气管道总长 129 千米，配套安装用户近 61000 户，已用气近 21000 户。市本级建成并投入运行 L-CNG（压缩天然气）燃气汽车加气站 1 座，日供气 6500 立方米，供应车 260 部，全市清洁燃气使用普及率不断提升。

2017 年，新建成霞浦大沙 LNG 储配站 1 座，储气规模 120 立方米。年末，全市有管道燃气企业 10 家。全市投产运行宁德安然富春东路 LNG 中心气化站、福鼎双岳 LNG 中心气化站、福鼎文渡气化站、福鼎龙安气化站等 4 座 LNG 气化站，储气规模 620 立方米，其中市本级有宁德安然燃气有限公司、宁德新奥燃气有限公司等 2 家管道燃气企业，1 座宁德安然富春东路 LNG 中心气化站，储气规模合计 200 立方米。全市中压燃气管道总长 360 千米，庭院管道总长 198 千米，配套安装用户近 13.5 万户，点火近 5.3 万户，其中市本级中压燃气管道总长 215 千米，庭院管道总长 110 千米，配套安装用户近 8.2 万户，用气近 3.6 万户；市本级建设并投入运行 L-CNG 燃气汽车加气站 1 座，日供应量 8000 立方米，供应车辆 280 辆。

截至 2022 年底，全市有燃气企业 35 家，其中管道燃气企业 11 家，管道燃气从业人员 469 人；瓶装燃气企业 24 家，瓶装燃气从业人员 815 人。投产运行 LNG 气化站 7 座，储气规模 7740 立方米；LPG（液化石油气）储配站 24 座，储气规模 4258 立方米；燃气汽车加气站 2 座，液化气瓶装供应站 266 座。登记的液化石油气钢瓶 45 万瓶，液化石油气用户 26.6 万户。地下管线总长 922.3 千米，其中中高压管线长度 570.8 千米，低压管道长度 351.5 千米。城镇燃气普及率 99.9%。

道路照明

1933 年，宁德城区始有玻璃罩煤油路灯。每 10 户一组，夜里轮流悬挂在街巷转角阴暗处以供行人照明。5 个城门兜由地保负责悬挂。1937 年，私营民生电光厂以火力发电提供照明用电，在城区十字街、衙前街、观音弄、街尾下、东门兜、下尾街、小东门等处街道安装路灯 60 盏。

中华人民共和国成立之初，宁德中心城区照明状况无大的改善。1956 年，路灯设置始延伸至车站。1958 年，宁德建成首座 50 千瓦水力发电站后，城区照明状况始有较大改善。1965 年，城区各主要街巷共装有路灯 168 盏。1974 年，宁德大泽溪水电站建成后，大街巷口均装上路灯。1978 年，宁德中心城区共设置路灯 310 盏。1985 年，随着基础设施建设的不断发展，道路不断延伸，城区已拥有白炽路灯 750 盏。1988 年，地区政府投资 36.3 万元，新装蕉城路、署前西路、环城路 3 处地段单双排独立铸铁座自控式高压钠灯 90 盏。1989 年 9

中心城区环东湖夜景（柳明格 / 摄）

月，又投资 11.6 万元，由市政路灯安装队施工，完成八一五路至东门兜路灯安装任务，其中安装双边球形高压钠灯 40 盏、工矿灯 36 盏、架设悬空电缆 1280 米、埋设地下电缆 200 米。是年，更换 60% 的超过使用期的路灯。1990 年，开始安装署前西路路灯 14 盏，并修复蕉城路段因施工中断的电缆 50 米。至 1992 年，全区各主次干道共安装路灯 916 盏，其中汞灯 36 盏、钠灯 130 盏、白炽灯 750 盏，极大地改善了区域的夜间照明状况。

进入 21 世纪，宁德市区大力实施夜景工程，城市面貌明显改善。2002 年，为迎接“9·28”第三届中国·闽东招商节，投入资金近 300 万元，铺设夜景工程专线，设置各类灯具 348 盏。重点在蕉城路军分区环岛至闽东西路、南环路财贸广场至宁德商城和署前路至汽车站 3 个路段建设沿街建筑立面夜景工程；在东侨新区闽东路设夜景工程“奥运之光”62 盏；在东侨大道设夜景“山水灯”35 盏，总造价 299.5 万元。至 2018 年，宁德中心城区已安装路灯的道路 199.6 千米，道路照明灯盏数约 1.6 万盏。同时为迎接省运会，总投资 5650 万元用于建设市中心城区重点区域夜景照明亮化、美化工程，主要体现山水园林城市主题。2022 年，宁德市中心城区道路照明灯 28684 盏，更换修复路灯 3896 盏、电缆 249 处，保证中心城区平均亮灯率 99% 以上，重要

活动期间亮灯率 100%。中心城区夜景项目审查 38 个，完成中心城区路灯节能改造二期、中心城区老旧路灯变压器、闽东路景观夜景工程改造项目，完成《宁德市中心城区夜景专项规划》。

园林绿化

民国时期，宁德城区种有少数榕树，城郊仅于白鹤岭两旁种植少数行道树。20 世纪 50 年代起，大力提倡在主街道两旁及各单位院落植树种花、绿化环境。随后分期、分批陆续在城区公路两旁大量种植桉树、喜树。80 年代初，在城区主街道两旁种植芒果、银桦、木棉、樟树、白玉兰和法国梧桐。1983 年，成立城市园林管理所，城区园林绿化建设逐步走上正轨。当年，城区 20 多条主要街道已绿化 13 条，实现道路绿化总长度 8748 米，种植绿化树 2373 株。

为适应城市建设发展的需要，1989 年 9 月，宁德市人民政府作出决定，委托省农林大学对市区进行园林绿化规划，按近、中、远期规

2019 年 11 月 12 日，宁德市中心城区改造升级后的人民公园（王志凌 / 摄）

划，实施全区园林绿化。至 1992 年，在建成区内实现园林绿化地总面积达 124.7 公顷，其中公共绿地 34.1 公顷、道路绿地 5.8 公顷、生产绿地 5.4 公顷、防护绿地 34 公顷，人均绿地面积 5.7 平方米、绿化覆盖率达 21%，城市园林绿化建设不断完善。1999 年起，各县（市）利用春季植树造林的机会，加大园林绿化的建设步伐，重点抓道路绿化、中心绿地建设和庭院绿化。2011 年，扎实推进绿色城市、绿色村镇、绿色屏障、绿色通道的“四绿”工程建设，全市建成绿地面积 2600 公顷，绿地率 36.4%，人均公共绿地 13.5 平方米。全市初步构筑起点、线、面结合，覆盖城乡的市域绿色生态系统。2012 年，宁德、福安、福鼎、柘荣获得省级园林城市（县城）称号，宁德中心城区环东湖区域生态景观项目获中国人居环境范例奖，太姥山、鸳鸯溪、白水洋、白云山获世界地质公园称号，周宁、寿宁、柘荣等山区县山水生态特色区和沿海县（市、区）的滨海、环湖生态特色区逐步形成。宁德中心城市建成区绿化覆盖面积 967 公顷、公园绿地面积达到 335 公顷、绿化覆盖率 40.1%、绿地率 37.8%、人均公共绿地面积 13.8 平方米，已形成具有一定规模的绿地生态系统。

2014 年，全市建成区绿化覆盖面积 1134 公顷、建成区绿地面积 1050 公顷，其中公园绿地面积 391 公顷、公园个数 9 个、人均公园绿地面积为 15.5 平方米、建成区绿地率为 39.3%。同年 9 月，宁德市被住房和城乡建设部命名为“国家园林城市”。2019 年，宁德市 9 个县（市、区）实现省级森林城市全覆盖。全市有 3 个国家级森林公园，13 个省级森林公园。11 月，被国家绿化委员会、国家林业和草原局授予“国家森林城市”称号。2020 年，宁德城区绿地面积稳步增长，并进一步提高市中心绿化覆盖率，建成环山森林圈，缓解城市热岛效应，巩固生态环境。全市建有东湖南岸公园、东湖北岸公园、兰溪公园、大门山公园、赤鉴湖公园、南漈公园、塔山公园、戚继光公园、镜台山公园、南港公园、北港公园、大金溪公园、沈海高速桥下景观带等园林绿化项目，以及建成环东湖福道、南漈福道、赤鉴湖福道、沈海高速景观带福道、三屿园区福道等，将城区公园绿地串联。2022 年，宁德市推动城市园林绿化建设工作，全市新建和改造公园绿地 117.6 公顷，建成区园林绿地面积 5704.3 公顷，建成区绿化覆盖率 41.8%，建成区绿地率 38.1%，人均公园绿地面积 15.1 平方米。宁德中心城区完成兰溪公园法治文化园、镜台山公园景观提升项目。

市容卫生

1937 年，各县卫生院开展卫生大宣传，提倡焚烧垃圾、改造水井、公厕，讲究饮食、住房卫生。1946 年 6 月，霞浦县建立由县长兼主任委员的夏令卫生运动委员会，在城关开展卫生大检查，对 24 口公共水井、69 个公厕进行消毒，拆除部分不合卫生要求的厕所。

中华人民共和国成立后，区内各县城关配有数名固定清洁工人，负责街道卫生清扫。1956 年，宁德县医院组织清洁工前往福州学习制作垃圾运送木板车技术，开始自制木轮板车用于运送垃圾。随着城区的不断扩大，清扫面积与清洁队伍不断增加，工具也不断更新。1958 年间，掀起 3 次全区性的除“四害”活动。次年，开展“卫生红旗”竞赛，在群众中提倡树立“以卫生为光荣，不卫生为耻辱”的新风尚。1962 年，开展以防治霍乱为中心的全民卫生运动。1975 年，省“两管五改”（管水、管粪，改良水井、厕所、畜圈、炉灶、环境）会议之后，各地掀起改善卫生环境热潮。1982 年，全区 9 个县城共有 19 支由 430 名固定职工组成的清洁队，配备垃圾运输车、洒水车、抽粪车 39 辆，每日清扫垃圾集中到垃圾转运场，再运到深坑填埋；在车站、路旁建公厕 94 座。此后，为加强对城镇环境卫生和环境保护工作的领导，各有关职能部门分工协作，县建设委员会环卫处承担街道垃圾清扫；环保部门负责“三废”（废水、废气、废渣）污染治理；爱国卫生运动委员会与水利部门共管水改。

1994年，全区新建公厕12座，改建6座，福安市公厕水冲率达70%，为全区第一个水冲式公厕达标城市。2003年，宁德市加强城镇环境整治，巩固提高建设卫生城镇成果，不断改善城市环境卫生面貌。全市9个县（市、区）拥有环卫员工1224人，道路清扫保洁面积510.6万平方米，其中机械化清扫面积47万平方米；生活垃圾年清运量32万吨、粪便清运量2.1万吨；公共厕所145座，其中水冲式公厕126座；环卫车辆87辆，购置后装式垃圾压缩清运车2部；在城区主次干道添置果皮箱150个、垃圾箱80个。

2004年，随着城市化进程和建设规模的不断发展，清扫保洁范围东到宁德五中门口、南至站前路和洋尾码头、北至单石碑桥头、西至西岭路并延伸至聚宝路住宅区，涉及清扫保洁23条主次干道和184条小街小巷、清扫保洁面积达87万平方米，日处理垃圾170余吨、粪便约110吨。拥有各类机动作业车辆20辆，其中小四轮农用车10辆、洒水车2辆、大型全自动道路清扫车1辆、后装式压缩垃圾车2辆、东风牌4吨清运车5辆。城区有公厕27座、垃圾中转站3座、垃圾堆放场1座。福鼎市率先开征单位和居民垃圾处理费，居民每人每月3元标准，征收率达90%以上，为全市开征垃圾处理费打下良好基础。

2008年，制订《宁德中心城市环境综合治理方案》《治理宁德城区“乱喷涂、乱张贴”小广告工作方案》，集中力量开展“牛皮癣”（小广告）专项整治。同时，福安市垃圾无害化处理场、福鼎市垃圾无害化处理场、屏南县垃圾无害化处理场先后建成正式投入使用。2012年，宁德市生活垃圾焚烧发电厂正式建成运营，标志着市区生活垃圾从简易填埋到无害化焚烧发电的重要转变。各县（市、区）污水处理厂、垃圾无害化处理厂（场）正常运营，垃圾无害化处理率达到95%。宁德中心城区漳湾垃圾焚烧发电厂1号生产线于当年5月并网发电，至11月处理城市生活垃圾和单石碑陈腐垃圾8.4万吨，2号生产线12月8日通过验收、正式运行，实现了城市生活垃圾全部无害化、减量化和资源化处理。2020年，宁德市环卫保洁人机互补常态化管理，重要路段强化机械化清扫，保洁频次增加至4次/日，街道雾炮车每间隔2小时1次喷水抑尘清洁。主次干道整合桶点，规范中心城区垃圾桶摆放和垃圾清运时间。疫情期间，实现生活垃圾日产日清，集中防疫消杀，中心城区835名环卫工人、各县（市）2244名环卫工人、313辆环卫车辆持续在街面作业。开展宁德漳湾垃圾焚烧发电厂检查和生态环保开放日活动，督查整改中心城区主次干道的公共场所清扫、保洁和垃圾清运工作，确保中心城区干净、有序、整洁。2022年，宁德市纠正各类占道经营、跨店经营等违法行为5.0万件，取缔流动摊贩3.0万件，纠正“门前三包”不落实1.3万件，立案处罚1084起，解决东湖市场周边20余年乱摆摊问题。开展餐饮业油烟排放排查，全年累计排查2468家餐饮企业，其中应安装油烟机1773家，已安装1751家，安装占比98.8%；结合打击养老诈骗打造“无癣城市”，中心城区清理“牛皮癣”达50余万处。宁德市漳湾（郑岐、兰田）、城南（贵岐）、金涵、七都（六都）等城中村及城乡接合部纳入高标准保洁范围，宁德中心城区环卫保洁面积扩大约200万平方米。制订《宁德市中心城区垃圾桶摆放整治提升方案》，更换垃圾桶4750个，新增摆放点230个，加密垃圾清运频次，改善城市环境卫生。

乡村建设

宁德地区的城镇多数以行政中心建镇，城镇发展与港口发展密切相关，村落围绕着集镇形成网络。

五代时期，当地经济文化发展较快，海外贸易发达，福安甘棠港成为闽国北部最大的中转港，相应地促进腹地若干城镇的形成。

明代倭寇侵扰闽浙沿海，闽东深受其害，人口外迁，城镇建设衰退。清顺治十八年（1661 年），朝廷下达“迁海令”，切断东南沿海百姓与郑成功反清复明武装的联系，强迫沿海居民大规模内迁 25 千米，以“设界严防，片板不准下水，粒货不准越疆”。迁界之举严重阻碍了闽东沿海村镇建设的进程。鸦片战争以后，沿海发展了赛岐港和新辟三都港两个通商口岸，通过港口运出大量茶叶、茶油、桐油等。清光绪二十五年（1899 年）朝廷在三都成立福海关，英、美、德、俄、日、荷、瑞典、葡萄牙等国家的 21 家公司在三都成立分支机构，银行钱庄多达 18 家，鼎盛时期，三都港区人口达 2 万多人。此外，福安的下白石，福鼎的沙埕、秦屿，霞浦的三沙、沙江等地建设也都有较大的发展，形成一个港口群。港口城镇开放后，西方科学文化艺术亦随之传入区内，一些模仿西方建筑风格的哥特式教堂、四落水洋楼以及仓库、油库、码头等在区内不断涌现。同时一些城镇、乡村地区也出现了大宅院建筑。抗日战争期间，沿海城镇几经日本侵略军轰炸、抢掠，主要建筑物均毁于一旦，直到 1949 年 10 月闽东人民仍多住居土墙木结构的瓦房，少数富有人家方能住上砖木结构的瓦房。

中华人民共和国成立后，全区人口虽然有很大增长，但城镇人口增长幅度较小，县以下的建制镇相继撤销。20 世纪 50 年代，进行土地改革、对私改造和合作化运动，改变了集镇生产关系，合作商店、银行、税务、供销、邮电、粮站、广播站、学校沿街而立，乡村集镇形成了新格局。60 年代初，人民会场、文化站、新华书店、学校等均得到发展。“文化大革命”期间，集镇建设陷于停滞。

1978 年后，公共建设步伐加快，机关、学校、企事业、工厂等都建有自己的楼房。乡镇企业兴起，道路拓宽，铺筑水泥混凝土路面。木厝桥、石板桥大部分加铺水泥混凝土或改建为钢筋混凝土桥。不少地方集资办学，新建校舍。再加老区和少数民族区补助建设水厂、电厂等得到配套，1990 年底全区各集镇共铺筑道路 103.7 千米，其中普通道路 66.7 千米，高级、次高级道路 37.5 千米，桥梁 36 座，防洪堤 48.9 千米，路灯 1854 盏，下水道长 42.8 千米，污水处理 11798.6 吨每日，其中生活污水 6688.3 吨每日；公共建筑 111.8 万平方米，其中混合结构 75.1 万平方米；生产建筑 44.6 万平方米，其中混合结构 22.2 万平方米；有自来水的集镇 36 个，水厂 37 个，生产能力 6403 吨每日，单位自备水源能力 6.7 吨每日，供水管道长 111.5 千米，年供水量 198.3 万吨，其中生产用水 69.4 万吨，生活用水 115.9 万吨，用水人口 6.6 万人，占集镇总人口的 26.9%，人均日生活用水量 43.5 升；有园林绿化设施的 10 个集镇，园林绿化面积 10.7 万平方米，公园 2 个，面积 0.3 万平方米；有环境卫生设施的 9 个集镇，其中柘荣 4 个、福安 1 个、福鼎 4 个，清洁机械车 1 辆，公共厕所 86 个；住宅建筑面积 545.7 万平方米，人均居住面积 11.7 平方米。1990 年底，全区乡村公共建筑面积 408.3 万平方米，其中混合结构 227.2 万平方米；生产建筑面积 299.1 万平方米，其中混合结构 212.9 万平方米，655 个村庄设有自来水，受益人口 42.5 万人；道路 3883.3 千米，其中铺筑水泥混凝土路面 2225.3 千米，通电村庄总数 5506 个；住宅建筑面积 5916.9 万平方米，人均居住面积 11.1 平方米。

2005 年，全区建制镇实有住宅建筑面积 1311.7 万平方米，人均居住面积 15 平方米；集镇实有住宅建筑面积 419.0 万平方米，人均居住面积 17.0 平方米；村庄实有住宅建筑面积 6076.6 万平方米，人均居住面积 15.4 平方米。全市自来水受益建制集镇 54 个，有供水设施镇 54 个，水厂 55 座，自来水日供水能力 12.9 万立方米，自备水源日供水能力 4.6 万立方米，供水管道长 789 千米，年供水量 2517 万立方米，其中生产用水 844 万立方米、生活用水 1550 万立方米，用水人口 45.2 万人，用水普及率 94.0%，人均日生活用水量 93.9 升；集镇自来水受益镇 47 个，有供水设施集镇 44 个，水厂 40 座，自来水日供水能力 2.0 万立方米，自备水源日供水能力 1.0 万立方米，供水管道长 157 千米，年供水量 502 万立方米，其中生产用水 121 万立方米、生活用水 332 万立方米，用水人口 11.9 万人，用水普及率 87.0%，人均日生活用水量 76.2 升。至 2005 年底，全市自来水受益村庄 3619 个，有供水设施的村庄 1966 个，受益人口 131 万人，村庄自来水普及率 60.6%。建制镇有道路长 559 千米，面积 523.0 万平方米，桥梁 170 座，防洪堤 148 千米，排水管道长 388 千米；集镇有道路长 223 千米，面积 172 万平方米，桥梁 107 座，防洪堤 58 千米，排水管道长 90 千米。村庄铺设道路长 5507 千米、面积 3195.6 万平方米，建桥梁 1234 座，建防洪堤 809 千米。全区镇、乡、村道路总长 6528 千米，其中高级、次高级道路 2591 千米，占总长度的

39.7%。全市建制镇有环卫机械 166 辆，公厕 279 座；集镇有环卫机械 20 辆，公共厕所 131 座。全市建制镇绿化覆盖面积 500 公顷，园林绿地面积为 96 公顷，公共绿地面积 70 公顷，有公园 15 个，占地 34 公顷，人均绿地面积 1.5 平方米。集镇绿化覆盖面积 84 公顷，园林绿地面积 32 公顷，公共绿地面积 10 公顷，人均绿地面积 0.7 平方米。2014 年起，宁德市启动“千村整治、百村示范”美丽乡村建设项目，至 2019 年底全市共推动 843 个村庄实施美丽乡村建设，创建美丽乡村示范村 78 个，打造美丽乡村景观带 36 条。

2022 年，宁德市各级各部门按照《宁德市农村人居环境分类晋级专项行动实施方案》和《宁德市农村人居环境整治提升行动实施方案》等部署，完成农村人居环境整治年度计划任务目标，推进农村人居环境整治提升。累计完成村庄规划 1296 个。其中，福安市潭头镇南岩村、福鼎市硖门畲族乡柏洋村村庄规划获评全国国土空间规划优秀案例。完成农村既有裸房整治 2.0 万栋，推动蕉城八都镇、屏南寿山乡、寿宁竹管垅乡乡镇所在地开展集镇环境整治样板建设；完成 12 个历史文化名镇名村和传统村落保护整治提升，推动 11 个村庄历史建筑、传统风貌建筑等上线省传统建筑海峡租养平台；创建绿盈乡村初、中级版 126 个，省级森林城镇 4 个，省级森林村庄 27 个，美丽庭院示范户 1998 户。截至 2022 年底，全市共创建全国生态文化村 6 个，省级生态文化村 11 个，国家森林乡村 46 个，省级森林城镇 11 个，省级森林村庄 184 个。全市新改建农村公路 353.4 千米，全域推进城乡供水一体化建设，完成投资 14.3 亿元，启动新建改扩建规模化集中式水厂 15 处，新建改建供水管网 573 千米，改造农网 10 千伏线路 46 条，整治通信线路 242.7 千米、广播电视线路 149.5 千米。市中心城区公交线路覆盖周边 7 个乡镇。完成农村公路路面修复 19.3 万平方米，建成美丽农村路 126.8 千米。实施危桥改造 20 座、道路交通安全隐患路段整治 8 处、农村公路安全生命防护工程 286.8 千米。

历史文化名镇名村

宁德众多村镇拥有保留完好的历史传统建筑，具有较高的历史、文化、艺术和科学价值，被评为国家、省级历史文化名镇名村。至2022年，全市共有省级以上历史文化名镇名村11个镇42个村，其中中国历史文化名镇名村5个镇14个村，省级历史文化名镇名村6个镇28个村。

中国历史文化名镇名村一览表

（5个镇14个村）

表1

批次	镇、村
第四批（2008年公布）	福安市溪潭镇廉村
	屏南县甘棠乡漈下村
第五批（2010年公布）	蕉城区霍童镇
	屏南县棠口乡漈头村
第六批（2014年公布）	古田县杉洋镇
	屏南县双溪镇
	周宁县浦源镇浦源村
	福鼎市磻溪镇仙蒲村
	霞浦县溪南镇半月里村
第七批（2018年公布）	蕉城区洋中镇
	蕉城区三都镇
	福安市社口镇坦洋村
	福安市晓阳镇晓阳村
	福安市溪柄镇楼下村
	福鼎市管阳镇西昆村
	古田县城东街道桃溪村
	古田县卓洋乡前洋村
	古田县吉巷乡长洋村
	寿宁县下党乡下党村

下党风光（袁晓昊/摄）

廉村风貌（丁立凡 / 摄）

主要水利设施

截至2022年，全市共有水库452座（含发电水库），其中大型3座、中型24座、小型425座。水闸183座。堤防483条（937.6千米），其中海堤182条（278.8千米）、防洪堤301条（658.8千米）。泵站73座，其中装机流量1立方米每秒以上30座。全市可开发水能资源287.7万千瓦，年发电量91亿千瓦时；全市水电站460座，装机容量228.0万千瓦，其中，装机5万千瓦以上9座，装机5万千瓦及以下451座。山塘334座（1万～10万立方米）。

大型水库 全市有古田溪一级电站水库、周宁芹山电站水库、蕉城洪口电站水库等3座大型水库。

1. 古田溪一级电站水库。古田溪一级水库位于古田溪的古田龟濑，坝址以上控制集雨面积1325平方千米，水库以发电为主。大坝为混凝土宽缝重力坝，溢洪道型式为坝顶挂闸溢流，1956年3月建成，装机6.2万千瓦。

2. 周宁芹山电站水库。水库位于周宁境内穆阳溪河段上。由芹山电站与周宁电站两个梯级电站组成，两级一体，同步建设。芹山水电站水库坝址以上控制集雨面积453平方千米。1999年12月23日，芹山电站建成投产，装机7万千瓦，总投资7.3亿元。

3. 蕉城洪口电站水库。水库位于蕉城区境内洪口乡霍童溪干流上。坝址以上流域面积1701平方千米，多年平均流量65.9立方米每秒，坝型为碾压混凝土重力坝。工程规模为大（2）型水库，设四孔闸门，采用弧形启闭机启闭。2007年电站第一台机组投产发电，2008年8月第二台机组投入运行，电站总装机20万千瓦。

中型水电站 1. 古田溪梯级水电站。古田溪一级水电站在古田县境内，坝址位于古田县泮洋乡，厂址位于城东街道办事处曹洋村，坝址以上控制流域面积 1325 平方千米，水库正常蓄水位 382 米，装机容量 6.2 万千瓦，多年平均年发电量为 2.9 亿千瓦时；1951 年 3 月 1 日动工建设，1956 年 3 月 1 日一期两台 6000 千瓦发电机组投产。古田溪二级水电站坝址位于城东街道办事处曹洋村，厂址位于闽清县桔林乡，坝址以上控制流域面积 1551 平方千米，水库正常蓄水位 254 米，装机容量 13 万千瓦，多年平均年发电量为 3.0 亿千瓦时，1969 年电站建成发电。1973 年 12 月古田溪梯级四级水电站全部投产发电，总装机容量 25.9 万千瓦。

2. 蕉城洪口水电站。洪口水电站在蕉城区洪口乡境内，是霍童溪干流开发的第六级水电站，水库坝址以上控制流域面积 1701 平方千米，占霍童溪流域面积的 75.8%。枢纽工程由拦河坝、引水系统、发电厂房和开关站组成。拦河坝为碾压混凝土重力坝；大坝泄洪采用坝顶开敞式溢洪道，堰顶高程 149 米。引水系统全长 745.0 米。地面式厂房总装机容量 20 万千瓦（2×10 万千瓦），机组设计水头 89 米，单机设计引用流量 124.5 立方米每秒。电站年发电量 4.5 亿千瓦时，年利用 2261 小时，2007 年电站第一台机组投产发电，2008 年 8 月第二台机组投入运行。

3. 芹山水电站、周宁水电站。芹山、周宁水电站在周宁境内穆阳溪芹山至三湾河段上。由芹山电站与周宁电站两个梯级组成，两级一体，同步建设。芹山水电站水库坝址以上控制流域面积 453 平方千米，总库容 2.7 亿立方米，设计水头 95 米，设计流量 83 立方米每秒，装机容量 7 万千瓦，年发电量 1.3 亿千瓦时。周宁水电站水库坝址以上控制流域面积 511 平方千米，设计水头 400 米，设计流量 79.6 立方米每秒，总装机 2×12.5 万千瓦，年发电量 6.7 亿千瓦时。1999 年 12

月 23 日，芹山水电站建成投产，装机容量 7 万千瓦，总投资 7.3 亿元。2001 年 12 月 1 日，周宁水电站开工建设，总投资 12 亿元，装机容量 25 万千瓦，年利用 2632 小时，2004 年 8 月 1 日电站下闸蓄水，2005 年 4 月 18 日两台机组并网发电。

重要海堤 1. 金马海堤。金马海堤位于中心城区东南角，南起金蛇鼻，北连白井塘，始建于 1958 年，1965 年竣工。金马海堤全长 1.4 千米，经 2006 年实施海堤除险加固、部分海堤裁弯取直，海堤全长 1.2 千米，堤顶高程 7.6 米，防浪墙高程 8.2 米，堤顶宽 5.0 米，防潮标准采用 50 年一遇。金马海堤属于中心城区重要的堤防工程，是中心城区人民群众生命财产的安全屏障。

2. 宁德市蕉城区三屿（云淡）围垦工程海堤。总长 5533 米，其中南堤长 1888 米，东堤长 2412 米，北堤长 1233 米，呈“U”字形布置，起于七都镇观音亭，终于八都镇华山脚，围垦面积 6330 亩。2018 年，上汽宁德项目入驻三屿园区，为确保三屿园区防洪防潮排涝安全，根据国家《防洪标准》，将三屿（云淡）海堤工程防潮标准由 50 年一遇提高到 100 年一遇，对三屿（云淡）海堤进行全面提级改造，改造后为 1 级堤防。

生态保护

南岸东湖（迎宾馆上空看北岸）

随着城镇化、工业化快速发展，环境污染问题逐步显现，生态环境保护越来越受到宁德党委、政府的重视。宁德始终坚持开发与保护并重，坚定不移走生态优先、绿色发展的路子。1989 年开始并持续开展各县（市、区）长环境保护责任书考核，并在 2016 年将其升格为党政领导生态环境保护目标责任书。2017 年 12 月制定出台《宁德市生态文明建设目标评价考核办法》，把生态环境保护目标任务完成情况纳入各级党委、政府绩效考核内容；党的十八大以来，以习近平生态文明思想为指引，深入践行“绿水青山就是金山银山”“三库 +

碳库”等绿色低碳理念，全面推行河湖长制、林长制、环保约谈、环保“一票否决”等制度，统筹推动党政领导生态环保目标责任书、系列生态环保督察整改和污染防治攻坚战，一体化落实山水林田湖草沙系统治理和保护，协同推进减污降碳扩绿增长，加快建设绿色低碳宜业宜居先行区，着力推进人与自然和谐共生的现代化。截至 2022 年，全市拥有省级自然保护区 2 个，市级自然保护区 8 个，县级自然保护区 22 个；国家级风景名胜区 4 个，省级风景名胜区 5 个；国家级森林公园 3 个，省级森林公园 13 个；国家级地质公园 5 个，省级地质公园 1 个；国家级海洋公园 1 个。

环境质量保持优良 全市环境空气质量位居全省前列，2015 年以来，二氧化硫（SO_2）、二氧化氮（NO_2）、一氧化碳（CO）、臭氧（O_3）、颗粒物（PM10）、细颗粒物（PM2.5）等六项空气主要污染物指标均优于国家二级标准，其中中心城区空气质量优良天数比例从 2015 年的 96.2％提升到 2022 年的 97.8％，PM2.5 的年平均浓度从 2015 年 30 微克 / 立方米降到 2022 年 18 微克 / 立方米，优于世卫组织过渡期第二阶段标准，空气质量指数实现七年连续优化提升。全市 24 条较大河流水质优良，其中霍童溪、交溪水质多年保持全省前列；2018 年以来，68 条小流域基本消除劣五类水体；县级以上饮用水水源地从 1988 年 9 个，增加到 2019 年 18 个，年可供水量达到 2.5 亿立方米，水质达标率持续保持 100％；2022 年，重点流域国考断面水质排名全国第 25 位，是全国 45 个沿海设区市中唯一进入前 30 名的地市。

生态系统优化提升 2022 年，划定陆域生态红线 3014.4 平方千米，占陆域总面积的 22.4%、海洋生态红线 1699.5 平方千米，占海域总面积的 20.6%，自然岸线保有率 46.9％；森林覆盖率从 1988 年的 40.2％提高至 2022 年的 70.0％，森林蓄积量从 1217 万立方米增

塔山俯瞰

加至5549.5万立方米，位居全省沿海设区市第一，成为中国大陆沿海最“绿”的城市，入榜2022年中国“绿都”城市。拥有世界地质公园1个、国家级森林公园3个、省级森林公园13个，省级自然保护区2个，市级自然保护区8个；2018年实现全市各县（市、区）省级森林城市全覆盖，2019年宁德市获“国家森林城市”称号。柘荣、寿宁、周宁、古田县先后于2018年、2020年、2021年、2022年获“国家生态文明建设示范区”称号；截至2022年底，全市“绿盈乡村”累计认定1805个，占比84.5%。

加快推进绿色低碳 始终牢记习近平总书记“多上几个大项目，多抱几个‘金娃娃’”的殷切嘱托，推动建立健全绿色低碳循环发展经济体系。宁德锂电新能源、新能源汽车、不锈钢新材料、铜材料四大主导产业从无到有、由小变大，迅速发展壮大，形成千亿产业集群；加快供给侧结构性改革，2016 年以来，关闭 18 家“地条钢”企业、化解 407 万吨钢铁产能，持续推动铸造等行业改造升级，推动 120 家企业淘汰更新 287 台中频炉，有序推进“小散乱”企业退城入园、转移集聚、绿色转型；2017 年，全面关停古田县 41 座矿山 121 个矿点、166 家石材加工企业，为产业提质增效腾出新的发展空间；加快推进“双碳”落实，着力构建核能、风能、光伏、储能等多元化清洁能源供应体系，2022 年清洁能源装机和发电量占全市比重均超过 70%；开展碳排放重点企业现场核查，企业碳排放配额履约率 100%；有序推进低碳创建试点，福鼎市开展嵛山岛近零碳岛屿创建，屏南加快推进低碳景区建设，蕉城、古田、周宁、寿宁、柘荣开展低碳村庄创建；寿宁县下党乡低碳景区被福建省推荐参与全国绿色低碳公众实践基地评选。

深入攻坚污染防治 2014 年开始，宁德市持续推动打好污染防治攻坚战，先后实施《宁德市生态环境专项整治“1+14”工作总方案》《三都澳海域水环境综合整治“1+N”方案》《宁德中心城区臭氧污染专项防控工作方案》等专项行动。“十三五”期间，完成大气精准减排项目 224 个、实施流域整治项目 403 个，火电行业全面完成超低排放改造并通过验收，合成革集控区实现集中供热全覆盖；冶金新材料企业不断完善除尘脱硫设施，青拓集团投入 13 亿多元建设红土矿运输长廊和废气、废水污染治理设施；新能源和时代新能源总投资近 1 亿元，建设挥发性有机物废气收集处理设施，实现工程减排，成为全省锂电行业大气精准治理样板；2020 年海上养殖综合整治工作入选全国水产养殖高质量绿色发展、生态审计典型案例。2022年，多个行业性环境整治典型经验获全国推广，海上养殖综合整治工作成为全国海洋生态环境保护工作典型经验并入选“中国这十年”生态环保成就地方实践示范；石材行业综合整治工作成为“中央生态环境保护督察整改见成效”典型案例，并被中央生态环保督察办推送至中宣部，新华社发通稿、各大主流媒体宣传推广；涉疫医废环保防控经验获得生态环境部推广；生态环境部对2022年度生态环境领域真抓实干成效明显的22个地级以上城市进行通报表扬，宁德市是福建省唯一受表扬城市。

健全完善环保设施 截至2022年底，各类工业园区污水集中处理设施全覆盖，县级污水处理厂实现一级A排放改造，全市生活污水日处理能力从2012年19万吨每日提高到2022年36.2万吨每日；建成生活垃圾焚烧发电厂4座，全市生活垃圾焚烧处理厂处理能力达到2200吨每日；补齐农村环境治理设施短板，128个乡镇、2135个行政村实现生活污水集中处理设施、生活垃圾转运系统规范处置全覆盖。累计布设31座空气自动站、55座水质自动站，布设近岸海域环境监测点位54个、地下水监测点位30个，持续完善生态环境全要素监测体系；健全完善环保网格化监管、海漂垃圾综合治理、环境风险防范应急处置、核与辐射常态监管等机制，充分运用在线监控、走航监测、无人机巡查等手段，初步形成“陆海协同、横向到边、纵向到底”的监管格局。

深化改革机制体制 2015年，宁德市在全省率先开展领导干部自然资源资产离任审计试点工作。2016年2月，成立全省首个环保类地方性公募基金会——环三都澳区域绿色发展基金会，9月在全国地级市率先制定实施《环境保护公众参与办法》；同年开始对接落实国家生态文明试验区体制改革6个方面25项工作，形成超过40项制度成果；完成屏南、周宁、寿宁、柘荣等4个国家重点生态功能区产业准入负面清单制定工作，健全国土空间开发保护制度；开展领导干部自然资源资产离任（任中）审计，实现工作试点、建立联席会议制度、编制风险防控清单“三个全省率先”；海漂垃圾“陆海统筹”治理工作经验被国家发改委作为全国塑料污染治理典型案例推广；2018年以来，先后推动出台《宁德市三都澳海域环境保护条例》《宁德市霍童溪流域保护条例》等一系列法律法规和制度规定，健全完善地方生态环境保护法律保障，形成一批生态环境保护制度性成果。实施排污权、碳排放权有偿使用和交易，截至2022年底，累计实施碳汇林面积10.9万亩，签发碳汇22.0万吨；指导263家企业购买到1万多吨排污权，交易金额超1.8亿元；落实企业环境信用动态评价，累计评价1035家次。实行最严格环境执法，执法水平得到生态环境部肯定，2017—2022年6年内5次获“全国生态环境保护执法大练兵优秀集体”称号。

交通运输

公　　路

宁德境内山峦重叠，地势险阻，历史上，陆路运输长期处于徒步、肩挑背驮的落后状态。1928 年，宁德古田县成立谷（口）平（湖）长途汽车股份有限公司筹备处，以社会集资、民工建勤和借款等方式兴建古田至谷口公路，于 1935 年建成通车，全长 35 千米，为宁德地区第一条公路。此后，分别于 1938 年、1947 年先后建成福（州）古（田）（建）瓯公路和古田半坑亭电站至坝区公路。至 1949 年，全区有公路 3 条，总长 131.7 千米。

中华人民共和国成立后，宁德地区的公路建设获得迅速发展。1956 年，福州至福鼎分水关公路（又称 104 国道宁德段）修通后，溪（柄）后（港）、古（田）屏（南）、福（安）寿（宁）、赛（岐）浦（城）等公路陆续建成。1959 年，全区实现县县通公路。此后，采取“民工建勤，民办公助”的方式，公路建设取得长足发展。1978 年，全区公路通车里程达 2756.2 千米，是 1949 年前的 21 倍。中共十一届三中全会以后，“要想富、先修路”成为人们的共识，全区掀起多渠道集资修路热潮。先后建成国道104线，省道101线、203线、214线、215线、308线、309线、310线。至1992年底，全区有公路4475千米，其中国道1条、境内长216.2千米，省道7条、境内长892.8千米，县道27条、长546.0千米，乡村公路198条、长2697.9千米，专用公路41条、长143千米。平均每百平方千米拥有公路34.8千米，每万人口拥有公路15.1千米。境内有公路桥梁622座，总长19545.0米。

1995年，累计投资约4亿元的国道104线宁德段拓宽改造工程全线竣工，原来不到三级路标准的路面被改建成全幅12米路基、9米水泥路面的准二级公路。1996—1998年，全区累计投资2.6亿元，铺设县、乡道柏油路面77条（段）、1246.3千米。境内的福安、福鼎、古田、柘荣4个县（市）率先实现乡乡通柏油路。全区农村公路累计投资1.8亿元，有2000个行政村通公路、通路率达93.0%，比1995年增长13.5%。“九五”期间，基本完成境内国道、省道主干线的拓改工程，极大地改善宁德的行车环境，境内交通运输的紧张状况得到缓解。1998年底，全区公路总里程达4645.7千米，其中国道2条229.1千米、省道7条818.3千米、县道25条1053.6千米、乡道48条615.4千米、村道285条1797.6千米、专用公路51条131.2千米。全区形成以2条国道线与7条省道线为主干，以县道线和乡道线为支线的公路网络。

“十五”期间，全市农村路网建设取得突出成绩，以宁德为中心的“一个半小时交通网建设”取得突破性进展，先后建成双湖公路、下浦公路、宁屏公路、古田高头岭至永安公路等，全长160千米的沈（阳）海（口）高速公路宁德境内段建成通车。2005年，农村公路建设力度加大，全市通村公路路面硬化的行政村数达1250个，占全市行政村总数2168个的57.7%。全市以沈海高速公路1条国家高速公

2019 年 9 月 27 日，宁古高速公路六都枢纽互通式立交建成通车（张文奎 / 摄）

路、7 条省道为主骨架，39 条县道及若干乡道和其他公路为支线，构成初具规模的宁德公路网络。全市普通公路总里程达 4599.2 千米，其中高速公路 160 千米、国道 229.1 千米、省道 692.3 千米、县道 1594.5 千米、乡道 1751.5 千米，专用公路 362.9 千米，公路网密度达 37.2 千米每百平方千米。

2006—2010 年，全市先后建成宁德汽车南站、霞浦福宁长途汽车站、古田汽车东站、福鼎汽车北站、寿宁茗溪洋汽车站，沈海高速公路福安连接线、宁屏公路屏南段也建成通车。完成国道 104 线、宁屏公路、双湖公路绿色长廊建设 433.9 千米，建设特殊绿化点 48 个 13.2 万平方米，完成国道 104 线边沟墙加高 199.9 千米、路宅分家 300 米。2010 年，京台高速公路宁德段、沈海复线宁德漳湾至连江浦口高速公路宁德段开工建设。

2011 年，国、省道干线续建 13 条（段），其中完成 7 条（段）、新开工建设的宁德漳湾钢铁项目疏港公路完成里程 184 千米。省道宁古路提前一年建成通车。全面完成剩余 32 个建制村通村路，农村公路完成里程 576 千米，建制村通村公路硬化任务全面完成。顺利完成 104 国道宁德大桥拓改工程。2012 年，宁武高速公路宁德段（含屏南连接线）实现提前半年通车目标。2013 年，交通基础设施建设投资再创历史新高。全年完成投资 77.5 亿元（不含铁路），占年度计划的 113.3%，同比增长 19.4%。实施“村村通客车”工程，新增更新农村客车 305 辆、新开通农村客运线路 82 条，完成由预约客车改为定线班车的建制村 102 个、建制村通客车率已达 97.2%，基本实现建制村“村村通客车”目标。落实海岛便民措施，全市 60% 的居民岛屿已建成陆岛交通码头。完成年公路客运量 7084.0 万人次、旅客周转量 279159.6 万人千米，货运量 2340.7 万吨、货物周转量 540780.4 万吨千米，同比分别增长 2.8%、1.0%、14.6%、16.2%。全市客运企业 63 家，开通客运班线 95 条；拥有营运客、货车 16192 辆，比上年增长 11.8%。

截至 2014 年底，宁德市有公路客运站 63 个。其中，一级站 5 个、二级站 8 个。全市全年完成社会旅客运输量 7537.0 万人次，其中公路客运量为 7154.9 万人次、公路客运占全社会客运量比例的 94.9%。全年完成货物运输总量 4416.5 万吨，其中公路货运量为 3553.0 万吨、占全社会货运量比例为 80.4%。全市公路总里程达 10721.6 千米，其中国道 4 条 481.2 千米、省道 7 条共 747.7 千米、县道 64 条 1914.2 千米、乡道 1201 条 5244.5 千米、村道 4510 条 2321.9 千米、专用公路 3 条 12.1 千米。形成以 4 条国道线与 7 条省道线为主干，以县道线和乡道线为支线的公路网络。2015 年，建成京台高速公路宁德段、沈海复线柘荣至福安段、福安至寿宁高速公路、沈海复线宁德漳湾至连江浦口高速公路飞鸾互通至罗源界，新增柘荣、寿宁、古田 3 个县通达高速公路，实现全市“县县通高速”。2020 年，相继建成沈海复线宁连高速公路漳湾至飞鸾互通段、福鼎贯岭至柘荣段、福安至蕉城漳湾段；沈海高速公路三屿互通和海西网屏南至古田联络线、宁德至古田高速公路六都复合式枢纽互通、宁东高速公路福建省沙埕湾跨海公路通道工程；霞浦滨海新城客运站、宁德火车站客运枢纽站建成投用。

2022 年，宁德市印发《宁德市环三都澳区域高等级公路网规划》。续建宁德至古田高速公路、宁上高速公路宁德霞浦至福安段，新开工甬莞高速沙埕互通及连接线工程。新改建国省道 57.2 千米、农村公路 353 千米，建成国道 104 线蕉城区城南福洋至飞鸾孝岐头段、省道 201 线霞浦东冲至赤壁下段 A1、A2 标等项目。全市公路通车里程 12521.6 千米，其中等级公路 11781.6 千米，高速公路 596.8 千米。公路运输全市全年共完成客运量 1650.8 万人，旅客周转量 12.3 亿人千米，同比分别降低 21.4% 和 15.7%；完成公路货运量 6719.0 万吨，货物周转量 66.4 亿吨千米，同比分别增长 −3.3% 和 4.1%。公路总周转量为 67.6 亿吨千米，同比增长 4.3%。

港　口

宁德市大陆海岸线长 1046 千米，约占福建省的 1/3；海域面积 4.5 万平方千米，拥有三都澳、赛岐港、三沙港、沙埕港等 4 个主要港口。宁德港是福建省沿海港口的重要组成部分。其中，三都澳港区水深大于 10 米（最大水深达 90 米），主航道水深 30 ～ 115 米，且口小腹大，避风条件好，是一个极为典型的溺谷型的深水港湾，终年不冻不淤。50 万吨级巨轮可全天候进港，符合世界航运船舶大型化、航道深水化的趋势，为世界少见、中国仅有的天然深水良港。

宁德三都澳是居中国东部沿海中点位置的港湾。历史上一直为福建最繁忙的港口之一。早在唐朝以前就已开发，明景泰三年（1452年）三都澳设立河泊所；明嘉靖年间（1522—1566年）开辟了北方漕运航线；清康熙二十三年（1684年）设立了税务总口，下辖9个口岸；清光绪二十四年（1898年）设立了福建省第一个海关——福海关，是继鸦片战争后国内广州等五口门户洞开后福建省最早对外开放的港口之一。英国人首先在此修建货场、油泊位各1个，随之美国、德国、日本、瑞典、俄国、葡萄牙等13个国家的21家公司相继在这里设立洋行，意大利还在这里设立领事馆。清政府在此设有2家轮船

1993年，国务院批准三都澳城澳口岸正式对外国籍船舶开放

公司、3 家银行分行、15 家保险公司和钱庄、36 家工商企业的办事机构。清光绪二十九年（1903 年），美国、日本开辟了三都澳至福州、温州、青岛、烟台、牛庄、宁波、苏门答腊等地的航线，并在三都澳设立气象台与马尼拉、中国香港和上海、东京等地气象台联网预报海上航行气象，为频繁往来的贸易船队服务，随即各种商店公司、歌台舞榭、别墅、教堂鳞次栉比。光绪三十一年（1905 年），增设大清国电报局，铺设了中国第一条海底电缆。

19 世纪 30 年代初，一些商人和船舶业主在宁德的蕉城、福安、

福鼎、霞浦4个沿海县的主要港口相继办起海运业务，开辟北至辽宁营口、南至海南岛、东至日本的航线。抗日战争期间，日本帝国主义在沿海实行军事封锁和狂轰滥炸，各项基础设施遭受彻底破坏，海运企业相继倒闭，海上运输遂停。中华人民共和国成立初期，闽东海运业得到了迅速恢复和发展。1952年，中国人民解放军海军进驻三都澳，东冲口以内区域被列为军事禁区。1978年改革开放以后，开辟了长江中下游、京杭运河以及北至大连、南至香港和海南等处航线。1986年，经交通部批准，三沙港也得到开发，上海至福州的“茂新”客轮正式停靠三沙古镇，福州至上海5天对开往返一次，旅客可以在该轮停靠三沙港时，乘船北上上海、南下福州。随着国民经济的发展，港口设施逐渐更新。1992年9月，闽东港航管理机构第三次下放地区管理，宁德地区全权管理沿海港口的处级事业单位——赛岐港务局正式成立。至1992年底，宁德地区年吞吐量在万吨（或万人次）以上港口有21个，港口码头泊位79个，其中货运泊位56个、客运泊位23个，码头总长2946.4米，最大靠泊能力2万吨，500吨～20000吨级的泊位9个、100吨～300吨级的泊位41个。

1993年，三都澳城澳作业区经国务院批准对外开放。1999年，《宁德港总体规划》确立宁德港包含有“一港四区”的格局，即三都澳港区、赛江港区、三沙港区和沙埕港区，包括16个作业区。2004年12月25日，城澳港码头运输石料船首次直航马祖。2005年，宁德港共有生产性泊位71个，其中千吨级以上码头10个、最大泊位1万吨。货物年通过能力420.5万吨，客运发送能力254.8万人次；货主专用码头共有泊位58个，货物通过能力658.6万吨、旅客发送能力20万人次。当年，宁德港一类口岸通过国家级验收，经国务院批准宁德三都澳港口岸更名为宁德港口岸，并于2005年10月30日起作为一类口岸正式对外开放。

2008年，省政府把宁德港定位为地区性重要港口。当年7月，台湾民俗进香团314人乘台湾“合富快轮”从马祖福澳港直航宁德港，安全靠泊下白石码头，宁—马—台实现首次海上客运通航；当年12月，香港籍“建华”轮满载1.8万吨碎石从宁德港城澳万吨码头，成功直航台湾台北港，标志着宁德港与台湾海上直航的正式启动。是年，宁德港建有500吨级以上泊位34个，其中万吨级以上泊位2个、3000吨级以上10个、500吨～3000吨级25个。一类口岸3个（城澳、白马、赛岐）、二类口岸5个（沙埕、姚家屿、三沙、三都、漳湾）；全年全港货物吞吐量完成1007万吨，同比增长48.5%，首次突破1000万吨大关，进入千万吨大港行列。宁德港引航站安全引领进出港口船舶529次。

2011年10月8日，根据福建省委、省政府正式批复确认宁德港、福州港以及平潭综合实验区内的平潭港区，合并组成新的福州港。2011年，宁德港货物吞吐量完成2002.8万吨，同比增长41.0%，在2008年首次突破1000万吨的基础上再创历史新高，三年翻番，为宁德港的跨越发展打下了坚实的基础。宁德港外贸货物吞吐量完成1136.7万吨，同比增长103.6%。港口规费征收完成1800万元，同比增长72.9%。

至2014年末，宁德港有500吨级以上泊位50个，其中万吨级以上泊位6个。全港货物吞吐量完成2448万吨，同比增长8.6%，完成年度计划的106%。其中，外贸货物吞吐量完成1122.1万吨，同比增长2.4%，集装箱吞吐量完成21854TEU（标准箱）；引航站完成引航1105艘次，同比增长21.4%。2016年，建成漳湾作业区8号、9号泊位工程和2个陆岛交通码头项目，促进集装箱运输业务加快发展。外贸集装箱宁德—厦门内支线开通，港口完成货物吞吐量2704万吨，其中外贸货物吞吐量1105万吨。2019年，湾坞作业区12号、

13号泊位对外开放通过省级验收，实现正式对外开放；漳湾作业区7号泊位正式投入试运行；对台小额贸易口岸宁德港口岸三沙港区扩大开放通过国家口岸管理办公室验收。

截至2022年底，宁德市生产性泊位52个，万吨级以上泊位14个，港口年通过能力散货3510万吨、集装箱3万TEU。辖区港口货物吞吐量完成6847.4万吨，同比增长8.9%；外贸货物吞吐量完成1623.8万吨，同比增长8.4%；集装箱吞吐量完成16.7万TEU，同比增长9.2%。

铁　　路

峰福铁路（古田段）　中华人民共和国成立前，宁德没有铁路。直到1958年，宁德才建成境内第一条也是仅有的一条铁路——外（洋）福（州）铁路，该铁路从鹰（潭）厦（门）铁路的外洋东站引出，沿闽江而下，途经南平、古田、闽清、闽侯等县境至福州东站，全长193.8千米，其中宁德古田段长32.3千米，宁德境内设莪洋、水口、湾口、双坑4个站。外福线设计标准为三级铁路，单轨行车，古田段有湾口隧道1座长310.6米、桥梁12座总长941.4米、涵洞86个总长1723米，明渠7条总长28米，道口3个。

1985年，因国家重点工程闽江水口电站建设，原外福铁路线提高改建。于当年12月动工，1989年11月30日竣工通车。新建铁路线依山傍水、地势陡峻、桥隧相连，桥梁30座总长3143.7米，涵渠39座939延米（即延长米，用于统计或描述不规则条状或线状工程的工程量），隧道18座8950延米，其中最长的前洋隧道长2797延米。新建铁路设黄田、水口、莪洋3个火车站，1个货场。1990年1月正式竣工投入客货营运。2000年12月，外福线使用电力机车。2006 年，改名峰福铁路。

温福铁路（宁德段） 温福铁路线（宁德段）是国家“十一五”规划重点建设项目，是全国“八纵八横”铁路网骨架之一，也是全国沿海客运快速通道的重要组成部分，属国家Ⅰ级双线电气化铁路，是宁德市第一个出省铁路通道。温福铁路自浙江省温州市途经宁德至福建省福州市，全长 298.4 千米。

温福铁路宁德段，于 2005 年 8 月开工建设，2009 年 9 月 28 日开通。温福铁路在宁德市境内线路长度 146.2 千米，工程投资概算 85 亿元，分别占全线的 49% 和 48.6%。沿线特大、大中桥 32 座，隧道 31 座。其中，宁德特大桥是当时国内铁路客运专线中最长的跨海大桥，全长 8169.3 米，其中跨海部分全长 5500 米；霞浦隧道全长 13.1 千米，是当时中国东南沿海最长的铁路隧道，也是全国铁路客运

圆梦——2009 年 9 月 28 日，温福铁路开通（李民雄 / 摄）

专线贯通的第二长隧道。宁德境内设有车站5个，即宁德、福安、霞浦、太姥山、福鼎站。其中，宁德站站房面积1.8万平方米，为全线最大的新建地级市车站。闽东从此正式跨入高铁时代。

合福铁路（宁德段） 合（肥）福（州）铁路是京福高铁客运通道的重要组成部分，该客运专线自合肥引出，经安徽、江西，最终抵达福州。新建合福铁路客运专线为双线电气化，速度目标值350千米/小时，全长809.9千米，总投资概算1058亿元，其中福建省境内长度为283.6千米，投资概算348.4亿元。合福铁路宁德段经过宁德市古田县境内，是宁德市也是福建省继温福铁路开通运行之后开工建设的第一条时速350千米的高速铁路。古田境内长19.6千米，于2010年5月正式开工建设。主要工程有"四隧六桥"，桥隧总长度18.9千米，桥隧比达96.4%。合福铁路（古田段）在古田县黄田镇洋上村设有古田北站，车站设正线2条、到发线2条、侧式站台2座；车站站房建筑规模为合福线的中型站，站房设计面积4000平方米、日最高聚集800人，站房为线侧下式。2015年6月28日全线开通，如期实现地方配套工程与铁路工程同步建成开通运营。合福铁路宁德段（古田）境内全长19.6千米，概算总投资20亿元。

白马港铁路支线 白马港铁路支线位于福安市湾坞半岛，从温福铁路福安站引出，至白马港作业区，并从上澳港湾站至大唐作业车场，含相关配套工程，白马港铁路支线总长度27.4千米、总投资13.3亿元。全线设福安（接轨站）、上澳港湾站，大唐、白马港作业区车场。主要为大唐国际宁德综合储运中心及白马港作业区疏解运输服务，该项目一期工程建设支线正线（含疏解线）至大唐宁德电厂作业车场支线全长25.9千米，工程投资11.6亿元。2010年9月项目开工建设，至2017年末，累计完成工程投资4.6亿元，占一期工程投资的39.6%。因福建大唐国际宁德发电公司不再投资，项目自2015年起一直处于停工状态。2016 年以来，宁德市组织路地双方协调解决地方股东股权变更、续建方案调整等问题，推进支线项目持续建设取得阶段性成效，为尽早恢复正常施工创造条件。

衢宁铁路　衢（州）宁（德）铁路北起浙江省衢州市，途经浙江省的遂昌、松阳、龙泉、庆元四地进入福建省，经过福建省的松溪、政和、建瓯、屏南、周宁等地，终至福建省宁德市，铁路正线全长约 379 千米，工程投资预估算总额 307 亿元，其中宁德段 78.6 亿元，建设工期 5 年。为国铁 Ⅰ 级、单线（预留双线条件），设计行车速度 160 千米 / 小时。西端与九（江）景（德镇）衢（州）铁路对接，可通达浙赣中西部地区；东端可连接沿海铁路至福州、厦门，形成了一条通江（长江）达海（东南沿海）的便捷通道。2015 年 9 月开工建设，2020 年 9 月 27 日全线按期建成通车。宁德市境内衢宁铁路主体工程包括宁德地区疏解线、货车联络线，宁德段正线 100.5 千米、宁德上行疏解线 7.1 千米、仓西至宁德北货车联络线 6.9 千米，全长

2018 年 12 月 8 日，衢宁铁路全线首组 25 米轨排铺设在宁德北站桥头上，衢宁铁路全线正式进入铺轨施工阶段（宋经 / 摄）

114.5 千米。衢宁铁路对于改善浙西南和闽东北沿线地区交通运输环境，带动沿线矿产、旅游等资源开发，促进浙西南及闽东北地区经济社会发展具有重要的意义。对完善环三都澳区域交通路网、促进环三都澳区域发展、推动宁德“以路兴港、以港兴市”战略实施和优化完善海西铁路网布局具有重要意义。

宁德汽车基地项目铁路专用线　宁德汽车基地项目铁路专用线是上汽宁德基地的重要配套项目和全市第一条由地方全资主导建设的铁路专用线交通基础设施。2018 年 6 月 7 日，福建省发改委批复项目立项。同年 12 月 28 日，宁德汽车基地项目铁路专用线开工建设。该铁路专用线为电气化Ⅳ级铁路，从衢宁铁路三乐特大桥正线出岔引出，至上汽宁德基地厂区（长约 1.9 千米）；同时修建仓西联络线（2.8 千米），沟通宁德北站和宁德站，并设仓西三屿站，站区设集装箱作业区和小汽车作业区，布置近期到发线 3 条、预留 3 条。专用线包括专用线主体工程和专用线接入引起衢宁铁路变更设计工程两个部

2020 年 9 月 27 日，“宁德制造”开启铁路货运时代（徐烽 / 摄）

分，投资总额 6.1 亿元。2020 年 9 月 27 日，宁德汽车基地项目铁路专用线建成通车，全长 4.7 千米；在上汽宁德汽车基地园区内设漳湾三屿站。

2022 年，宁德市温州至福州高速铁路项目完成勘察设计招标工作、宁德至福州长乐机场城际铁路项目规划调整及后续初步设计工作、宁德漳湾港铁路专用线项目可研报批及用海论证工作、宁德白马港铁路支线项目续建有关工作推进。

邮政通信

宋代，闽东已有设驿记载。自元、明至清，驿站、铺递设置更为普遍，各县之间均有驿路相通，沿途设铺。清光绪十三年（1887 年），古田县水口设立电报局，为闽东最早设置的电信机构。光绪二十五年（1899 年），宁德县三都澳设立邮政局，为闽东地方最早设置的邮政机构。翌年 6 月，福州洪山桥至古田县水口委办机动船邮路开通，为福建省第一条内河水道邮路。7 月，开辟水口至延平府（今南平市）步班邮路，为福建省最早开办的 3 条省内步班邮路干线之一。

中华人民共和国成立后，各级政府关心邮电建设，宁德地区的邮电事业获得迅速发展。1958 年，全区实现乡乡（相当于现在的行政村）通邮、通电话，区内电话从无到有，不断发展。1978 年，随着改革开放的不断深入，邮电设施建设进入新的发展时期。1986 年，纵贯全区的福州至杭州小同轴通信电缆建成。1987—1988 年，全区各县邮电局分批进入福州电报自动转报网，用电子电传机传递电报。1988 年 11 月，全区市内电话实现自动化，成为全省第二个实现县以上市内电话自动化的地区。1990 年 10 月，宁德、福安两市及赛岐经济开发区的万门程控电话开通。同年，全区各县邮电局实现国内、国际长途全自动直拨。1992 年，全区建成自动寻呼系统。宁德地区邮电事业发展加快，进入移动电话网时代，其余各县（市）的程控电话、移动电话网也陆续建成。当年，以宁德为中心的长途电话业务电路由 1978 年的 146 路增至 1238 路。1992 年底，全区有邮电局（所）149 个，农市话交换机容量 28000 门，市话用户达 18042 户、农话用户达 7454 户，全区市话程控交换机容量达 18192 门。全区的邮电机构均可为客户办理国内、国际各种邮电业务。

2000 年，邮电通信业全年完成邮电业务总量 10.4 亿元。城乡电话交换机总容量达 42.8 万门。城乡电话用户达 37 万户，移动电话用户达 27.1 万户。城乡电话普及率达每百人 11.4 户，移动电话普及率达每百人 8.4 户。全市少数民族行政村实现村村通电话，130 移动通信网络覆盖全市各主要乡镇。数据通信业务发展迅速，年末数据基本业务用户达 1839 户，数据增值业务用户达 3.7 万户，其中计算机互联网用户 1.5 万户。

2015 年，全年完成邮电业务总量 57.0 亿元。其中邮政业务总量 6.8 亿元，电信业务总量 50.1 亿元。全市有固定电话 49.7 万户，移动电话 282.5 万户，其中 4G 用户 82.8 万户、（固定）互联网宽带接入用户 54.6 万户、光纤接入（FTTH/O）用户 32.4 万户、移动互联网用户 189.3 万户。固定电话普及率 18 部 / 百人，移动电话普及率 99 部 / 百人，互联网普及率 85 部 / 百人。“全光网”建设全面启动，行政村 100％通宽带。

2017 年，全年完成邮电业务总量 127.8 亿元，比上年增长 105.6%，其中邮政业务总量 16.6 亿元，电信业务总量 111.2 亿元。年末全市电话用户总数 343.2 万户。全市快递服务企业业务量累计完成 4701.4 万件，业务收入累计完成 4.8 亿元。全市通信企业完成业务总量 49.9 亿元，电信业务收入 26.1 亿元。全市固定电话用户 43.9

万户，移动电话用户 290.1 万户，固定互联网宽带接入用户 90.6 万户，家庭宽带接入用户 74.5 万户，单位宽带接入用户 16.1 万户，移动互联网用户 226.2 万户，全市 4G 移动网用户 172.2 万户、固定宽带家庭普及率 111.1%、移动基站 1.9 万个，乡镇实现 100% 通光纤。全面执行国家“提速降费”政策，当年 9 月 1 日起，全部取消移动电话国内长途和漫游费用。

2022 年，全市邮政行业业务总量 15.4 亿元，业务收入（不包括邮政储蓄银行直接营业收入）累计完成 16.6 亿元；邮政公司寄递业务量累计完成 8197.4 万件，邮政公司寄递业务收入累计完成 1.1 万元；快递服务企业业务量累计完成 1.1 亿件，业务收入累计完成 10.7 亿元；全市邮政普遍服务营业网点 136 个，快递法人企业 22 家、快递企业分支机构 84 个、备案快递末端网点 544 个，行政村直接通邮率、通快递率均为 100%。全市通信企业完成通信业务总量 34.1 亿元；年末全市电话用户总数 379.1 万户，其中固定电话用户 44.9 万户、移动电话用户 334.2 万户（其中 5G 移动电话用户 106.9 万户）。（固定）互联网宽带接入用户 153.1 万户，移动互联网用户 285.6 万户，家庭千兆网络覆盖率 124.4%，新增 5G 基站 2888 个。

经济发展

经济总情

茶业是闽东较早形成的少数产业。唐代中后期，闽东已出现较为成熟的制茶技术，并传入韩国、日本等国家。北宋中期、明前期，闽东银矿掘采两度兴衰，延续百余年，形成当时全国最主要的银矿产区和朝廷税银来源。明成化至清雍正年间（1465—1735 年），闽东沿海开始渔业生产。此后逐渐形成“沿海渔业，陆上粮经”格局。清末，三都港开埠，而彼时正值中国社会变革动荡，闽东并没有迎来现代工商业发展的良好契机。中华人民共和国成立之前，闽东处于封闭、半封闭式的自然经济状态，以原始农业为主，没有农业机械，缺乏水利设施，粮食产量低，经济效益差。多山险峻阻隔、山地崎岖不平的自然地理环境，造成交通落后，信息闭塞，物资多靠肩挑贩运，沿河及近海则多依靠小型航运，工业基础薄弱。境内丰富的水力资源得不到开发利用，人民群众生活极其贫困。

中华人民共和国成立初期，通过城市接管、剿匪反霸、镇压反革命、社会改造、土地改革、扶持私营工商业，在全区实行统一财政收支，统一物资调度，统一现金管理，使闽东国民经济得到迅速恢复和初步发展，1952 年，按 1970 年不变价，全区工农业总产值达 1.7 亿元，比 1949 年增长 47.8%；粮食总产量达 33.3 万吨，比 1949 年增长 31.3%。工业企业数 112 个，比 1949 年增长 185.0%；财政总收入 860 万元，比 1950 年增长 131.2%。1953 年，开始第一个五年计划经济建设。调动农民生产积极性，全面开展农业互助合作，全区农村大部分建立起农业生产合作社，粮食总产量大幅增加，农民收入得到较大提高。随着国民经济的迅速恢复，社会主义三大改造的完成，社会主义基本制度的确立，使经济社会得到发展，人民生活有了改善。1961 年起，贯彻执行中共中央制定的对国民经济实行“调整、巩固、充实、提高”方针，对一些原料不足，产量质量差，效益低的企业进行关、停、并、转，压缩基本建设投资，缩减国营企业，精简职工，清退城市人口，国民经济发展得以逐步恢复。这一时期，纵贯闽东沿海的交通大动脉 104 国道及一大批省、县道建成通车；宁德五里洋万亩引水工程等一些大中型引水、排灌、防洪工程建成；被誉为“山窝里飞出的金凤凰”的闽东电机厂在福安创办。这些涉及国计民生发展的重大基础设施、工业项目投建完成，为闽东经济社会后来的较快发

宁德万达（王志凌 / 摄）

展奠定了良好的基础。至1966年，尽管经济发展有起有伏，但是整体是好的。据统计，1965年，全区工农业总产值达2.0亿元，超过1957年的水平；粮食总产量达39.5万吨，接近1957年的水平；财政收入2228万元，总收入超过1957年的790万元；社会商品零售额达1.3亿元。1966—1967年“文化大革命”，闽东经济社会遭受一定的影响。

闽东虽地处东南沿海，山海兼备，但在中华人民共和国成立后至改革开放前的近30年间，由于受自然人文地理环境的制约，基础薄弱，自身经济实力造血能力不足，国家投资建设投入极少，1950—1978年，国家投资闽东重点建设资金占全省的比重不足2%。因此，从纵向看，这一时期闽东经济社会发展成效明显，1978年，全区粮食总产量达71.0万吨，比1950年的27.8万吨增长1.6倍；地区生产总值5.3亿元，比1950年的0.6亿元增长4.9倍；全区财政收入4756万元，比1950年的372万元增长11.8倍；但从横向看，与其他地区相比，差距更加明显，闽东经济社会发展长期处于全省末位。

1978年中共十一届三中全会后，中共宁德地委、宁德地区行署及各级党委、政府坚持改革、开放、搞活与“调整、改革、整顿、提高”的方针，立足闽东实际践行脱贫致富战略，实现了从贫困到总体小康的历史性跨越，闽东经济社会面貌发生了翻天覆地的变化。1985年，地区生产总值首次突破10亿元，全区生产总值12.2亿元，比1978年增长63.0%；人均地区生产总值462元，比1978年增长49.1%；粮食总产量75.6万吨，比1978年增长6.6%；财政总收入6933万元，比1978年增长45.8%；农民人均纯收入330元，比1978年增长236.7%。“七五”时期，改革步伐加快，闽东“造福工程”率先全省实施，乡镇企业异军突起，农业增产增收。至1990年，全区原有16.6万户贫困户，累计解决温饱16.1万户，宁德第一次跨越温饱线。全区农林牧渔业总产值19.6亿元，比1985年增长33.3%，比1978年增长1.4倍；农民人均纯收入604元，比1985年增长83.1%，比1978年增长5.2倍。城市经济体制改革加快推进，以扩大企业自主权为突破口，增强企业活力，有步骤地推进财政、金融、价格、流通等各项配套改革，催生了打破地区、部门、行业、所有制界限的外引内联横向经济联合，逐步形成"山海联合，区域分工，相互辐射，合作共赢"的战略格局。加快实施沿海经济发展全方位开放战略和"走出去"战略。设立"对台"窗口，构筑对台经贸网络，与港澳台地区进行经济技术合作，积极鼓励"来料加工"业务。不仅为实施外向型沿海经济发展战略打下坚实的基础，而且为发展地方工业增强了经济实力。电机电器、电力工业、食品工业、船舶修造、汽摩配件、医药工程、建材工业等重点特色行业迅速发展，成为带动全区经济发展的支柱产业群。"七五"计划期间，全区工业生产年均递增13.1%，实现了国民经济的快速健康发展，综合实力明显提高。1990年，全区生产总值达28.2亿元，比1985年增长74.3%，比1978年增长1.8倍；人均地区生产总值达993元，比1985年增长61.5%，比1978年增长1.4倍；全区财政总收入23146万元，比1985年增长233.9%，比1978年增长3.9倍。

20世纪90年代，是闽东经济社会发展的"黄金十年"。"八五"时期全区大规模组织实施"1153"农业综合开发（到"八五"末全区有林地面积达到1000万亩、茶果面积100万亩、水电装机容量50万千瓦、水产品产量30万吨），宁德开放促开发扶贫综合改革实验区点面结合全方位启动，计划经济体制向市场经济体制全面转轨；农业内部结构优化，农村第二、三产业全面繁荣，农村经济向现代化农业转化，全区初步培育形成水产、茶叶、食用菌三大农业主导产业和果蔬、畜牧、药材等特色产业，带动农民增产增收和农村劳动力转移。

“九五”时期建设“海上闽东”，实施“工业富区”战略，组织开展声势浩大的争创小康村活动，1997年全区提前完成国家“八七”扶贫攻坚任务，全面完成“造福工程”茅草房改造和连家船民上岸定居。闽东农村实现了从贫困到总体小康的历史性跨越，至“九五”期末，全区生产总值在“八五”末首破百亿大关达119.9亿元的基础上，再上一个新台阶，突破二百亿达202.7亿元，比1990年增长2.9倍；人均地区生产总值6756元，比1990年增长2.7倍；全区财政总收入突破10亿达11.0亿元，比1990年增长3.7倍；全区粮食总产量97.7万吨，比1990年增长16.0%；全区农民人均纯收入2850元，比1990年增长3.7倍；城镇居民家庭人均可支配收入5745元。

随着改革开放的不断深化，宁德地区冲破“山”的束缚，树立“海”的意识。2001年11月，福建省第七次党代会作出新世纪之初要着力构建福建发展的“三条战略通道”，推进“三个层面”共同发展的战略部署，首次把宁德列为全省第二层面加以规划建设，赋予宁德发展新的历史使命。2004年后，随着“建设海峡西岸经济区”上升为国家战略，宁德全市上下积极响应，主动融入，高起点确立“建设海峡西岸经济区东北翼中心城市”目标定位，通过“北承南联、对接两洲，西进东出、内外拓展，区域统筹、整体推进，和谐平安、服务大局”布局要求，使宁德全面融入海峡西岸经济区，成为对接长江三角洲的前沿区域、对台交流合作的重要平台、联接内陆与海外的重要港口、海峡西岸东北翼新的增长极。随后根据省第八次党代会对宁德提出的“要在海西建设中发挥拓展一线的骨干作用，为发展壮大闽东北一翼作贡献”和省委八届三次全会建设海西“两个先行区”的决策部署，市委、市政府进一步提出实施“环三”战略构想。2007年11月，宁德市委二届四次全会就全面实施环三都澳区域发展战略正式作出决议，2008年9月30日，省政府正式批准实施。纵贯闽东沿海的福宁高速全线通车和福建省首条高速铁路——温福铁路建成通车，闽东交通状况呈现根本性变化；福建省有史以来最大能源投资项目，总投资 512 亿元的宁德核电站，大唐火电一、二期等一大批事关闽东经济社会发展的重大项目开工建设或投建完成，经济社会各项事业蓬勃发展，提速增效。“十五”期末起连续 9 年全市规模以上工业增速居全省首位，地区生产总值、人均地区生产总值、一般公共预算总收入、地方公共预算收入、城乡居民可支配收入等多项主要经济指标增速进入全省前列，国民经济持续快速发展，综合实力显著增强。2010 年，全市地区生产总值 759.2 亿元，比 2000 年增长 2.0 倍；人均地区生产总值 26778 元，比 2000 年增长 2.2 倍；全市财政总收入 62.8 亿元，比 2000 年增长 4.7 倍；地方财政收入 40.5 亿元，比 2000 年增长 4.0 倍；农民人均纯收入 6542 元，比 2000 年增长 1.3 倍；城镇居民人均可支配收入 16815 元，比 2000 年增长 1.9 倍；固定资产投资 356.1 亿元，比 2000 年增长 6.2 倍；全市社会消费品零售总额 272.6 亿元，比 2000 年增长 2.4 倍；全市金融机构人民币存贷款余额分别为 669.7 亿元和 718.6 亿元，分别比 2000 年增长 6.3 倍和 8.2 倍；全市实际利用外资 7098 万美元，比 2005 年增长 4.2 倍；进出口总额 12.1 亿元，比 2000 年增长 14.2 倍。

党的十八大后，宁德人民牢记习近平总书记期望闽东“多上几个大项目，多抱几个‘金娃娃’”的嘱托，围绕规划提出的“与全省平均水平差距明显缩小”“在海西发展格局中位次前移”的“两个力争”目标，宁德产业发展进一步壮大，取得新成效，三次产业结构持续优化，传统农业加速向特色现代农业转变，新型农业经营主体不断壮大，休闲农业与乡村旅游等新业态蓬勃发展，“十二五”时期全市农林牧渔业总产值年均增长 4.5%，地理标志驰名商标连续四年居全国设区市首位。工业化进程加快推进，规模以上和产值亿元以上工业企业数分别是 2010 年的 1.3 倍和 2.2 倍，培育形成 6 个百亿元产业，冶金新材料和新能源产业快速发展，千亿产业集群初具规模，全市规模以上工业总产值接近 3000 亿元大关达 2976.1 亿元，比 2010 年增长 2.2 倍。现代物流、商贸、金融、电商等服务业加快发展，旅游业发展迅速，接待游客、旅游收入均比 2010 年翻一番以上。基础设施实现新突破，全市固定资产投资是“十一五”时期的 3.6 倍，一大批能源、交通、市政、农业、通信基础设施加快建设。电力装机总容量净增 350 万千瓦，占全省新增容量近四分之一，在全省率先跨入“核电时代”；新增高速公路通车里程 241 千米，实现“县县通高速”；港口吞吐能力达 732 万吨，外贸进出口突飞猛进，进出口总额 262.8 亿元，是 2010 年的 3.1 倍。县域特色经济加快培育，新增省级生态县（市、区）8 个，小城镇、美丽乡村建设亮点纷呈。宁德综合实力迈上新台阶，主要经济指标提速晋位，全市生产总值突破千亿元大关，2015 年达 1590.9 亿元，比 2010 年翻一番，实现在全省位次前移；一般公共预算总收入和地方一般公共预算收入先后突破百亿元大关，2015 年分别为 147.4 亿元和 104.4 亿元，比 2010 年分别增长 134.6% 和 157.7%。“十三五”时期，“开发三都澳，建设新宁德”成为闽东人民实现全面建成小康社会奋斗目标的新蓝图，全市上下念好“山海经”，抱好“金娃娃”，发展竞争力持续增强，发展影响力持续提升，综合实力大幅跃升，成为全省新增长极，实现“弯道超车”，跨越发展。全市地区生产总值接连迈上 2000 亿元、2500 亿元台阶，年均增长 7.2%，2019—2020 年分别以高于全省 1.6 个和 2.7 个百分点的增速领跑全省；人均地区生产总值突破 1 万美元。一般公共预算总收入五年净增 86 亿元，年均增长 9.2%，连续四年增幅位居全省第一。全体居民人均可支配收入 28574 元，年均增长 8.3%，其中，城乡居民人均可支配收入年均分别增长 7.4%、9.0%。如期打赢脱贫攻坚战，全市现行标准 7.2 万户建档立卡贫困户、453 个建档立卡贫困村和 6 个省级扶贫开发工作重点县全部摘帽；贫困人口年人均收入 15537 元，五年增长 4.7 倍，建档立卡贫困村村均收入从 5.3 万元提高到 15.8 万元。城乡基础设施建设累计投入 2400 亿元。新增铁路营运里程 119 千米、高速公路通车里程 167 千米、普通国省道通车里程 276 千米，农村公路总里程突破 1 万千米，“三纵四横”高速公路网基本形成，县县通高速、镇镇有干线、村村通客车全面实现。新增万吨级以上泊位 5 个，港口吞吐能力 938 万吨，集装箱吞吐量年均增长 21%，增幅位居全省第一，进出口总值年均增长 14%；金融机构本外币存款净增 1186 亿元、贷款净增 904 亿元，国家普惠金融改革试验区获批建设，助力经济发展更上一层楼。以世界级龙头企业宁德时代、新能源科技、青拓集团和中铜、上汽宁德基地等为代表的锂电新能源、新能源汽车、不锈钢新材料、铜材料四大主导产业成为支撑全市坚持高质量发展落实赶超的“四梁八柱”；规模以上工业增加值年均增长 8.2%，2018—2020 年增速连续位居全省第一；全市拥有产值百亿级企业 10 家、十亿元以上企业 24 家、亿元以上企业 282 家，经济发展基础更加扎实。2020 年，宁德市统筹推进疫情防控和经济社会发展，经济运行呈现逆势增长、领跑全省态势，决胜全面建成小康社会取得决定性成就，实现“十三五”规划圆满收官。全市实现地区生产总值 2577.0 亿元，增长 5.9%，成为全省唯一连续四个季度保持经济正增长的设区市，比 2000 年增长 6.4 倍；人均地区生产总值 82201 元，增长 4.9%，比 2000 年增长 6.1 倍。

2022 年，宁德市以习近平新时代中国特色社会主义思想为指导，以迎接、学习、宣传、贯彻党的二十大为主线，全面落实“疫情要防住、经济要稳住、发展要安全”重要要求，高效统筹疫情防控和经济社会发展，统筹发展和安全，克服内外部超预期变化，经济运行稳定保持良好发展态势，稳定保持全省领跑势头。12 项主要经济指标中 6 项增幅全省第一，其中全市地区生产总值 3554.6 亿元、增长 10.7%；规模以上工业增加值增长 23.6%；实际利用外资增长 157.8%；一般公共预算总收入增长 15.2%；金融机构本外币贷款余额增长 23.7%；进出口总额增长 42.5%。宁德历史性跻身中国百强城市，蕉城挺进全国“百强区”、蝉联全省“十优区”称号，福安蝉联全省“十强县”称号，霞浦、周宁新晋全省“十佳县”，东侨首次进入国家级经济技术开发区 30 强。

产业结构

唐代，闽东境内已出现酿酒制曲、制茶、冶炼、竹木器、铁器作坊和造船楼。宋代，采矿冶炼一度兴起；土窑烧制砖瓦，利用苎麻纺织苎布已较普遍。元代中期，出现造纸业。明代，冶炼、制盐、副食品加工已较活跃。清代，制茶、造船、制糖、榨油及印刷业均有一定发展。民国后期，出现织布厂（局）、印刷所、电灯公司、衡器制造厂、纸业合作社等现代工商业萌芽。但至中华人民共和国成立前夕，闽东地区工业基础仍较薄弱，仅有制茶、酿酒、制糖、糕饼、制盐、调味品等食品加工，粮食（碾米）加工，纺织缝纫、竹木铁器、船舶修造、粗纸制造等少数工业门类，且无上规模的工业企业；私营商业（含饮食、服务业）不足万户，经营的行业品种主要为小百货、布匹、鞋、茶叶糕点、糖烟酒等几十种，资本总额仅 100 多万元（折新版人民币）。1949 年，全区工业总产值只有 975 万元（1952 年不变价），仅占全部工农业总产值 6706 万元（1952 年不变价）的 14.5%。

中华人民共和国成立初期，国家重视发展地方工业，扶持鼓励私人办企业，开展公私合营，成效初显。三年经济恢复时期，全区粮油食品、纱布、手工硋器、竹木加工、度量衡具、文具等企业快速增加。一、二、三产业占比由1950年的75.5∶12.7∶11.8变为1952年“一产”降“二、三产”升的70.7∶14.8∶14.5。“一五”时期，经过对农业、手工业、资本主义工商业的社会主义改造，积极发展国营、集体所有制工商业，全区小水电小火电、纺织业、化工企业得到发展，国营集体餐饮、服务业较快发展。1957年，第二产业、第三产业占比分别比1952年提升4.7个和7.4个百分点，“三产”超过“二产”。1958年，全民“大炼钢铁”，掀起“大办工业”热潮，闽东电机厂、福建省三沙渔业公司等一大批中型骨干工业企业开始创办，闽东工业发展随之奠定了良好基础。但“大跃进”期间采取挤农业发展工业、挤轻工业发展重工业这种脱离实际，违反经济发展规律的“冒进”做法，导致国民经济出现困难局面。“二五”期间，三次产业并没有形成良性发展局面，1962年全区工业占比反较1957年下降0.7个百分点，一、二、三产业占比变为50.3∶18.8∶30.9。1963—1965年，“三年经济调整”时期，全区经济稳步恢复增长，工业总产值增长17.8%，年递增5.6%，其中轻工业增长24.7%，年递增7.6%，重工业增长7.7%，年递增2.5%。1965年，工业在工农业总产值中的比重为37.4%，轻、重工业的比重为63∶37，全区初步形成食品加工、纺织、缝纫、机械、化工、医药、皮革、建材、电力、造纸、印刷、文具用品等多门类工业结构。“三五”时期，“文化大革命”开始后，生产秩序混乱，工业生产停顿，经济发展陷入停滞阶段，三次产业结构基本不变，1970年，一、二、三产业占比分别为52.7∶21.4∶26.0，与1965年52.7∶19.3∶28.0相比，第二产业占比略升，第三产业占比略降。“四五”时期，经济秩序恢复，贯彻山区基本建设“小三线”建设方针，全区“五小”（小化肥、小纸厂、小水电、小煤窑、小钢铁）工业得到发展，随着一批小型骨干电站的建成，区内国营工业投资增大，生产有所起色。1975 年，一、二、三产业占比分别为 46.5∶28.1∶25.4，呈现第一产业占比较大降幅、第二产业占比较大提升的新格局，至 1978 年基本保持不变。

改革开放初期，闽东农村改革发展率先发力，农村生产力得到极大解放，农业生产快速发展，第一产业占比再回 50% 上方。1985 年，全区一、二、三产业占比转变为 50.1∶24.5∶25.4。“七五”时期，改革从农村向城市迅速拓展，商贸流通活力激发，闽东个体商业迅猛发展，1987 年，全区个体商业发展至 2.6 万户，比 1983 年的 1.3 万户猛增 1.2 万户，增长 92.5%。1990 年，全区一、二、三产业占比调整为 45.7∶19.1∶35.2，第三产业发展强劲，比 1985 年占比增加 9.8 个百分点，第三产业成为闽东经济主导产业之一。而农业基本形成稳步增长态势，但在地区生产总值中的占比从此进入快速下降通道。“八五”时期，全区着力“抓拳头、上规模、增效益”工业发展新思路，促进企业形成规模效应。积极开辟各级各类工业园区，吸引外商、港澳台商到宁德投资兴业，经济呈现快速发展，尤其乡镇企业异军突起，产值在工业比重中“独占鳌头”。制茶、罐头、电子、电器、船舶修造、铁合金、化工、皮革等行业增长势头强劲，成为闽东工业的主导产业。1995 年，一、二、三产业结构转变为 41.5∶27.3∶33.2，第二产业占地区生产总值的比重有了较大提高，全区拥有冶金、拆船、电力、机械、电子、化工、建材、森工、食品、纺织、缝纫、皮革、医药、造纸、文具用品等工业门类，初步形成以轻工业为主，门类比较齐全的区域工业体系。“九五”时期，农村脱贫致富奔小康步伐加快，沿海经济发展战略实施，“工业富区”战略推进，全区产业加速发展，结构逐步优化。2000 年，全市一、二、三产业占比为 32.5∶28.8∶38.7，呈现“三足鼎立”之势。农业比重快速下降，历史性地不再是闽东经济增长的主导力量；固定电话程控化、无线寻呼、移动电话、光纤通信等新兴现代通信业快速发展，第三产业比重迅速提升，实现闽东“三产”质的飞跃。

“十五”期间，新世纪宁德农业调优、调特、调大、调强，水产、茶叶、食用菌三大主导产业地位更加突显，果蔬、畜牧、药材等特色产业不断做大、做强、做优。工业上重点扶持优势产业，形成以电机电器、食品加工、船舶修造、医药化工、建材冶金、机械电子等为重点支柱产业的轻重工业协调发展新格局。商品流通渠道与规模不断扩大，消费品市场形成以大型商超、购物中心和连锁店为主，各种专业经销店和集体、个体商店为配套，集市贸易为辅的商业营销网络。交通、运输、邮电、仓储业在第三产业中的地位迅速提升，越来越成为国民经济不可或缺的重要组成部分。2005 年，全市一、二、三产业比例调整为 23.9∶34.6∶41.5，三次产业结构转变为“三、二、一”格局。与改革开放初 1978 年的 45.1∶28.5∶26.5 相比，第一产业比重下降 21.2 个百分点，第二产业比重上升 6.1 个百分点，第三产业比重上升 15.1 个百分点，经济增长已从由第一产业主导转为主要由第二、三产业带动。“十一五”时期，宁德进入工业化进程加速推进时期。农业比重持续下降，5 年下降 6.3 个百分点，但产业内部结构更趋优化，现代农业稳步发展，水产、茶叶、食用菌三大主导产业产值占农林牧渔总产值的 58%；工业总产值突破 1000 亿元，电机电器产业入选中国百佳产业集群，规模以上工业增速连续 5 年全部占据全省首位，第二产业占比提升 8.7 个百分点；服务业增加值年均增长 12.9%，比“十五”提高 1.2 个百分点。中国驰名商标实现“零”的突破，总数达 8 个。2010 年，全市一、二、三产业结构为 17.6∶43.3∶39.1，第二产业超过第三产业，成为闽东经济快速发展的“领头羊”，形成“二、三、一”产业结构新格局。

“十二五”时期，宁德工业化进程持续推进，重点产业不断集聚，形成冶金新材料、电机电器、食品加工、合成革、新能源、建材、船舶修造、生物医药和精细化工等 9 个重点产业为主要支撑，行业门类较为齐全的地方工业产业体系。在经济发展新常态下，冶金新材料、新能源、生态合成革产业逆势快速增长，2015 年分别实现产值 842.3 亿元、341.2 亿元和 327.9 亿元，增加值分别增长 23.6%、31.2% 和 10.4%，对全市规模以上工业增加值增长贡献率达 105.5%。全市一、二、三产业结构转变为 15.2：53.0：31.8，第二产业首次占据“半壁江山”，成为闽东经济社会发展的支撑带动性产业，宁德进入工业化发展新阶段。“十三五”时期，宁德加速产业转型升级，新兴产业、现代服务业、高效农业加速发展。重点建设“海西”东北翼具有国际竞争力的新材料、新能源、先进制造业基地，形成了锂电新能源、新能源汽车、不锈钢新材料、铜材料四大主导产业集群。

2022 年，全市全年地区生产总值 3554.6 亿元，比上年增长 10.7%。其中，第一产业增加值 386.4 亿元，增长 3.5%；第二产业增加值 2048.6 亿元，增长 15.1%；第三产业增加值 1119.6 亿元，增长 6.1%。第一产业增加值占地区生产总值的比重为 10.9%，第二产业增加值比重为 57.6%，第三产业增加值比重为 31.5%。锂电新能源、新能源汽车、不锈钢新材料、铜材料四大主导产业增加值增长 31.5%，占全市规模以上工业增加值比重达 82.9%，比上年提高 4.6 个百分点。动力电池集群入选国家先进制造业集群，宁德时代获“中国工业大奖”。不锈钢新材料产业园入选国家新型工业化产业示范基地。

经济体制改革

中华人民共和国成立后，宁德地区实行计划管理体制，全区根据省下达的计划，进行统筹安排和综合平衡，控制调节全区国民经济建设的发展方向、发展速度及发展结构，具体管理制度随着国家计划管理体制的变化而有所变化。在农村，经土地改革、农业合作化运动、农村人民公社，建立和形成以生产资料公有制为前提的“三级所有，队为基础”经营体制。在城市实行高度集中的计划经济体制，各系统、各县的经济和文化建设被纳入全区的统一计划。高度计划性的体制，随着经济建设的前行，越来越不适应发展的要求。1978 年中共十一届三中全会后，宁德地区将工作重心转移到以经济建设为中心的现代化建设轨道上来，实行一系列的经济体制改革。

改革首先从农村开始。1980 年，在实行包产到组，联产计酬生产责任制，各县普遍推行以家庭联产承包为主的责任制，调动了农民的生产积极性。1981 年，全区农业总产值为 4.1 亿元，粮食总产量达 78.2 万吨。1985 年，人均口粮由 160 公斤提高到 259 公斤，人均纯收入由 160 元提高到 356 元。1990 年，地委、行署针对大部分地方未能正确处理好集体统一经营与家庭经营相结合的双层经济关系，忽视集体经营这一情况，确定以组建村级经济联合社和乡镇联合社作为农村深化改革的主要内容，发展壮大乡、村两级集体经济。1991 年，全区重点扶持 700 个村，落实 920 个项目，其中 530 个“空壳村”中摘帽 187 个，700 个社教村村均集体纯收入达 2.8 万元。1992 年，国务院批准宁德地区为全国开放促开发扶贫综合改革试验区。1993 年，地委、行署根据试验区“允许突破”和“封闭试验”的精神，结合闽东实际，紧紧围绕开放促开发、脱贫致富奔小康和建立社会主义市场经济体制的总目标，在土地制度建设、股份制和股份合作制、投资体制改革、市场体系培育、机构改革、扩大沿海开发、加快山区发展等 7 个方面进行积极探索和改革试验。当年出让国有土地 4303.6 平方米；批准规范化有限责任公司 107 家，组建了全国第一家股份制企业联谊会；发展各类农村合作基金会 700 家。综合改革试验区的确立与发展所产生的示范效应为农村经济发展注入了新的活力，1994 年，农业总产值达 25.8 亿元，粮食总产量为 96.2 万吨，农业与林牧渔的比重由 1978 年的 75∶25 变为 46∶54。商品经济得到迅速发展，农产品的商品率达 67.3%。乡镇企业异军突起，发展势头强劲，使农村出现了大量的剩余劳动力向非农业转移，其中乡镇企业转移劳动力 16 万多人。同年，新办企业 6.6 万家，从业人员 25.0 万人，产值 83.6 亿元，其中工业产值 57.1 亿元，占全区工业总产值的 67.6%，外贸出口交货总值 67217 万元，占全区全社会出口交货总值的 40.1%。1996 年，农村改革向纵深推进。农村新型土地使用制度在 240 多个村进行试验，占全区总村数的 11.2%。8 个小城镇改革试点工作有序推进。其中，由国家体改委等 11 个部门联合在霞浦县三沙镇进行的扶贫综合改革试验取得显著成果，其乡镇的企业产值增长 50% 以上，占全镇工农业总产值的 80%。1998 年，农村土地承包期从原来的 15 年延长到 30 年，鼓励土地使用权合法流转。

城市的工厂企业也开始推行多种形式的承包责任制。1984 年 3 月，行署成立了经济体制改革委员会。同年 10 月，中共十二届三中全会通过《中共中央关于经济体制改革的决定》，全区经济体制改革从农村向城市推进，进入新的阶段。同月，行署作出给企业放权“松绑”的 17 条规定，实行两权分离和厂长负责制，工厂企业实行简政放权、政企分开，以加强企业经营管理自主权，并在条件成熟的工厂企业中推行多种形式的承包责任制取得成功的基础上，全面推行企业承包经营责任制。同时以扩大企业自主权为突破口，围绕增强企业活力为中心的城市经济体制改革的成功探索，有步骤地推进了财政、税收、价格、金融、劳动工资制度等方面的配套改革，使城市整体改革顺利进行，催生了打破地区、部门、行业、所有制界限的外引内联的横向经济联合体战略，增强企业活力。1993 年，在“市场建设年”活动中，股份民营经济已成为区域市场经济最有活力的生长点，全区有股份和股份合作企业 7207 家，总股本 9.2 亿元；运用股份机制组建的各类经济实体 3 万多家。有 140 家国有企业和 230 多家商业企业实行了国有民营、一企多制、租赁、兼并或拍卖。全区个体经营户达 5.3 万多户、7.4 万人，经营范围涉及国民经济各个领域，并创税 1 亿多元，占全区工商税收总额的三分之一。全市按照建立社会主义市场经济体制的要求，以建立现代企业制度为目标，深化国有企业改革。1997 年，国有企业改革得到进一步推进，国有企业参与改制面达 90% 以上，跨入全国“放小搞活”先进地区行列。据不完全统计，全区国有企业已改制为有限责任公司和股份合作制企业 27 家，有 70 多家企业实行拍卖、盘活、重组等多种改革，一批国有企业走出困境。全年工业产值为 140.6 亿元，全部新增的工业总产值中非国有工业产值占 96%。二轻及乡镇集体企业改制也取得进展。采取吸纳参销投股、盘活资产、周转金转资本金、核销呆账、以资抵债等措施，减轻企业债务 4 亿多元，资产负债率下降近 20 个百分点。正在实施并完成内贸企业股份制改革的有 4 家，新组建股份企业 15 家，股份合作制企业 56 家。国有资产管理体制和社会保障体系建设继续完善。到 1998 年，国有企业有 78 家完成改制改组任务，占 72%。国有内贸企业完成各类改革 177 家。全区国有企业建立再就业服务中心 183 个，多渠道分流安置下岗职工再就业 1.2 万人。

与此同时，财税、金融、外贸、价格和流通体制改革也迈出新的步伐。1994 年，各项税收的征管全部按新税制运转。财政收入与经济发展同步增长，累计完成 6.3 亿元，增长 31.3%；财政支出 7.8 亿元，增长 18.3%。金融市场稳定，年末银行各项存、贷款余额为 27.1

亿元和 32.8 亿元，分别比年初增长 32% 和 19.8%；存贷增加额比率为 1.3∶1。

1998 年，闽东各项事业迈入改革开放的快车道，在体制机制不断创新中，进一步完善社会主义市场经济体制，实现经济社会全面协调跨越发展。随着社会主义市场经济体制的基本确立，宁德地委、行署加大政府职能的转变，开展行政审批制度的改革，提高了办事效率。通过建立科学有效的国有资产管理制度，积极推进了国有资产管理体制的改革，逐步形成国有资产的管理、监督、经营各司其职的管理体制，增强工业的持续发展，有效推进优势产业群的不断集聚和工业园区兴工展开，为工业跨越发展增添了后劲。深化流通管理体制改革，推进内外贸一体化进程。全区逐步开展了社会保障制度改革，从保险制度改革入手，主要建立了待业保险、养老保险并扩展到工伤保险、医疗保险、女职工生育保险等，还把社会养老保险、医疗保险（新型农村医疗保险）等覆盖到农村。在社会事业领域，陆续启动和深化科技、教育、文化、卫生和体育等方面的改革。农村继续实施家庭联产承包责任制，同时积极引导种地能手、大户集中，促进农业的专业化、集约化经营，并深化农产品商品流通机制，促进农业产业化进程。通过一系列的经济体制改革，大力促进了宁德国民经济和社会事业的跨越发展。

“十五”期间，全市紧紧围绕发展主题，与时俱进，开拓创新，实施项目带动战略，进一步放宽企业投资环境，开展房地产市场秩序整顿和规范，投资主体由过去的政府投资为主，逐步向银行资本、证券融资、民间资本、外商投资等多元化投资主体转化，国民经济持续、协调、有序发展，各项社会事业发展加快。2013 年，全市开展行政审批制度改革，减权放权持续深化，权责体系持续完善，“马上就办”

持续提升，宁德速度持续打造，服务质量持续改善，政务服务信息化、便利化水平不断提升。2020 年，着眼打造国内一流的营商环境，制定实施三年行动计划，对标复制厦门“放管服”改革经验。2022 年，全市全面打响“宁德服务”，打造“称心”产业环境、“暖心”政务环境、“安心”法治环境、“舒心”生活环境，加快构建市场化法治化国际化便利化营商环境。

开放开发

出口贸易　民国初期，境内的农副土产品的出口种类和数量有所增加，主要品种有桐油、茶叶、烟叶、粗纸、松香、陶瓷等。1915 年，境内经三都港口岸出口的货物总量达 5.6 万吨，出口总值为 336.3 万两关平银，比清光绪三十四年（1908 年）分别增长 29.4% 和 25.5%。1929 年，出口货物增至 11.8 万吨，出口总值为 271.2 万两关平银。之后由于国内政局不稳，加之受二次世界大战的影响，海口被封锁，进出口贸易一度中断。

中华人民共和国成立后，开始恢复对外贸易往来，主要由私营外贸企业经营收购。1956 年，全区出口商品收购总值为 702 万元，出口的大宗货物是茶叶，占收购总值的 97.1%。1963 年开始重视对外贸易，成立了福安专署对外贸易局，成为区内外贸出口管理职能部门，占 80% 的出口货物由外贸部门直接经营。“文化大革命”初期，外贸工作机构瘫痪，对外贸易一度中断。1975 年开始恢复外贸工作机构。改革开放后，全区加大外贸出口工作力度，1980 年，全区兴建外贸出口商品生产基地 127 个，当年全区出口商品收购总值 7537.3 万元，比 1979 年增长 69.7%。1987 年，为加强全区对外经济贸易，新设宁德地区对外经济贸易委员会工作机构。积极引进外资，发展境内“三资”企业，采取“借鸡下蛋”“引凤筑巢”的方法，努力拓展外向型经济。当年，全区外贸出口商品收购总值1.0亿元，比1985年增长105%，全区“三资”企业投资总额1042万元。1990年，全区外贸工作贯彻中央提出的“治理整顿、深化改革”方针，实行外贸经营管理、出口市场、财务管理三转变。1992年，全区外贸出口商品收购总值3.4亿元，比1991年增长189.8%。

随着对外开放向纵深推进。1995年，地委、行署突出沿海岛屿开发，建立外商投资服务中心和投诉协调中心，制定税收、土地使用、外商投资、登岛开发等10个方面的优惠政策；实施了方便外商投资的“五个一工程”，撤除公路站卡30多个，有效改善了投资环境，扩大了对外开放，推动了外向型经济的快速发展。当年，自营出口达7005万美元，增长31.9%。公派输出劳务320人，创汇150万美元。1996年，自营出口1.0亿美元，增长46.5%；全区公派劳务输出有较大增长。

2000年，受国际经济复苏和国家加大出口退税的积极影响，外贸出口转降为升，实现了快速增长。全市自营出口7402万美元，比增82.5%，其中内资企业出口3537万美元，“三资”企业出口3865万美元，分别比增139.3%和49.8%。大地电机、万达电机、中进海味、华联石材、东大电机、亚南电机、德丰电机、大创食品、圣阳食品、海鸥水产、晋鸿工具、马威尔服装、镁硅合金等一批企业年出口额超百万美元，出口总额达5967万美元，占全市出口总额的80.6%。主要出口商品有机电、食用菌、水产品、五金、矿产、化工、医药等九大类70多个品种，产品出口日本、美国、澳大利亚、埃及、阿根廷、南非、德国、法国、英国、加拿大、俄罗斯等61个国家和地区。

2014 年，出口总额 36.8 亿美元。对亚洲、东盟等主要贸易伙伴的贸易额保持较快增长。2019 年，宁德市培育重点产业高质量发展，古田食用菌产业入选福建省外贸转型升级基地、福安电机电器产业入选国家级外贸转型升级基地。

2022 年，宁德市组织超百家外贸企业参加云展会、春季“广交会”、RCEP 成员国优质展会等线上线下重点展博会。获国务院批准设立跨境电子商务综合试验区，指导企业运用外贸市场采购、跨境电商等外贸新业态新模式，推动多家出口企业入驻石狮东南采购集散中心宁德产业馆。支持宁德时代等企业“走出去”拓展新兴市场。全年，出口总额 994.8 亿元，增长 65.7%，增幅排名全省设区市第一。

进口贸易 清光绪二十六年（1900 年），经三都港口岸进口的货物种类有日本、印度的棉纱及英国羽毛、煤油、火柴、铁丝、铁钉等。宣统三年（1911 年）境内进口货物总额升至 21.8 万两关平银。1912 年，境内进口货物 3.1 万吨位，货物总值关平银 2498 两。1915 年，由三都港口岸进口的货物总量增至 5.6 万吨，进口物资总额为关平银 63.0 万两，分别比 1912 年增长 44% 和 252 倍。1950—1978 年，与国外的贸易往来较少。

中共十一届三中全会后，实行改革开放的经济政策，打开国门，积极引进先进设备。1983 年，全区进口物资 12 项，使用外汇 1463.5 万元。1986 年 3 月，福鼎啤酒厂从捷克斯洛伐克引进啤酒罐装生产线。1987 年，宁荣眼镜公司从新加坡进口旧设备，价值 23.2 万美元。1989 年，华闽（香港）公司引进先进生产设备，价值 1151 万元。1990 年，进口马口铁 289.9 吨，价值 134.9 万元。1991 年，霞浦县进出口公司引进冷冻鱼浆设备，价值 260 万元，闽东蜜饯厂引进低糖生产线设备，价值 120 万元。2000 年，围绕中央提出的“扩大对外开放、积极增加进出口、提高利用外资水平”的方针，以开展“软环境建设年”活动为重点，抓住撤地设市暨第二届中国闽东大黄鱼招商节的契机，加大投资环境建设力度，营造良好的投资环境，鼓励外贸出口和吸引外商投资，外贸出口提前3个月完成全年计划任务。随着对外贸易合作不断加强，当年进口总额570万美元。2010年，全市对外经济贸易呈现“全面恢复、持续回升”的良好态势，外经贸各项主要指标全面恢复并超越2008年国际金融危机前的水平，达到历史最高水平。全市外贸进出口总额12.1亿美元，首次突破10亿美元大关，其中进口2.4亿美元，同比增长200.8%。全市外贸队伍不断扩大，龙头企业示范带动效应日趋明显。进口额在100万美元以上的企业有10家，主要进口产品有核电设备、船用设备、煤炭等。2013年，全市外贸进出口总额32.6亿美元，同比增长32.9%，其中进口总额4.2亿美元，同比增长60.6%。进口总值增幅居全省各设区市第二位。2014年，进口总额达3.4亿美元，同比下降19.6%。2020年，进口总额167.4亿元，同比增长18%。“十三五”期间，累计进口591.6亿元，年均增长52.5%。2022年，进口总额298.1亿元，主要进口产品有矿产品、锂电原料、不锈钢板材、不锈钢卷材等，其中全市四大主导产业起到了重要支撑作用，进口约占全市的95.4%。

与港澳台地区和国际经济技术合作 1981年，宁德地区华福公司与美国、日本以及中国香港、澳门、台湾地区的11家外商、侨商、港澳台商签订经济合作协议32份，成交金额为374.6万美元，从此拉开闽东与港澳台地区和国际经济技术合作的序幕。1984年以后，对外承接来料加工业务，利用区内的劳动力和厂房、设备的优势，发展“两头在外”“大进大出”的加工业务。来料加工的主要品种有服装、箱、包、电子产品、塑料制品等，原料大多来源于香港地区，输出的主要市场也是香港地区。当年末，全区来料加工项目 8 个，工缴费 86 万港币。1988 年，为发展来料加工业务，地区行署下发《宁德地区鼓励发展对外来料加工装配业务的优惠办法》，凡来本区开展来料加工装配业务的客商及承担“三来一补”业务的企业，除享受中央和省的优惠政策外，还可享受区内规定的优惠条件。同时，在宁德地区外经贸委内部专设来料加工管理科，负责管理协调全区来料加工业务。各县也专门成立对外来料加工装配服务公司。当年，全区核准登记承办“三来一补”的企业达 26 家。全区来料加工项目 68 项，工缴费 520 万港币。1989 年，加工项目增至 102 项，工缴费 870 万港币。1990 年以后，由于部分企业“飞料”走私，来料加工业务逐渐萎缩消亡。1990 年，区内“三资”企业，尤其是独资企业快速发展。全年新批“三资”企业 41 家，投资总额为 6127 万元，其中合资企业 21 家投资 2987 万元，合作企业 4 家投资 521 万元，独资企业 16 家投资 2619 万元。1992 年，利用中央给予闽东综合改革试验区的特殊政策，扩大沿海对外开放力度，借助闽东对台及华侨的优势，外引内联拓展新领域，大力发展“三资”企业。至当年底，全区有“三资”企业 260 家，其中新批企业 119 家；投资总额 11.5 亿元。其中合资企业 159 家，总投资 6.8 亿元，占“三资”企业总数的 61.2% 和投资总额的 59.2%；合作企业 18 家，投资总额 0.2 亿元，分别占 6.9% 和 2%；独资企业 83 家，投资总额 4.5 亿元，分别占 32.1% 和 38.7%。投资金额 100 万～900 万元的“三资”企业有 113 家，占 44.7%；投资金额千万元以上的“三资”企业有 20 家，占 7.6%；投资金额百万元以内的“三资”企业有 120 家，占 46.2%。中、外商投向闽东的热门项目主要有房地产开发建设和石板材加工业，开发房地产的企业累计有 8 个合作项目，资金为 3.3 亿元，占“三资”企业总投入的

29.5%。开发石板材和石制品的企业有 18 家，合作投放资金为 1.1 亿元，占“三资”企业总投入的 9.3%。1996 年，举办“3·16”香港招商、新马泰招商等活动。全年实际利用外资和港澳台资 7167 万美元，增长 37.7%。1997 年，举办首届“中国闽东大黄鱼节”，签订合同项目 40 项，其中外资和港澳台资项目 18 项，利用外资和港澳台资 1.1 亿元。

2000 年，与港澳台地区和国际经济技术合作稳定发展。全市输出渔工劳务 8323 人次，创汇达 255 万美元。霞浦三沙、福鼎沙埕口岸停靠台湾轮船数和上岸台胞数及输出渔工数均居全省首位。霞浦县同兴公司在原有对台近洋渔工劳务输出和海上民间“渔钞交易”的基础上，拓展输入台湾小商品，开展对台轮补给、代理报关、专营码头、台贸商城和大嶝小贸等专营业务。全年陆上劳务输出共派出 20 人。

2018 年 6 月，第九届海峡两岸电机电器博览会暨第十九届宁德投资洽谈会举办

是年，全市利用外资和港澳台资保持稳步增长的势头。当年，新批外商和港澳台商投资企业 31 家，合同外资和港澳台资金额 5533 万美元，实际利用外资和港澳台资 9701 万美元。

2014 年，宁德市鼓励企业到境外投资建厂，建立境外贸易网点和生产基地。当年，全市新批境外投资企业 6 家、增资企业 1 家，总投资额 2504.1 万美元，行业涉及电机制造销售、矿产资源开发及水产品销售等，投资国有意大利、韩国、越南、德国、乌兹别克斯坦、马拉维等。全年对台渔工劳务输出 350 人次。当年新签外商和港澳台商直接投资合同项目 21 个。按验资口径统计，合同外资和港澳台资金额 3.8 亿美元；实际利用外商和港澳台商直接投资 1.8 亿美元。全年签约外资和港澳台资投资合同项目 57 项，总投资 40.7 亿美元。新批 6 家、增资 1 家企业在境外投资办厂，总投资 2504 万美元。

2017 年，重点围绕新能源、不锈钢新材料两大产业，与产业龙头企业合作，开展“点对点”上门招商，大力引进上、下游配套项目。举办锂电新能源产业链专场对接会、省属企业对接活动、“6·16”电博会暨宁德投洽会、宁德世界地质公园文化旅游节等大型招商活动。对接签约合同项目 198 项，总投资 1226.6 亿元。其中，工业项目总投资 518.7 亿元，占签约合同项目总投资比重为 43.5%；锂电新能源产业链项目 35 个，总投资 290.1 亿元；不锈钢新材料项目 9 个，总投资 47.3 亿元。新签约合同项目履约报批率 80.5%。2020 年，在第五届动力电池应用国际峰会暨首届中国新能源新材料（宁德）峰会期间，举办第二十一届宁德投资洽谈会产业招商推介及项目签约仪式，对接项目 365 项，总投资 850.2 亿元，其中工业项目 202 项，总投资 507.4 亿元；服务业项目 163 项，总投资 336.6 亿元。

2022 年，宁德市参加第七届世界闽商大会等重大招商引资活动 6 场次，签约各类项目 343 项，总投资 1195.5 亿元。制定稳外资工作五条措施，实施外资招商成效奖励，释放政策红利。开展稳外资调研，举办政策宣讲会，加强跟踪服务，提振外商投资信心，促进外资企业增资扩产、加快到资。新签外资和港澳台资项目 8 项，总投资 21.9 亿元。全年新设外商和港澳台商投资企业 29 个，比上年增加 6 个；实际使用外资和港澳台资金额 3.5 亿元，增长 147.5%。

产业发展

农　　业

品牌农业　闽东依山傍海，得天独厚的山海地理特性赋予闽东丰富的天然物产资源，积淀深厚的文化底蕴赠予闽东人民精湛的生产技艺。历史上，闽东“坦洋工夫”红茶、“白琳工夫”红茶、“天山绿茶”（“支提茶”）、“古田红曲”、“沙江牡蛎”等地方名优特产久负盛名，享誉八方。新世纪，“宁德大黄鱼”“古田银耳”“福鼎白茶”“柘荣太子参”“福安葡萄”“屏南米烧兔”等闽东水产品、食用菌、茶叶、中药材、水果、畜禽众多农业新优名品更是驰名中外，广为消费者所喜爱。

改革开放后，闽东农业快速发展。20 世纪 90 年代，闽东掀起大规模农业综合开发热潮，实施建设“海上闽东”战略，初步形成以水产品、茶叶、食用菌三大产业为主导，果蔬、畜牧、中药材等特色产业为重点的规模化产业基础。名优农产品品牌不断涌现，逐步形成一批具有全国影响力且极具闽东地方特色的名优农产品品牌，有效地推动宁德特色现代农业的发展。2000 年，全市已有官井大黄鱼等 4 个产品获省名牌农产品称号。2001 年 7 月，“柘荣太子参”“古田银耳”同时获准注册国家地理标志证明商标，成为宁德市首次获得农产品地理标志商标的名优特产品。是年，福鼎白色双孢蘑菇获省政府授予的“名牌产品”称号。此后，越来越多的闽东农产品进入争创国家级、省级名牌行列。2003 年 1 月和 12 月，“福鼎芋”“福鼎四季柚”和“古田油柰”“福鼎槟榔芋”先后获准注册国家地理标志证明商标。2006 年 4 月，全市农产品再增 3 个国家地理标志商标，为“福鼎大白茶”“福鼎白毫银针”“福鼎白琳工夫”，总数达到 9 个。10 月，“柘荣太子参”被认定为中国驰名商标，实现宁德市农业类驰名商标“零”的突破。此后，宁德市每年均有名优农产品上榜，全市农业争创名优品牌步伐加快，有力推进农业提质增效，农民群众增产增收。2009 年，霞浦被评为“中国海带之乡”“中国紫菜之乡”。是年，全市地理标志证明商标达 18 件，跃居全国设区市之首。2010 年，“古田银耳”“坦洋工夫”“柘荣太子参”“福鼎白茶”等 4 个国家地理标志受保护区域占全市种植面积的 50% 以上，受惠农户 50 余万人，品牌效应突显。“十二五”时期，全市农业品牌争创工作成效更加突出。2012 年，全市创纪录新增农产品 7 个驰名商标和 10 件地理标志证明商标。2013 年，全市农业再增 4 个驰名商标和 14 件地理标志证明商标，连续两年新增年度最多地理标志证明商标。是年，福安市获“中国油茶之乡”称号，“宁德大黄鱼”“霞浦海参”入选全省十大渔业品牌。2014 年，全市新增福建名牌农产品 13 个，累计有效使用“福建名牌农产品”称号的农产品数量达 56 个。至“十二五”末，全市已获农业品牌中国驰名商标 21 个、国家地理标志证明商标 34 件，连续居全国设区市首位。2016 年“十三五”规划开局之年，宁德市桐江鲈鱼、霞浦榨菜、霞浦晚熟荔枝、福鼎槟榔芋、福安巨峰葡萄、穆阳水蜜桃、福安刺葡萄、福安芙蓉李、寿宁高山茶等 9 个产品获准国家农产品地理标志登记保护，区域保护面积达35866.7公顷。随后，“福鼎白茶”“古田银耳”入选“2017年度福建十大农产品区域公共品牌”，“品品香白茶”“南阳无公害生猪”“三本山茶油”入选“2017年度福建名牌农产品”，入选品牌及产品数位居全省前列，进一步确立宁德市农业品牌优势。2018年，桐江鲈鱼入选地理标志农产品中欧互认保护清单，宁德名优特农产品开始搭上迈向全球高端市场的直通车。

2022年，新增福鼎四季柚、福鼎槟榔芋、福鼎白茶等3个农产品被列入第二批及第三批全国名特优新农产品名录。3个农业类品牌入选福建省著名农业品牌。其中“天山绿茶”被授予“2022年度福建省十大农产品区域公用品牌”称号，“福鼎槟榔芋”入选全国第三批农产品地理标志保护工程，项目建设资金为400万元。至年底，全市累计24个名优特农产品被认定为驰名商标，共有14个地方特色农产品获批国家农产品地理标志登记保护。

宁德市农产品被认定为驰名商标名单和
获批国家农产品地理标志登记保护名单一览表

表2

认定（批准）类别	农产品名称	认定（批准）时间
宁德市农产品被认定为驰名商标名单（24件）	柘荣太子参	2006年10月
	古田银耳	2008年3月
	福鼎白茶	2010年1月
	“坦洋工夫”茶	2010年1月
	“海旸”无公害猪肉	2011年11月
	“品品香”茶	2012年4月
	福鼎槟榔芋	2012年4月
	“仙洋洋”鲜茶汁	2012年5月
	“三都港”水产品	2012年12月
	“夏威”水产品	2012年12月
	“海名威”水产品	2012年12月
	“岳海”水产品	2012年12月

续表 2

认定（批准）类别	农产品名称	认定（批准）时间
宁德市农产品被认定为驰名商标名单（24 件）	“绿雪芽”茶	2013 年 12 月
	天山绿茶	2013 年 12 月
	“九洋”海产品	2013 年 12 月
	“惠泽龙”黄酒	2013 年 12 月
	霞浦海带	2014 年 9 月
	“威尔斯”水产品	2014 年 9 月
	“六妙”茶	2014 年 9 月
	“大翔”茶	2015 年 6 月
	“新坦洋”茶	2015 年 6 月
	宁德大黄鱼	2016 年 7 月
	“钦龙”水产品	2016 年 10 月
	“二都”海产品	2016 年 12 月
宁德市农产品获批国家农产品地理标志登记保护名单（14 件）	桐江鲈鱼	2010 年 4 月
	福鼎槟榔芋	2011 年 11 月
	霞浦榨菜	2011 年 12 月
	霞浦晚熟荔枝	2012 年 5 月
	福安巨峰葡萄	2013 年 4 月
	穆阳水蜜桃	2013 年 4 月
	寿宁高山茶	2014 年 4 月
	福安刺葡萄	2014 年 5 月
	福安芙蓉李	2014 年 5 月
	福鼎白茶	2020 年 12 月
	福鼎黄栀子	2020 年 12 月
	古田银耳	2021 年 6 月
	福鼎栀子花	2021 年 6 月
	屏南李	2021 年 6 月

生态农业　1998 年 7 月，宁德地区成立绿色食品工作领导小组，开始研究制定绿色食品发展计划，开展标志申请、质量控制、市场监督，全区无公害农产品、绿色食品基地建设工作启动。1999 年 3 月，地区行署出台《关于建设国有农场无公害茶园基地的意见》。是年，古田县湖滨茶场“古田油柰”成为全区首个获得农业部绿色食品 A 级产品标志的产品。2000 年，福安“富春”花茶等 6 个产品获得绿色食品商标使用权，全市建立绿色食品生产基地 1.3 万亩，创产值

4000多万元。2001年2月，宁德市绿色食品发展中心成立。进一步推进无公害农产品产地认证和产品认证工作。2004年11月和次年11月，古田县国有综合农场、福安市农垦茶业有限公司先后被农业部认定为“无公害农产品示范基地农场”。2005年底，全市共有23家45个产品通过绿色A级产品认证，绿色食品产地监测面积3741.2公顷，绿色食品年产量61755吨。35家43个产品通过无公害农产品认证，产地认证面积17554.4公顷，年出栏无公害商品猪89000万头，无公害农产品年产量71823吨。2010年，全市累计有52个产品获得绿色食品标志使用权，8个产品通过有机食品认证，产地监测面积20万亩；70个产品通过无公害农产品认证，产地认证面积近30万亩。“十二五”时期，以农业园区、茶叶基地、林下经济点等为载体，利用人文历史、民俗古迹、旅游景观，挖掘农业文化内涵，呈现农旅结合、茶旅结合、林旅结合等农业新业态的休闲农业也开始涌现。2012年，全市休闲农业发展到138家，从业人员1.3万人，年接待游客突破420万人次，年营业收入2.7亿元，带动农户0.9万户。2014年，全市培育全国休闲农业示范点2个、省级休闲农业示范点11个、省级示范乡镇3个、市级示范点10个，从业人员近1.3万人，福安市棠溪村获评“中国最美休闲乡村”。2015年，全市新增国家级休闲农业示范点2个、省级休闲农业示范点4个，福鼎市赤溪村获评“中国最美休闲乡村”。是年，全市“三品”认证产品总数达240个。其中，无公害农产品160个、绿色食品标志72个、有机食品8个。2016年，《宁德市级休闲农业示范点认定管理办法》出台，全市新增市级以上休闲农业示范点14个（省级示范点4个、中国美丽休闲乡村2个、福建最美休闲乡村3个），休闲农业营业收入近2.8亿元。是年，全市新增“三品”认证产品17个，总数达257个。其中，无公害农产品159个，产地认定面积4466.7公顷；绿色食品标志65

个，产地监测面积 2933.3 公顷；有机食品 33 个；福安市 8133.3 公顷茶园成为全省首个获得全国绿色食品原料（茶叶）标准化生产基地称号的茶园。2017 年，宁德市加快培育休闲农业示范点，推进农业与旅游、教育、文化、康养等产业深度融合，带动休闲度假、旅游观光、养生养老等第三产业发展。新增省级休闲农业示范点 3 个，福建省最美休闲乡村 3 个，市级休闲农业示范点 10 个。全市休闲农业营业收入 6.9 亿元，带动农户 2.5 万户。寿宁县被授予全国休闲农业与乡村旅游示范县称号。2018 年，宁德市着力推动绿色发展，把绿色导向贯穿农业生产全过程，实现生产生活生态有机融合。全市新认定省级休闲农业示范点 4 个、福建省最美休闲乡村 5 个，市级休闲农业示范点 11 个，4 个旅游项目入选福建省休闲农业乡村旅游精品线路。至 2022 年底，全市拥有 9 个中国美丽休闲乡村、2 个全国休闲农业示范点、1 个全国休闲农业与乡村旅游示范县、3 个省级休闲农

2019 年 5 月 3 日，福安市象环葡萄基地　（吴庆堂 / 摄）

业示范乡镇、23 个省级休闲农业示范点、22 个省级美丽休闲乡村、2 条精品线路入选 2019 年中国美丽乡村休闲旅游行（夏季）精品景点线路推介点、2 条精品线路入围 2022 年福建省休闲农业精品线路。2022 年，全市有休闲农业经营主体 502 个，从业人数 29000 人，其中农民就业人数 20500 人，带动农户 14300 户，接待人次 812.9 万人次，营业收入 215870 万元，其中农副产品销售收入 109035 万元，从业人员年人均工资 3.5 万元，休闲农业利润总额 58516 万元。全市“三品”认证产品总数达到 297 个，其中无公害农产品 199 个，绿色食品 81 个，经认证的有机食品 17 个。2022 年，全市“三品一标”产品有效认证数 735 个，产地面积 9.9 万公顷，其中无公害农产品 317 个，绿色食品 379 个，经中绿华夏有机食品认证中心认证的有机产品 25 个。

农业产业化 20 世纪 90 年代，随着计划经济向社会主义市场经济全面接轨，闽东农业加快产业结构调整，多种经营快速发展，宁德水产品、茶叶、食用菌、林竹、果蔬、畜牧、中药材等开始形成产业规模优势，原有一家一户分散经营模式逐步向规模化、区域化、专业化的贸工农一体化农业发展格局递进。进入 21 世纪，宁德深入实施农业“抓龙头创名牌”战略，在政策、资金、项目等方面对 21 家省、市级农业产业化龙头企业重点支持，龙头企业实力不断增强，全市农业产业化经营稳步推进。2002 年，全市农产品加工企业发展到 3517 家，产值 66.3 亿元，农产品初加工率达 36%。“农户加基地，基地带农户，科技市场服务一体化”等有效组织形式在全市范围得到进一步推广。2003 年，宁德市委、市政府制定出台《关于扶持农业产业化经营的若干意见》，在政府服务、财政扶持、税收优惠、信贷融资等方面扶持农业产业化发展。是年，11 家省级龙头企业实现产值 6.7 亿元，增长 21%，带动农户 8.3 万户，农民从中增加收入 5800 万元，增长11%。全市年产值500万元以上农产品加工企业发展到97家，实现产值14亿元，增长21%，全市农产品初加工率提高到39%。2004年，龙头企业进一步发展壮大，全市农业产业化省级重点龙头企业达15家，实现销售收入12.9亿元，同比增长24.5%，带动农户18.6万户，安排就业人员5000人。全市规模以上农产品加工企业发展到120家，其中年产值5000万元以上龙头企业增加26家，亿元以上3家，南阳实业成为全市第一家农业产业化国家级重点龙头企业。2005年，全市农产品初加工率进一步提高到45%。各类农业产业化经营组织达1254家，各级农业产业化龙头企业发展到414家，其中市级以上88家。"十一五"时期，通过抓龙头、建基地、拓市场，全市农业产业化发展进程不断加快，专业化程度不断提高。2006年，全市农产品加工业产值突破100亿元，增长10%，其中规模以上企业农产品加工产值39亿元，增长26.5%，龙头带动作用显现；全市开展自营出口业务的农产品加工企业达到67家，水产品出口4437万美元，增长25%，对全市出口的拉动作用明显。福鼎海鸥水产食品被农业部确定为第一批"全国农产品加工示范企业"；福建品品香茶业、寿宁御茶园茶业获得全国百强茶业企业称号。2008年，全市推进"一村一品"结构布局，发展农民专业合作社112个，成员总数5869人，带动非成员总数2.7万户。全市有专业村277个，主导产业从业农户8.3万户，占总户数的72.6%；主导产业从业人员16.5万人，占总人口的35.8%；主导产业总收入25.4亿元，占总收入的59.9%。2010年，全市农民专业合作社猛增到1361个，专业村增加到310个。全市新增2家产值亿元以上龙头企业，21家省级以上龙头企业实现总产值39.7亿元，增长29%。16家茶叶企业入选年度中国茶业百强企业，成为全国百强茶企最多的设区市。屏南县成为长江以南唯一拥有滑菇规模生产基地县。全市水产品出口货值突破2亿美元。农产品质量安全体系建设步伐加快，新增6个国家级农业标准示范区。“十二五”时期，全市农业产业化龙头企业持续壮大，农业专业合作组织发展迅速，农民组织化程度明显提高。2011年，全市龙头企业新增数量居全省首位（国家级重点1家，省级重点14家）。市级以上龙头企业达200家，其中国家级重点龙头企业2家，省级重点龙头企业33家。省级以上重点龙头企业完成总产值49.3亿元，增长15.9%；销售收入47.3亿元，增长16.8%；带动农户20.2万户，订单联系农户3.8万户，增长3.3%。农户从产业化经营组织中得到收入16.9亿元，增长13.2%。全市累计登记农民专业合作社2006个，成员2.6万人，出资总额计60.1亿元。10家农民专业合作社（其中林业2家，海洋与渔业1家）被列入2011年省级农民专业合作示范社。寿宁县承天村被评为全国“一村一品”示范村。2012年，全市登记农民专业合作社2828家，出资总额100.9亿元，成员5.1万人；有128家农民专业合作社被评为2011—2012年度市级农民专业合作社示范社；全市规模（年产值2000万元）以上农产品加工企业总数达310家，从业4.7万人，实现产值363.0亿元，同比增长19.1%。全市有16家企业被确认为2012—2014年度省级农牧业产业化龙头企业，入选省级农牧业产业化龙头企业数量居全省设区市首位。2015年，农业新型经营主体不断壮大，新增市级农业产业化龙头企业131家，市级以上总数达414家，其中国家级2家，省级55家，市级357家。7家企业在新三板、上交所、海交所或香港上市；4家企业年产值超10亿元；新增农民专业合作社695家，总数达5590家，出资总额208亿元；新增家庭农场130家，总数达342家，出资总额1.3亿元。“十三五”时期，宁德市在不断提升农民专业化水平和农业产业化龙头效益基础上，进一步探索“加快转变农业发展方式”的新途径。2016年，全市规模以上农产品加工企业452家，从业人员 5.4 万人。市级以上农业产业化龙头企业 414 家，其中省级以上 119 家，比上年增加 62 家。农民专业合作社 6430 家；新增省级农民专业合作社示范社 11 家、省级家庭农场示范场 19 家。全市探索推广多个产业融合发展的“1+N”农业经营模式，选择一个主导产业为龙头，叠加互联网、深加工、乡村旅游、休闲养老、种苗推广、技术培训和配套产业等，提高单位面积产出率和效益，增加农民收入，年内新增“1+N”经营模式 20 个。2017 年，食用菌工厂化、标准化栽培模式有效推广；新增设施农业面积 1 万亩、全国农村创业创新园区 5 个，新增省级家庭农场示范场 21 家、省级农民合作社示范社 16 家，新认定农业产业化龙头企业 323 家。2018 年，宁德市农业示范园区基地加快建设，古田县入选 2018 年全国农村一、二、三产业融合发展先导区创建名单，周宁县现代茶业产业园被列入第二批省现代农业产业园建设名单，福安葡萄等 17 个特色产业集中区入选福建特色农产品优势区。评定宁德市益智源农业开发有限公司等 10 个单位为农业物联网应用市级示范点；农业标准化生产加快推进，创建省级园艺作物标准园 21 个、畜禽养殖标准化示范场 11 个，新建果树标准化示范区 31 个，蔬菜标准化示范区 45 个，畜禽标准化生产示范基地 33 家，食用菌标准化示范区基地 15 家。

2022 年，全市县级以上龙头企业 561 家，其中国家级 9 家、省级 172 家、市县级 380 家。561 家县级以上龙头企业带动农户数 83.2 万户，从事产业化经营增收总额 50.1 亿元，出口创汇 14.8 万美元，上缴税金 5.5 万元。全市在工商部门登记的农民专业合作社 8696 家，其中新培育省级示范社 29 家，市级示范社 50 家、县级示范社 143 家。古田县开展以县级为主创建新型农业经营主体服务中心试点，为新型农业经营主体提供政策咨询、运营指导、财税代理服务。全市录入“全国家庭农场信息名录库”的家庭农场（含种养大户）17305

家，其中新培育省级示范家庭农场24家，市级示范家庭农场52家、县级示范家庭农场113家。柘荣县10家家庭农场试点推行家庭农场“一码通”，赋予家庭农场唯一标识数字码和二维码。

茶乡闽东　闽东是全国的重点茶区，茶叶亦是闽东的传统主导产业，产茶历史可追溯到晋代，早在隋代就有关于闽东生产茶叶的记载，陆羽《茶经》引《永嘉图经》载：“永嘉县东三百里有白茶山。”陈橼撰《茶业通史》认为：永嘉东300里是海，是南300里之误。南300里是福建的福鼎，系白茶原产地。闽东于唐代开始产制蒸青团饼茶，宋元两代，闽东产制团茶、饼茶、散茶，均以工艺精湛而著称。《宁德茶业志》载：“南宋名士张桉记载：‘于今西乡（今宁德天山），其地山坡泊附近居民旷地遍植茶树，高岗之上多培修所，计茶所仅有夏春二季，年获息不让桑麻。’此时闽东的名山大川寺院和部分山区多有种植茶树。”至明代闽东已大面积植茶，其间团饼茶逐渐被淘汰，而采摘细嫩芽叶制造炒青绿茶日趋完善。明万历三十七年（1609年），长乐人士谢肇淛在《长溪琐语》中载：“环长溪百里诸山，皆产茗。山丁僧俗，半衣食焉。支提、太姥无论”茶叶已成为闽东百姓经济的重要来源。清康熙二十五年（1686年），谢肇淛在《五杂俎》中记载：“闽方山、太姥、支提俱产佳茗。”闽东太姥山的“绿雪茶”“白琳茶”，宁德的“支提茶”，天山的“芽茶”以及“寿宁茶”等都很有名；宁德所产制的“龙团”“雀舌”受到文人墨客的推崇。清代闽东茶类生产以炒青绿茶为主，白茶、红茶等其它茶类随着茶叶生产的发展陆续出现。清嘉庆元年（1796年）福鼎茶农首创白毫银针——以菜茶创制土针；清咸丰元年（1851年）福安坦洋人将闽北传入的小种红茶制法演变为“坦洋工夫”制法，后逐步传至寿宁、周宁、柘荣、霞浦、屏南各县及浙江泰顺、安徽祁门、云南等地；清道光三十年（1850年）前后，“白琳工夫”兴起。闽东茶叶贸易最早详细记载出现在明代，明万历《福宁州志·贡辨》记载："芽茶八十四斤一十二两，价银十三两二钱二分，叶茶六十一斤十一两，价钱一两四钱七分九厘。"据史料记载，清康熙二十二年（1683 年）福鼎沙埕军用港改为民用进出口贸易口岸，开始出口茶叶；清道光二十二年（1842 年）五口通商后，闽东茶叶开始从海路运销欧美。清光绪二十五年（1899 年）五月八日，三都澳设立"福海关"，光绪二十六年（1900 年）输出茶叶 30710 担，占全省出口总数的 8.7%，到 1915 年出口茶叶就达 142586 担，占全省出口总数的 51.9%；1933—1948 年，平均年出口茶叶 7.9 万担，占全国年平均出口量的 30.2%；1926 年出口 119857 担，占福建省出口量的 59.9%，茶叶出口最高年份 1923 年达 142829 担。民国初期闽东茶叶生产进入鼎盛时期。1912 年茶叶产量 5163.7 吨，茶类花色品种齐全。1934 年闽东茶园面积 24.5 万亩，茶叶产量 7215 吨；

宁德是全国最大的产茶区之一（谢书秋 / 摄）

1936 年全区茶园面积 25 万亩，茶叶产量 7712 吨。日本侵华战争全面爆发后，出口受阻，茶市消沉，茶园抛荒失管，至 1949 年闽东地区茶园面积减至 19 万亩，茶叶产量减至 2516 吨。

中华人民共和国成立后，茶叶作为闽东传统大宗出口物资和繁荣农村经济的重要农产品，备受重视。各级政府采取一系列扶持政策，给茶区发放垦复和新开茶园补助款、无息贷款、预购定金、肥料奖售等，鼓励茶农恢复生产，调动其生产积极性，茶叶生产得到较快恢复。1955 年，全区茶园面积增加到 27.9 万亩，占全省茶园总面积 43.1 万亩的 64.9%；产量回升至 3649.3 吨，占全省茶叶总产量 5782.0 吨的 63.1%。1958 年，全区茶园面积达到 37.5 万亩，产量 6130.0 吨，比 1949 年分别增长 97.2% 和 143.7%。当年 12 月 10 日，全国茶叶生产现场会在霞浦县畲族村草岗召开，来自全国各地 160 名代表到此参观、了解学习旧茶园改造经验，草岗村因此改名茶岗村。此后，受“大跃进”影响，各地开始毁茶种粮，茶园失管，全区茶叶产量由升转降。1962 年，全区茶园面积缩减至 28.7 万亩，茶叶产量降至 2173.2 吨，比 1949 年还低 342.6 吨，成为中华人民共和国成立以来的最低谷。此后茶叶生产开始稳步恢复发展，即使“文化大革命”十年期间也未有大的影响。至 1978 年，全区茶园面积发展到 46.0 万亩，产量提高到 7836.5 吨。改革开放后，全区茶叶生产普遍实行以家庭联产承包为主的责任制，极大地调动茶农的生产积极性，政府采取各种政策措施，促进茶产业发展，茶叶生产、加工、销售、出口等产业链日趋完善，各县茶树良种、名优茶得到开发推广，经济效益显著，茶产业快速发展壮大。全区茶叶生产在种植面积、产量、产值、上缴国家税收、推广茶树良种及开发名优茶诸方面均位居全省第一。1980 年，全区茶园总面积达 47.5 万亩，其中当年采摘面积 32.8 万亩，新种植面积 3.4 万亩；全区茶叶产量 9608.6 吨，创出历史新高。

至 1988 年，全区茶园面积 50.2 万亩，茶叶产量 14421 吨，比十年前改革开放之初茶园面积增长 9.2%，茶叶产量提高 84%，为闽东茶区带来巨大的经济效益，茶叶成为闽东贫困群众脱贫致富的重要“拳头”产品。1989 年，宁德茶厂生产的“天山银毫”茉莉花茶首获国家质量金质奖。“八五”时期，全区开始实施“1153”农业综合开发，闽东茶叶种植掀起新一轮热潮，茶业逐步发展成为全区农业三大主导产业之一。1992 年，全区茶园面积首次突破 60 万亩达 63.4 万亩，其中采摘面积 45.6 万亩；茶叶产量 2.1 万吨，其中名优茶产量 1425 吨。年上缴国家农业税、特产税 3505 万元。全区拥有国营农（茶）场 14 个，茶园面积 2.0 万亩，占全区茶园总面积的 3.1%；乡镇办茶场 156 个，茶园面积 4.4 万亩，茶叶产量 2367.6 吨，分别占全区茶园总面积和总产量的 7.0% 和 11.2%；村办茶场 1023 个，茶园面积 8.9 万亩，茶叶产量 5549.3 吨，分别占全区茶园总面积和总产量的 14.0% 和 26.3%。此后，全区茶业工作主要围绕“保面积、稳产量、抓名茶、上规模、抓质量、增效益”和“建基地、扶龙头、创名牌、拓市场”实施突破，茶产业发展迈上新台阶。先后在福鼎、福安、宁德、霞浦、寿宁、周宁等县（市）建立无公害茶园示范点 12 个，“降残”示范茶园 2 万亩，推广面积 10 万亩。1998 年，全区茶园总面积 69.4 万亩，产茶 4.4 万吨，茶叶单产达 60 千克，超全省和全国平均水平。毛茶产值 6.8 亿元，商品总值约 12 亿元。经过 20 多年的努力，全区共开发和挖掘历史名茶品种 96 个，其中获省部优以上及国际金银奖 60 多个。进入 21 世纪，宁德茶产业快速发展，市场拓展，产销两旺。同时，更加注重品质提升、结构优化，品牌引领、龙头带动。2000 年，全市名优茶产量首次突破万吨大关达 1.1 万吨，占全市茶叶总产量的比重提高到 24.5%。获评省部级以上名茶产品累计达 137 个，已有“莲岳”牌、“富春”牌茉莉花茶，“双芽”牌仙岩雪峰、白毛猴 3 种茶叶产品获得全国绿色食品标志使用权。全市茶叶初制厂 900 多家、精制厂 400 多家，年总加工能力达 5 万吨以上。全市在省内外开设茶庄、茶行、茶店 500 多家，遍及华东、华北、东北各省（市）大中城市，以销售茉莉花茶为主，年销量 2 万吨，销售额 5 亿元以上；清明前生产的名优茶，年销量 1 万吨，销售额 3.5 亿元。较大规模影响力的有上海的大不同茶行和大统路茶叶专业市场、北京马连道茶叶一条街的京鼎隆茶叶批发市场等，驻外茶商形成一支庞大的茶叶经销队伍，全市茶叶经销户达 10 多万户，初步建立起遍布全国的营销网络。全市有 100 多万人（占全市人口的约 1/3）直接或间接从事茶叶生产、加工、包装、运输、销售和相关的第三产业。全市专门从事茶业技术人员 163 人，境内拥有省农科院茶叶研究所和市农校等科研所、校，具有较为雄厚的技术力量基础。2001 年，全市共有 1053 亩有机茶园获得相关部门认证。2002 年，全市茶园面积突破 70 万亩达 70.1 万亩，年产茶 4.6 万吨，分别占全省茶园面积和产量的 35.0% 和 31.8%，居全国产茶地（市）之首。拥有国家级良种茶叶品种 11 个，省级良种 14 个，每年繁育茶树苗木达 1.5 亿株，成为全省乃至全国茶树良种繁育基地。是年，全市有福鼎、周宁、柘荣共计 4 片 1266 亩通过有机茶认证，占全省的 70% 以上。2003 年，宁德市出台《关于扶持茶叶支柱产业发展的若干意见》，为首次专门针对全市茶产业发展而制定扶持政策措施，进一步促进全市茶产业发展壮大。是年，福鼎东南白茶和福安市中闽土畜产茶叶两家企业在全市首次取得自营进出口权，有力促进闽东茶叶外向型经济发展，当年，全市茶叶出口突破 5000 吨，比上年增长 66.7%。2004 年，宁德市出台《关于建立茶叶质量安全长效监管机制的实施意见》，为确保茶叶安全，进行制度建设。2005 年，全市无公害、绿色食品基地、有机茶认证取得新突破，当年通过有机认证的茶企 16 家，比上年增 5 家，占全省 32 家的 50%；全市茶叶获得绿标 15 个，比上年增 6 个，占全市 30 个绿标的 50%；全市获得无公害产品产地认证 18 个，比上年增 2 个，福鼎、霞浦建立起连片面积达万亩的无公害茶叶生产基地。2006 年，福安市、福鼎市分别被命名为“中国茶叶之乡”“中国白茶之乡”。全市拥有茶叶企业 1000 多家，其中国家级扶贫龙头企业 1 家、省级农业产业化龙头企业 4 家、省厅级龙头企业 4 家、市级龙头企业 28 家。福建品品香茶业、福建御茶园茶业两家茶叶企业进入年度中国百强茶企行列。全市拥有国家级良种茶叶品种 11 个，省级良种 19 个，主要品种有金观音、丹桂、黄观音、福鼎大毫茶、福鼎大白茶、福安大白茶、台茶 12 等，全市无性系良种普及率 95% 以上，居全国前列。2007 年，全市中国百强茶企增加到 7 家，此后大多保持 10 家以上入选，彰显宁德茶企发展实力。“十一五”中后期，针对全区绿茶占比较大，红茶、乌龙茶等占比偏小的结构相对失衡状况，宁德各县（市、区）政府十分重视茶树品种结构调整，蕉城、福安、周宁、寿宁、柘荣等县（市、区）财政都列出专项，采取“财政扶持、连片开发”的措施，引导茶农发展高香型绿乌兼用茶树品种，增加附加值更高的红茶、乌龙茶、白茶等名优茶叶品种产量占比，取得较好成效。2009 年，全市红毛茶产量增加到 4009 吨，占茶叶总产量比重从上年的 2.0% 提高到 6.3%，2010 年提高到 16.0%，“十二五”时期突破 1 万吨，占比继续快速提升。至 2014 年，全市茶园面积达 86.0 万亩，茶叶产量 8.0 万吨，其中红茶 19495 吨，绿茶 48621 吨，白茶 9595 吨；全市毛茶产值 34.4 亿元。市级以上茶叶龙头企业 107 家，其中省级 21 家；自营出口企业 16 家。是年，“福鼎白茶”制作技艺正式入选第三批国家级非物质文化遗产保护名录，“福鼎白茶”地理标志证明商标获福建省首届“十佳地理标志商标”称号。2015 年全市茶叶类驰名商标达 10 件，居全省第一位，形成以“坦洋工夫”“福

白茶日光萎凋（陈兴华/摄）

鼎白茶”“天山绿茶”3件公共品牌驰名商标为主，企业自主品牌为辅的茶产业集群。全市市级以上茶叶龙头企业135家，其中省级18家。全市9个县（市、区）中有蕉城、福安、福鼎、寿宁、周宁等超过半数县（市、区）获得年度“全国重点产茶县”称号，寿宁获得年度“中国茶叶行业十大生态县”称号，福安市再获“全国绿色食品原料（茶叶）标准化生产基地”称号。是年7月20日，由设在福鼎市的国家标准化管理委员会白茶工作组牵头制定的国家标准《紧压白茶》（GB/T31751—2015）获批发布。10月22日，“宁德市国家级出口茶叶质量安全示范区”获批。2017年，福鼎白茶文化系统入选农业部第四批中国重要农业文化遗产名单，成为福建省第三个入选该文化遗产名录的项目。在2017中国茶叶企业产品品牌价值排行榜中，宁德茶叶企业产品品牌价值在1亿元以上的企业有9家。“福鼎白茶”被评为“中国十大优秀茶叶区域公用品牌”，排名第一。2018年，“福鼎

白茶”“坦洋工夫”“天山绿茶”分别以38.3亿元、28.0亿元和16.7亿元的价值位列中国茶叶区域公用品牌价值百强榜的第四名、第11名和第42名，“福鼎白茶”位居最具品牌带动力的三大品牌之首。寿宁县下党乡以植入消费式扶贫理念，推出中国首个扶贫定制茶园，模式做法被列入国务院扶贫办精选推广的12个典型案例，获全国脱贫攻坚组织创新奖。2019年，“福鼎白茶”以45.0亿元的品牌价值，列“2019中国茶叶区域公用品牌价值十强”第四位，被授予“最具品牌带动力”“最具品牌经营力”品牌称号，“福鼎白茶”文化系统入围第二批中国全球重要农业文化遗产预备名单。2020年，“福鼎白茶”“坦洋工夫”“天山绿茶”入选“2020中国茶叶区域公用品牌价值百强”，分别列第四位、第15位和第46位；“福鼎白茶”“坦洋工夫”入选首批中欧地理标志协定保护名录；“品品香”“新坦洋”“鼎白”“绿雪芽”“笑二牌绿茶”入选“福建名牌农产品”；“坦洋工夫”“福鼎白茶”“寿宁高山茶”入选“福建十大农产品区域公用品牌”；坦洋工夫红茶技艺入选“第五批国家级非遗代表性项目名录推荐项目名单”。2021年，福安、福鼎、蕉城、寿宁被评为“2021年度全国茶业百强县”，福鼎被评为“2021年度科技兴茶富民典型县域”“2021年度区域特色美丽茶乡”，柘荣县获“中国高山白茶之乡”称号。2022年，宁德市茶园面积108.5万亩，其中采摘面积95.8万亩，新种植面积4.7万亩。全市毛茶产量12.7万吨，其中绿茶4.3万吨，红茶2.6万吨，白茶5.5万吨，青茶0.2万吨。全市毛茶产值48.4亿元。

菇乡菌都　闽东气候温润，森林资源丰富，具备发展食用菌生产的优势。境内有真菌类上百种，已被较大规模开发利用的有银耳、香菇、蘑菇、木耳、草菇、金针菇、凤尾菇、茯苓、竹荪、猴头菇、灵芝、姬松茸、茶薪菇、杏鲍菇、鸡腿菇、秀珍菇、大球盖、平菇、滑菇、真姬菇、黑皮鸡枞、鹿茸菇、羊肚菌、白茹菇、长根菇等30多种，蘑菇、香菇、草菇、金针菇等曾经是出口创汇的食用菌品种。历史上境内有少数品种进行零星的人工栽培，草菇和香菇生产历史较为悠久，宁德金涵乡米筛坪等自然村在清代即以人工堆积稻秆辅以米泔水搅拌人粪发酵等方法零星栽培草菇。境内香菇传统的栽培方法为伐木“砍花”，承受天然孢子长菇，翌年摘收，其栽培方法需林木资源大，且产量低效益差。

1958年，福安开始尝试从上海引进蘑菇菌种和栽培技术，用马粪和麦秆为原材料，采用箱式培植实验。1965年，福安农校开始银耳瓶栽试验，进而用段木进行人工栽培试验。是年，古田横洋村民从尤溪引进草菇菌种用稻草栽培草菇，古田、屏南、寿宁等县从上海引进香菇纯菌种接入段木栽培获得成功，产量明显提高。此后，推广全区各县。1970年，宁德地区外贸局引进木屑压块室内栽培香菇技术。1971年，福安、寿宁、古田、屏南等地开始推广段木人工接种栽培银耳，成效明显。霞浦三沙渔业公司开始生产出口蘑菇罐头，蘑菇生产由霞浦辐射带动福安、宁德等沿海县。1973年后，蘑菇生产逐渐扩展到全区，由各县供销社统一收购，送到罐头厂加工罐头出口。1975年，宁德、福安政府先后投资兴建蘑菇罐头加工厂，蘑菇罐头成为全区大宗出口创汇产品。1978年，宁德地区蘑菇办引进明火加蒸汽二次发酵技术栽培蘑菇。1979年，古田吉巷农民戴维浩木屑袋栽培试验银耳成功。1980年，古田县银耳产量达104吨，比上年增长15倍，占全国银耳总产量的80%。福安首试室外塑料棚栽培蘑菇技术，并筛选出“8211”蘑菇菌株，单产提高34.6%，该技术获国家科技进步奖三等奖。同年，古田试种室内木屑袋栽香菇初获成功。1982年，古田大甲农民彭兆旺木屑袋栽香菇成功，产量比室内袋栽增加两成多，比段木栽培法提高3倍多，生产周期短2/3，香菇生产取得新突破，迅速在全区各县推广，香菇生产由此快速发展。1983年，宁德地区农校木屑栽培猴头菇试验成功，并选育优质高产菌株。是年，古田引进棉籽壳试种银耳成功。1984年，古田谢德松等进行田间栽培竹荪成功，并选育出“D-36”“D-L01”“古优D-1”优良菌株。1986年，宁德地区外贸局、蘑菇办利用香菇栽培产季结束的菇棚闲置期，用于段木栽培黑木耳。1987年，室外袋栽香菇大规模推广，全区种植香菇1.2亿袋，产鲜菇6万吨，产值3亿多元，相当于全区国有企业的工业总产。是年，全区食用菌产值超过茶产业，仅次渔业，成为农业三大支柱产业之一，拥有制种户1000多户，香菇、银耳烘干厂（场）1000多家，食用菌生产、烘干机械制造厂60多家，食用菌民营研究所12家。屏南选育出“屏优1号”草菇新菌株，比原主栽菌株增产40%。1988年，屏南县推广反季节栽培香菇技术，周年生产香菇1亿袋，产值2亿元，该技术获省科技进步奖三等奖。1989年，全区蘑菇种植达801.7万平方米，产量达3.1万吨，创历史新高。同年，古田县建设全国第一个食用菌专业市场。1991

1990年，建成的古田县食用菌市场

年，寿宁、屏南县推广花菇栽培技术，是年，全区栽培香菇2亿袋，产值6亿元，该技术获省科技进步奖三等奖。1993年，福鼎县推广明火加温发酵，使用“福菇肽”增产剂等标准化、规范化栽培管理技术。屏南县大面积推广香菇反季节栽培。是年，古田杉洋镇杉洋村兴办东宝食品厂，以银耳拌白砂糖，制成快餐银耳，销往福州、浙江等地。1994年，古田县利用银耳废菌料再栽培金针菇获得成功，生物转化率达80%。福鼎县率先推广无粪栽培蘑菇技术。1995年，福鼎县利用冬闲田栽培“田蘑菇”取得成功。是年，中国特产之乡命名委员会授予屏南县“中国夏香菇之乡”、寿宁县“中国花菇之乡”称号，古田县组织编写的《香菇质量标准》经过评审，成为全省地方标准。1996年，寿宁县科技局的“寿宁花菇人工调控促形成花菇技术研究”获省级科技进步奖二等奖。1997年，由于蘑菇罐头出口受阻，价格低迷，全区三大出口罐头厂（福安罐头厂、宁德罐头厂、福建省三沙渔业罐头厂）陆续减产或停产。1998年，古田吉巷乡杨千登引进地栽香菇试种成功。古田、屏南县引进茶薪菇、杏鲍菇、滑菇试种成功。1999年，宁德地区食用菌站引进长根菇等珍稀食用菌试验成功、引进台湾药物保鲜配方，使用日本进口专用保鲜膜，进行蘑菇小包装，主要销往深圳和香港。全区拥有各类保鲜厂、烘干厂、盐渍厂3000多家，冷藏车300多辆。

进入21世纪，全市食用菌品种更加多样化、规模化，生产更加标准化、现代化。2000年，古田选育出“9901”纯白色银耳新菌株。是年，屏南县棠口镇仕洋村、甘棠乡下山登村尝试用食用菌的废菌料栽培鸡腿菇成功。2001年，国家质量监督总局授予“古田银耳”地理标志证明商标。是年，古田县、屏南县推广茶薪菇3000万袋，产值7000多万元，参与省食用菌总站主持的“茶薪菇高产优质栽培技术推广”项目，获农业部全国农牧渔业丰收奖二等奖。宁德市食用菌管理站引进棕色蘑菇在蕉城区飞鸾浦岭村栽培5555.6平方米。古田县筛选出银耳Tr01、Tr21优良菌株在全县示范推广，引进姬菇、白灵菇泮洋乡后山村试种成功。屏南熟料袋栽草菇推广272万袋，产量498吨。2002年，宁德市食用菌管理站引进台湾秀珍菇品种，进行设施化栽培20万袋。古田引进金福菇、银盘菇在松吉乡局下村试种成功、开展南方黑木耳配套栽培技术研究，在卓洋、大桥、吉巷等乡（镇）示范栽培40万筒。是年，古田制定"古田银耳"国家标准。2003年，宁德市食用菌管理站从浙江省江山县引进白色金针菇品种在蕉城区飞鸾浦岭村栽培10万袋。宁德师范学院在生物技术专业开设"食用菌栽培学"专业课。同年，福建省古田食用菌批发市场建成投入使用，占地面积4.8万平方米，建筑面积3.4万平方米，被农业部确定为"定点市场"。2004年，创办占地面积960平方米的中国·古田食用菌博物馆，是国内唯一以食用菌命名的专业性与综合性相结合的博物馆。是年，周宁县引进省科技人员成立盛春食用菌开发公司，在李墩镇际会村创建闽东第一家工厂化栽培白色金针菇，日生产规模5000袋。2005年，古田食用菌市场被农业部指定为全国食用菌批发定点市场。2006年，古田县"银耳绿色食品标准研究及示范"项目获省科技进步奖二等奖。古田县组团赴京参加"第二届中国食用菌烹饪大赛"，获团体金奖。2007年，古田县被列为全省唯一一个食用菌菌政管理试点县，被中国食用菌协会评为"小蘑菇新农村建设"优秀示范县，并授予"中国食用菌之都"的称号。是年，古田闽联食品有限公司"食用菌糟制即食品"获评国家发明专利。古田承办国际食药用菌生物科学高峰论坛暨第二届中国（古田）食用菌节。2008年，经国家标准化管理委员会批准在古田县成立全国银耳标准化工作组（SAC/SWG9），负责银耳等领域的国家标准制修订工作，已发布实施17项标准，其中国家标准9项，地方标准6项，团体标准2项。

是年，宁德市第二届人民代表大会常务委员会第十五次会议通过促进食用菌产业可持续发展决议，市级财政每年支持食用菌产业发展资金100万元。宁德金海西食用菌有限公司在蕉城漳湾增坂村建设国内第一家蘑菇工厂化生产，占地面积20亩。2009年，屏南健神灵芝示范基地获得了GAP认证证书。2012年，福建正茸农业发展有限公司在平湖赖墩村建设杏鲍菇、白灵菇工厂化生产，引进韩国瓶栽生产线、日本先进液体菌种生产线与配备“注篮”“吹瓶”及瓶盖生产线，占地73亩，年产鲜杏鲍菇5000吨、白灵菇1000吨。古田县在城西街道枣坪村筹坑推广茯苓栽培技术。古田县州洋农业科技有限公司“冠洋牌”银耳干品获绿色食品证书、古田县顺达食品有限公司鲜香菇、香菇、金钱菇产品获有机产品认证证书。古田县吉发食用菌有限公司“吉尔发牌银耳”与古田县顺达食品有限公司“湖心泉+HuXinQuan牌银耳”被福建省人民政府授予“2011年福建名牌产品”称号。2014年，古田县政府和福建农林大学合作组建福建农林大学（古田）菌业研究院。古田银耳成为福建省第一个在天津渤海商品交易所上市的农产品，其交易代码为C20005。2015年，猴头菇在渤海商品交易所上市。古田县建立出口备案基地74个，面积5453.6亩，涉及香菇、银耳、黑木耳、杏鲍菇等9个品种。屏南县建设长桥镇半圳千亩茶树菇标准化产业园。福安从四川和湖北等地引进羊肚菌菌种在松罗、坂中，晓阳、康厝等乡镇试验示范30亩。2016年，福建农林大学（古田）菌物研究院选育的闽真2号真姬菇新菌株获省科技进步奖三等奖。是年，古田县新认证“无公害”产品5家，有机产品1家及GAP认证2家。福安在城阳洋面村、康厝彭洋村、下白石镇开展葡萄仿生态园套种竹荪100亩，松罗乡尤沃、赤溪等村发展葡萄园套种羊肚菌300亩。2017年，省农业厅批准古田县创建现代食用菌产业园。2018年，屏南引进引黑皮鸡枞在长桥镇、甘棠乡、代溪镇示范栽培50万袋。2019年，全市食用菌电子商务和民富商城网络年销售额突破10亿元。2022年，全市食用菌产量21.8万吨（干鲜混合），比上年增长5.6%，产值76.5亿元。省级优质农产品标准化示范基地8家，标准化栽培949.5万袋，示范带动规模1065万袋。建设宁德市优势食用菌提效专项，加大督促与指导力度，在标准化生产提升、良种繁育提升、科研能力提升、产业服务提升及实施品牌文化提升等五大工程方面的23个项目，总投资55.6亿元，完成年度投资10.7亿元。食用菌市级"菜篮子"基地有3个，栽培香菇、银耳、茶薪菇1033万余袋。12月30日，银耳新品种"福银雪耳"和"福银黄耳"通过福建省非主要农作物品种认定。20世纪70年代以来，宁德食用菌鲜菇产量、产值一直居全省第一。有3万多户食用菌营销个体户分布在全国各地，可谓"哪里有食用菌，哪里就有闽东人"。

大黄鱼之乡　大黄鱼俗称黄瓜鱼，是闽东沿海渔民传统捕捞鱼类品种之一。历史上，三都澳官井洋大黄鱼资源丰富，产量大宗。每年春夏之交，大黄鱼成群结队从深海区洄游官井洋产卵，尔后分散在沿岸海域索饵。清邑人张彦俦《官井捕鱼说》记载："大黄鱼汛期，仅官井洋的作业船就达千余艘。"民国时期，常年产量200吨以上，多数运销外地市场。闽东渔场传统一年有四汛，春汛3—6月，夏汛7—9月，秋汛10—11月，冬汛12月至翌年2月。大黄鱼为春、冬汛的主要捕捞鱼类品种之一，以春汛为主。20世纪中上叶，闽东渔场渔汛以官井洋黄瓜鱼渔汛最为繁忙，每年5—6月（农历立夏至夏至间），大黄鱼自南向北洄游，进入官井洋产卵，形成渔汛。汛期一到，闽东沿海各县渔民纷纷驾船集结官井洋，用缯、用钓、用围（瓜对）捕捞大黄鱼，热闹非凡。50—60年代，是官井洋黄瓜鱼渔汛鼎盛阶段。据1957年统计资料，官井洋黄瓜鱼春汛期间，全区沿海4个县6个区27个乡，共投入黄瓜鱼对船200对（单张网27对、双张网 193 对），大小渔船 440 艘，直接从事生产渔民 2474 人，全汛共捕获黄瓜鱼 368.5 吨，产值 12.4 万元。1958 年，霞浦大黄鱼被列为外贸出口商品。1962 年，滥行敲䑩作业后，捕捞量猛升为 8429 吨，禁敲䑩作业后常年产量为 2000 吨～ 4500 吨。60 年代后期至 70 年代，官井洋大黄鱼资源逐步衰减，国家为保护大黄鱼资源，下令禁止汛期捕捞，官井洋大黄鱼汛期的繁忙景象也随之结束。70 年代中后期，沿海渔民在海上开展民间对台小额贸易，以大黄鱼与台湾船（渔）民串换实物或直接进行鱼、钞交易。80 年代中期后，大黄鱼资源明显衰竭，年捕捞量不足 200 吨。1985 年起，闽东水产科研人员便开展大黄鱼人工繁育研究。1989 年，大黄鱼全人工育苗技术获得突破，宁德市开展网箱大黄鱼试养，获得成功并逐步推广。1993 年，宁德地区已基本实现大黄鱼规模化人工育苗，由此闽东大黄鱼养殖开始迅猛发展。1996 年，“大黄鱼人工繁殖与育苗技术研究”项目获得农业部科学技术进步奖三等奖。“九五”时期，大黄鱼育苗技术日趋成熟和完善，育苗规模迅速扩大，为大规模人工养殖奠定坚实基础，全区大黄鱼养殖产量呈几何级数增长。1997 年 12 月，宁德市举办首届大黄鱼招商节，打响宁德大黄鱼品牌。2000 年，宁德市大黄鱼育苗场达到 393 家，年培育全长 3 厘米的大黄鱼鱼苗 3 亿多尾。同年，为保护大黄鱼种质资源，农业部下达“福建省官井洋大黄鱼原种场”重点建设项目，大黄鱼种质保护正式启动。宁德市开始实施农业部“大黄鱼池塘健康养殖技术渔业丰收计划”“大黄鱼产业化关键技术研究”等重大科技项目，解决了优质苗种繁育、集约化养殖模式、饲料营养、病害防治等一系列产业化关键技术问题。是年，全市形成土池养殖 1 万亩、海水养殖网箱 20 万口，产量 3.4 万吨，产值 10 亿元的大黄鱼产业化规模，已成为全国最大的大黄鱼网箱养殖基地。“十五”时期，宁德市先后制定福建省地方标准《大黄鱼 标准综合体》

1997 年 12 月，中国闽东大黄鱼节开幕（宋春晖 / 摄）

（DB35/T 159.1 ～ 159.6—2001）和国家农业行业标准《无公害食品 大黄鱼养殖技术规范》（NY/T 5061—2002），为实施大黄鱼养殖标准化打下基础。宁德大黄鱼被农业部列为全国八大优势出口养殖水产品之一。2005 年，全市大黄鱼种苗繁育达 7 亿多尾，大黄鱼养殖网箱 30 多万箱，养殖产量 4.4 万吨，大黄鱼养殖加工企业 20 多家，大黄鱼产值 16 亿元，带动 20 万人就业，成为闽东农业和农村农民群众脱贫致富的支柱产业。此后，随着大黄鱼养殖规模的不断扩大，大黄鱼品牌建设和龙头企业发展不断加快，产品加工和出口创汇迅速增长。同时，大黄鱼种质资源与生态环境保护不断得到加强。2008 年，蕉城区获“中国大黄鱼之乡”称号。2011 年 3 月 24 日，省人大常委会会议通过《官井洋大黄鱼繁殖保护区管理规定修正案》。2012 年，“宁德大黄鱼”获得国家地理标志证明商标注册证书。6 月 14 日，在官井洋大黄鱼繁殖保护区开展增殖放流共计 107.1 万尾。2013 年，全市大黄鱼网箱养殖数量达 29.4 万口，大黄鱼养殖产量 7.3 万吨，产值 30 亿元，居全国首位。“宁德大黄鱼”被列入全省十大渔业品牌。是年，在三都湾保护区内放流大黄鱼苗 130 万尾。2014 年，蕉城区大黄鱼产业园区建设启动。2015 年，全市大黄鱼产量 10.4 万吨，占全国的 80% 以上。是年，福鼎海鸥水产获批建设大黄鱼育种国家重点实验室，为宁德市企业首次获批国家重点实验室。2016 年，“宁德大黄鱼”获得中国驰名商标称号。此外，以大黄鱼加工为主的企业产品累计还有 8 个获得中国驰名商标称号。2019 年，宁德市被授予“中国大黄鱼之都”称号。2022 年，全市大黄鱼养殖产量 194856 吨，约占全国大黄鱼养殖产量的 90.5%，产值达 88.8 亿元。宁德大黄鱼入选农业品牌精品培育名录；宁德市大黄鱼“富发 1 号”入选农业农村部新品种；霞浦县被授予“中国生态大黄鱼之乡”区域特色品牌称号。宁德市制定发布实施《大黄鱼》《大黄鱼人工繁殖技术规范》等标准 19 项，其中国家标准 1 项，行业标准 1 项，地方标准 12 项。

工　业

工业发展　中华人民共和国成立前，闽东工业极端微弱，区内无上规模的工业企业，生产设施陈旧简陋。中华人民共和国成立之后，经过国民经济恢复时期和“一五”时期，宁德工业在艰难中起步，有步骤地建立国营集体工业生产体系，民间手工业和家庭作坊得到恢复，以茶叶、造纸、饮料酒等主要产品为主的轻工业和以电力、机械等主要产品为主的重工业都得到较大发展。1956 年，全区基本完成对私营企业的社会主义改造。1957 年，工业总产值 5229 万元，比 1950 年增长 304.7%，每年递增 17.3%。“二五”时期，受“大跃进”以及“以钢为纲”全民大办钢铁的方针影响，国民经济比例严重失调，大批冶金企业的盲目上马，使工业企业数由 1957 年的 441 家激增至 1958 年的 15667 家，重工业比重由 1957 年的 23.4% 迅猛提高到 1958 年的 35.4%。其间，宁德第一家电机电器企业——闽东电机厂在福安建成，第一台 2.8 千瓦 JQ 型电机仿制成功。但由于这种做法建立在比例失调的基础上以及受自然灾害影响，工业总产值从 1960 年的 1.3 亿元骤减至 1962 年的 6922 万元，工业生产出现中华人民共和国成立以来第一个减退阶段。1963—1965 年，继续落实“调整、巩固、充实、提高”的方针，工业生产直到 1965 年才出现回升势头。1966—1976 年，受“文化大革命”冲击，工业生产再次遭受破坏，1966—1968 年工业生产出现了第二次减退的局面，1968 年的工业总产值比 1966 年下降 11.1%。1970 年以来，随着地区行署机关迁至宁德，一批地属工厂相继开办，闽东水电站、宁德大泽溪水电站等一批中小型水电站的建成，壮大了区域工业的产业规模，工业生产得到一定发展。但由于工业管理体制上的弊端，产品创新受限，特别是闽东地处沿海边防，国家投资布点的项目几乎空白，导致工业发展增速缓慢，平均每年递增 10.0%。

改革开放以来，宁德在工业发展方针上改变过去只有公有制单轨运行战略，实行国营、集体、乡镇、“三资”和私营（个体）五个轮子驱动，全市国民经济从依赖农业发展逐步转为依托工业增长，工业的贡献逐步加大，工业经济进入规模化集聚的飞速发展期。1979—2008 年 30 年间创造的总产值之和是前 30 年的 122.8 倍。从发展速度看，“六五”“七五”“八五”“九五”“十五”和“十一五”前三年，年均增长速度分别达到 9.5%、13.1%、39.9%、12.4%、16.8% 和 27.3%，改革开放 30 年年均增长率达 18.1%。2000 年 7 月，福建闽东电力股份有限公司在深圳证交所正式挂牌上市，是宁德市唯一的国有上市企业；2003 年 12 月，福建大唐国际宁德发电有限责任公司成立，是落户宁德市的首家中央企业；2007 年，电机电器产业产值突破百亿，是宁德市首个百亿产业集群；2008 年 3 月，引进宁德新能源科技有限公司；2010 年，宁德工业总产值跃上千亿级别；2011

年 12 月，宁德时代新能源科技股份有限公司成立；2012 年，电机电器、食品加工、冶金、合成革等产业实现规模以上产值超过 200 亿元，初步形成电机电器、食品、新能源、船舶修造、建材、生物医药、化工、冶金、皮塑、新材料等 10 多个重点产业为主要支撑的工业产业体系。

党的十八大以来，是宁德工业经济实现质的稳步提升和量的快速增长的关键十年，工业综合实力和发展质效迈上新台阶。2013 年，规模以上工业总产值突破两千亿元；2015 年，引进中铜东南铜业公司，宁德市规模以上工业总产值突破三千亿元；2017 年，因产业结构调整，关停石板材企业 258 家，取缔地条钢企业 18 家，化解钢铁产能 400 多万吨，当年工业增加值增速降至 2.1%，工业占比降到 40.3%，为近年最低值；2018—2022 年，规模以上工业增加值增速连续 4 年全省第一，工业对全市地区生产总值的贡献率基本保持在 45% 以上，成为拉动全市经济增长的主要动力。2018 年，引进上海汽车集团股份有限公司乘用车福建分公司，宁德时代被评为国家级制造业单项冠军企业；2019 年，宁德新能源科技有限公司获评国家级绿色工厂；2020 年，国内外经济环境复杂变化，宁德是全省唯一连续四个季度均实现正增长的地市。2022 年，宁德市成功入选全国首批产业链供应链生态系统建设试点城市，被列入工业稳增长和转型升级成效明显名单。

四大主导产业

锂电新能源　2008 年 3 月，宁德新能源科技有限公司（ATL）注册成立。作为改革开放 30 年来最大的引资项目及高科技企业项目，落地东侨工业集中区，锂电新能源产业由此在宁德迅猛发展。2011 年 8 月，宁德新能源科技有限公司的一期 500 亩主体工程厂房投产；

锂电新能源产业基地

同年，宁德时代新能源科技股份有限公司（CATL）成立，参与当时全球最大的风光储输新能源综合利用平台——张北储能项目。2012年，新能源科技累计出货超过10亿颗电芯，聚合物锂电池出货量全球第一；同年宁德时代与德国宝马集团开展战略合作，进一步提升电池的生产和检测水平。2013年，宁德时代为全球最大客车厂宇通开发客车动力电池，建成青海生产基地。2014年，新能源科技获评国家火炬计划重点高新技术企业，积累近十年的快充技术在智能手机领域得到广泛应用。2015年，宁德时代收购邦普循环，布局电池回收和再生产业链，全球出货量排名全球第三。2016年，宁德时代新能源院士专家工作站揭牌成立，颁授宁德博士后科研工作站。2017年，宁德时代动力电池系统销量全球第一。2018年，宁德时代在深交所挂牌上市，启动建设首个海外生产基地（德国）。2019年，新能源科技入选国家级制造业单项冠军示范企业，累计出货50亿颗电芯。2020年，宁德时代参与中国规模最大的电网侧站房式电池储能电站——晋江百兆瓦时级储能电站的建设，成立21C创新实验室。2021年，锂电新能源产业成为宁德市第二个千亿产业集群，宁德时代入选全球“灯塔工厂”，成为首支突破万亿市值的创业板个股。2022 年，宁德市锂电新能源产业已建在建电池总产能达 330 吉瓦时，蕉城时代、福鼎时代一期等一批龙头项目建成投产。青美新能源一期、福鼎凯欣一期、国泰华荣二期、宁德邦普一期等配套项目建成投产，新增在建、投产配套项目 35 个。消费类电池、动力电池、储能电池市场占有率分别连续 11 年、6 年、2 年保持全球第一。锂电新能源产业完成规模以上工业产值 2756 亿元，规模以上工业增加值增长 44.3%，动力电池产业集群入选国家先进制造业集群。

不锈钢新材料　“十一五”时期，随着高铁、高速、大型港口等基础设施的完善，宁德紧紧抓住沿海发达地区产业转移的历史机遇，着力实施大项目带动战略，重点承接国内外冶金、石化、重型机械装备等大型冶金重化产业转移，并扶持发展一批与之相配套的中下游企业，延伸有色金属深加工产业链。2008 年，鼎信实业成立，独创全球 RKEF+AOD 双联法不锈钢冶炼新工艺技术，使不锈钢冶炼成本降低 20%。2010 年，成立青拓物流公司。2011 年，成立鼎信科技、青拓镍业。2012 年，成立青拓设备公司。2013 年，宁德市人民政府编制完成《宁德市冶金新材料及深度加工发展规划（2013—2020）》。规划提出打造全国重要的冶金新材料及深度加工生产基地、全国重要的冶金新材料贸易中心、海西冶金新材料产业研发中心的“一基地、两中心”目标定位和高端化、链条化宁德“千亿产业集群”发展目标，宁德不锈钢产业乘势而起。2014 年，成立青拓实业，鼎信科技正式投产，青拓设备公司印尼项目部第一批员工出境建设印尼青山园区。2015 年，青拓冶金新材料研究院成立。2016 年，青拓集团被评为福建省级企业技术中心，成立青拓上克。2017 年，青拓集团被评为福建省级观光工厂。2018 年，青拓集团产值突破千亿元，成为福建首个年产值超千亿元的制造业民企，全球首发高氮节镍奥氏体不锈钢 QN1803，其耐腐蚀性好于常规 304 不锈钢，镍含量下降 60%，成本

冶金新材料产业——青拓集团营运中心全景

降低 20%。该产业成为宁德市首个千亿产业集群。2019 年，福建青拓特钢技术研究有限公司牵头组建的福建省不锈钢产业创新中心（试点）获批，福安市湾坞工贸集中区获批福建省第八批新型工业化产业示范基地（不锈钢新材料），成立青拓冷轧科技公司。同年，周宁县不锈钢深加工产业园实现“当年引进、当年谈判签约、当年要素保障到位、当年动工建设”目标。2020 年，青拓集团获评福建省高性能氮合金化不锈钢工程研究中心，成功研发笔尖钢材料 QF24Sn。不锈钢新材料产业实现产值 1217 亿元，宁德已成为全球最大不锈钢生产基地。2021 年，宁德市实现不锈钢 200 系、300 系、400 系、双相不锈钢以及高耐蚀高强度含氮奥氏体不锈钢 QN 系列产品全覆盖，研发水平行业领先，先后主导制定多项不锈钢技术标准，研发“手撕钢”，试制并批量生产笔尖钢、全球首发高氮高耐蚀高强度节镍奥氏体不锈钢 304D 等高新技术产品。2022 年，青拓新材料高性能不锈钢、青拓实业 1780 毫米热连轧、宏旺冷轧扩建等 11 个项目加快建设，宏泰不锈钢无缝管等 7 个项目建成投产。新材料（不锈钢）·福建福安湾坞不锈钢新材料产业园入选国家新型工业化产业示范基地。不锈钢新材料产业完成规模以上工业产值 1921 亿元，规模以上工业增加值增长 13.5%。

新能源汽车 上汽集团乘用车宁德基地项目（以下简称上汽宁德基地），是宁德市签约引进的全市唯一整车项目和福建省设计产能最大新能源乘用车生产项目。2018 年 3 月 23 日，项目签约落地，选址宁德三屿园区，总用地约 6800 亩，项目分两期建设，一期总投资约 50 亿元，达产年产能 24 万辆，预留二期同样规模产能。该基地具备整车生产的冲压、焊接、涂装、总装等完整的四大工艺，其主机厂车身车间、油漆车间设备自动化率超过 99%，主要生产荣威、名爵等品牌的新能源和传统能源乘用车，同时进驻 30 多家配套供应商企业，涵盖排气系统、空调系统、底盘车架、轮胎总成、电池组装、整车线束、座椅系统、仪表中控、软饰系统、车身小分拼、冲压件等整车零部件产品，涉及零部件占整辆车体积的 80%。同年 4 月 28 日，基

2018 年 12 月 3 日，上汽建设项目施工现场（王志凌 / 摄）

地正式动工建设，创造了从开工到竣工仅用17个月的“宁德速度”。2019年6月28日，首台通线车下线；9月28日项目建成竣工，一级配套商项目和汽车物流项目与上汽宁德基地主机厂同步建成投产，在全国首次实现整车项目、供应商园区项目和物流配套项目同步规划、同步建设、同步投产。2020年，上汽宁德基地项目加快推进，新能源汽车新车型开始落地量产，全年产量5.1万辆，实现增加值增长5倍。2021年，宁德市生产车辆22.8万辆（含KD件），实现产值215亿元，新导入MG ONE、MG 5等2款新车型，新增宁德钧达、扬州盛世等4家一级供应商。2022年，产业完成规模以上产值286亿元，规模以上工业增加值增长33.3%，生产车辆26.2万辆（含KD件），首款全球车在20多个国家同步上市；青拓矿卡一期开工建设，填补新能源重卡生产空白。

铜材料 中铜40万吨铜冶炼基地项目是福建省与中铝集团“十三五”战略合作重点项目，设计规模为年产阴极铜40万吨、硫酸146万吨，年处理铜精矿量约180万吨，采用富氧强化熔炼技术，工艺先进且稳妥可靠，环保效果好，节能低耗，生产效率和自动化程度高。2016年9月2日，正式开工；2018年6月30日，项目点火试车，10月建成投产，当年实现产值超25亿元；2019年，实现达产达标，首批工业硫酸产品进入国际市场，实现中铝集团和福建省工业硫酸外贸出口“零”的突破。以中铜东南铜业为龙头，宁德市先后引进落地正威铜基材料、福浦铜铝加工、嘉元科技铜箔等一批产业链项目，打造集铜精矿贸易、铜冶炼、循环经济、精深加工于一体的产业集群。2020年，铜材料产业增加值比上年增长28.5%。2021年，中铜东南铜业“大型铜冶炼厂工艺关键技术研究与应用”项目获中国有色金属工业科学技术奖一等奖。2022年，阴极铜产品先后获得上海期货交易所、伦敦金属交易所（LME）“双牌照”，取得进入国内国际期货市场通行证。铜材料产业完成规模以上工业产值 268 亿元，规模以上工业增加值下降 10%。

除四大主导产业外，宁德市还有电机电器、食品加工、合成革、冶金特钢、生物医药等传统产业。

2022 年，电机电器产业有规模以上工业企业 250 家，主要分布在福安、福鼎、东侨等地，是宁德市首个百亿产业集群，产品类型有中小型电机、按摩器、化油器，重点发展高效节能电机、伺服电机、新能源车用电机、智能按摩器械、智能发电机、通用机整机、新型化油器以及系统集成等产品；食品加工产业有规模以上工业企业 294 家，形成以水产品加工、茶叶加工和食用菌加工为主，粮食食品、果蔬食品、肉制品、酿酒、中药材、休闲食品、矿泉水饮料及特色农副产品（山茶油、蜂蜜、竹笋）等多种加工为辅的食品产业体系；合成

中铜东南铜业厂区全景

革产业有规模以上工业企业 58 家，主要分布在福鼎和霞浦，产品主要有 PU、半 PU、干式 PU、压延等四大系列数千个品种，广泛应用于制鞋、服装、箱包、家具、体育用品、汽车装饰、国防军工、航空航天等领域；冶金特钢产业有规模以上工业企业 160 家，集中分布在福安、福鼎、周宁和寿宁，产品类型有车用板钢、中厚宽板、优质型钢、螺纹钢、模具钢、轴承钢、氧化锆、泵阀铸件、不锈钢阀门铸件、特种重型模锻钢铸锻件、矿山机械铸钢件、稀土永磁材料等；生物医药产业有规模以上工业企业 15 家，主要分布在柘荣、古田、东侨等地，产品涵盖冻干粉针剂、片剂、中药饮片、中成药、兽药、保健食品、防护物资等系列数百种产品，并有上下游原料药、药用明胶、药包材等配套生产企业。

商 贸 业

商　业　区内的纺织品经营在清乾隆之前就已开始，经营的主要品种有绫、纱、绸、绢、苎布、麻布、葛布、棉布、丝布等。清乾隆二十七年（1762 年），区内共有街市 48 处。清乾隆、嘉庆年间（1736—1820 年），区内有经营百货商品的日用杂货市场。清光绪二十四年（1898 年）三都澳开埠后，逐渐出现以经营针纺织品和日用百货为主的百货商店。民国初期，区内私营商业经营的行业品种有小百货、布匹、鞋、茶、糖烟酒等 22 种。1937 年，全区私营商业行业增至 28 种，私营商店 7118 家。1938 年，从福海关进入闽东市场的布匹达 6024 匹，大多从福州、上海、杭州、苏州、香港等地进货。1949 年 10 月，成立福安贸易公司，为全区第一家国营商业机构，经营范围为粮食、木材、茶叶、土特产品、日用工业品、针棉织品、食品、副食品等类商品。1950 年，福安专区有私营商业（含饮食业、服务业）8690户，从业人员13682人，资本总额166万元，国营商业社会商品零售额为89.3万元，仅占全区社会商品零售总额的3.7%。1952年，全区国营商业逐步实现专业化，成立粮食、土产、煤炭、百货、木材等省属公司的分公司或支公司，同时撤销福安贸易公司。经过对个体手工业、资本主义工商业的社会主义改造，私营商业户大幅度减少。1954年，国营商业部门对城乡居民的用布实行计划供应，采取定量凭证供应的办法。1955年，全区私营商业有5593户，比1953年减少42%，资本总额107.4万元。1956年，全区国营商业经营机构扩大延伸，陆续成立百货、文化用品、糖果糕点、针棉织品、食品、医药等专业公司和糖果糕点、针棉织品、食品杂货、中药材、贸易、五金、石油等办事处。全区国营商业网点195个，职工3596人，私营商业职工转为合作商业职工的有3266人，实行公私合营的职工有2238人。当年末，全区国营商业销售额2480.9万元，占全区社会商品零售总额的26.1%；合作商业销售额占社会商品零售总额的44.9%。纳入国家计划的公私合营商业的货源均由国营商业渠道调拨，国营商业成为闽东商品流通的主渠道。

1978年改革开放后，国营商业在商品流通中的主渠道地位逐渐下降，个体商业迅猛发展。1983年，全区个体商店1.3万户，占社会商业网点的76.1%。是年12月，全区取消布票，纺织品类敞开供应。与此同时，实行商业经济体制改革后，全区商品购销政策逐步放宽，以往单一的工业品统购包销形式转变为统购统销、计划收购、订购、选购等多种形式，社会商品货源逐渐充裕，物资品种日益丰富。收录音机、电风扇、缝纫机、电视机、洗衣机、电冰箱等耐用家电销售额猛增，国营商业家用电器类销售额大幅度上升。1987年，全区个体商业进一步发展至2.6万户，占全社会商业网点的82.3%，国营商业在商品流通中的主渠道地位逐步下降，在市场竞争的大潮中陷入困境。至 1992 年，全区商业系统有个体商业网点 22582 个，从业人员 31515 人；归口集体商业网点 3072 个，从业人员 8407 人；国营商业网点 711 个，从业人员 6811 人。全区社会商品零售总额 17.2 亿元，其中个体商业零售额 9.9 亿元，占全区社会商品零售总额的 50.7%。此后，随着计划经济向社会主义市场经济的全面转轨和国有商业企业产权制度改革向建立现代企业制度方向发展，全区逐步构建起国有、集体、个体、股份制、股份合作制、中外合资等多种经济成分共同发展、公平竞争的商品流通格局。

1993 年全区组织开展“市场建设年”活动后，一批具有一定规模和交易功能的有形商品市场相继建成投入运营，至 1998 年，全区拥有各类有形商品市场 174 个，总面积 43 万平方米，当年商品交易额 36.6 亿元。年交易额超亿元的市场有 6 个，其中福鼎闽浙边贸商城年交易额 8.0 亿元独占鳌头，获省“十佳文明市场”称号。1999 年，境内连锁超市、专卖店、总代理、总经销以及便利店、快餐店、特许经营、物资配送、电视直销、入户推销、拍卖、典当、邮购等新型流通业态和经营形式迅速发展，推动市场消费持续增长。彩色电视机、全自动洗衣机、大容量电冰箱、家用空调、燃气热水器等家电耐用品和摩托车、手机、电脑等交通通信生活用品成为市场消费新宠，消费已成为拉动经济持续增长的重要力量。2000 年，国内市场销售稳定增长。全年社会消费品零售总额 80.7 亿元。分行业看，批发零售贸易业零售额 54.8 亿元；餐饮业 9.0 亿元；制造业 1.7 亿元。市场建设得到加强，当年末全市拥有各类贸易网点 48295 个，其中批发贸易业 4187 个，零售贸易业 37100 个，餐饮业 7008 个。年末从业人员 11.7 万人，其中批发贸易业 2.1 万人，零售贸易业 7.8 万人，餐饮业 1.8 万人。“十五”时期，开拓以“黄金假日”为重点的旅游、教育、电脑、休闲、住宅等消费需求，培育新消费增长点，旅游、住宅消费带动了整个消费市场的发展。民营商贸流通企业快速发展，促进了全市商贸服务业保持快速增长，经营规模不断扩大，全市城乡市场持续繁荣稳定。2005 年，实现社会消费品零售总额 134.6 亿元。2006 年，宁德市出台《关于推动流通升级、扩大消费需求的若干鼓励措施》等政策文件，编制《宁德市商贸业“十一五”发展纲要》，推动全市商贸服务业继续快速发展，在改造提升商贸、餐饮、交通运输等传统服务业的同时，积极引进培育物流企业，建设特色专业市场，实施“万村千乡”市场工程，加快发展房地产、金融保险、广告会展、信息咨询等现代服务业，服务业在国民经济中的比重保持高位运行。食品、家电、金银珠宝、IT 产品、住房及装修装饰材料、家具和汽车等持续成为群众消费的热点。“968688”家政服务网络中心正式投入使用，并被商务部、财政部纳入福建省家政服务网络中心示范企业。2010 年，全市实现社会消费品零售总额 272.6 亿元。进入“十二五”时期后，宁德商贸服务业也进入全面发展新阶段。东方伟业沃尔玛购物广场、万达城市综合体、宝信商业广场、东侨中益家

繁华的城市综合体东侨财富广场

居博览中心、联信财富红星美凯龙家居广场、大润发商业综合体等一批知名商贸主体强势进入宁德商贸流通领域，极大地提升了全市商贸服务层次和水平。创建 7 个城市副食品省级调控示范基地，巩固和提升 22 个省级、52 个市级城市副食品调控基地。至 2012 年，累计建成“万村千乡市场工程”农家店 2643 家，覆盖全市乡镇及 70% 以上建制村。在限额以上企业商品零售额中，机电产品及设备类零售额比上年增长 9.8%，建筑及装潢材料类增长 36.9%，服装鞋帽针纺织品类增长 85.3%，粮油食品饮料烟酒类增长 40.1%，日用品类增长 56.7%，汽车类增长 35.7%。2015 年，宁德市各地出台扶持政策，培育发展限上商贸企业，新增限上批发和零售业、住宿和餐饮业企业 150 家，占年末限上商贸企业数的 25.4%。是年，全市社会消费品零售总额 569.3 亿元，比上年增长 13.2%，增幅居全省第四，连续 10 年保持两位数的增幅。2016 年起，通过举办地方特色商品展、特色美食节、休闲旅游节等消费促进活动和组织参加“闽货华夏行”“京东中国特产·宁德馆”等电子商务平台在线产品销售活动，持续推动“全国消费促进月”活动，实现促消费稳增长。2020 年，面对突如其来的新冠疫情对商贸市场和消费的影响，宁德市出台《促进商贸业提质增效六条措施》，促进消费回补和潜力释放，组织开展“消费季促消费”“全闽乐购”宁德促消费活动，发放普通消费券和乐购券 4166 万元，开展线上线下促消费活动 355 次，拉动消费 12 亿余元。2022 年，宁德市出台《进一步释放消费潜力促进商贸消费扶持恢复》等政策措施，通过举办“福见商旅·畅享宁德”“网上年货节”等系列促消费活动，提振消费市场信心。全市社会消费品零售总额 911.4 亿元，比上年增长 3.6%。高于全省平均水平 0.3 个百分点，居全省各设区市第五位。

餐饮服务业 民国以前，区内从事餐饮服务的摊、店多为小商贩经营。多分布在车站、码头、集市、戏院和交通道口。主要经营炒面、米粉、清汤面、扁肉、小排档等。1950 年，全区有私营饮食业 1080 户，从业人员 1270 人，资金 5.3 万元。有服务业 1059 户，从业人员 1415 人，资金 8.3 万元。服务行业主要有旅馆、理发、照相、洗染、修理业等。1954 年后，对私营经济进行社会主义改造，全区饭馆、食堂逐步由合作社经营。私营服务业减至 387 户 413 人，资金 1.8 万元。1956 年，各县陆续成立国营饮食服务公司。形成国营、公私合营、集体、个体多种经营方式并存的行业体系。当年全区饮食业营业额为 243.3 万元。1958 年，饮食业进行机构调整，全区饮食行业改由国营经营和集体经营。在“文化大革命”期间，批判所谓的资产阶级生活方式，一些服务项目被废除，如理发店不准为顾客烫发，照相馆规定“几不照”等，服务网点大量减少。1977 年，全区仅有各种服务行业 203 户，从业人员 1181 人。1978 年，全区饮食业零售额 697 万元。

改革开放后，全区饮食业服务业打破了国营独家经营的局面，逐步形成国营、集体、个体等多种经济成分并存的格局，国营餐饮服务企业开始实行多种形式的承包责任制，发展较快。1986 年，全区有服务网点 2149 个，从业人员 3742 人，其中国营服务业 51 个，人员 546 人；集体所有制服务业机构 121 个，人员 582 人；个体服务业机构 1977 个，人员 2619 人。1987 年，全区有各类餐饮网点 3020 个，从业人员 4249 人。90 年代，随着经济社会发展，新型服务行业和种类开始涌现，传统行业进行升级提质。家政与中介服务业、机动车与家电维修、美发洗浴、文化娱乐业、广告服务业等不断发展。1992 年，全区有饮食网点 3734 个，其中个体 3607 个，从业人员 6656 人，年营业额达 8815 万元；有服务业网点 3606 个，其中个体网点 3502 个，从业人员 5776 人。1993 年，全区餐饮服业营业网点 118 个，从业人员 1030 人，营业额 592 万元。1994 年起，全区各酒店经营管理采用国家旅游系统星级标准取代原商业部国家旅社标准，闽东大酒店成为全区首家三星级宾馆。随着商务、会议、旅游等逐年增多，星级宾馆、大酒店、大饭店不断涌现，餐饮业也迅速发展。1995 年，全区有商业系统饮食经营网点 49 家，独立核算餐饮企业 7 家，营业网点 5568 个，从业人员 13230 人；个体餐饮网点 5498 个，从业人员 12687 人。全区餐饮业实现社会消费品零售总额 32718 万元。随着中档层次的饮食店、桑拿浴、酒家等服务场所逐年增加，1997 年，全区餐饮服业经营网点发展至 171 家，从业人员 1046 人，年营业总额 824 万元。全区餐饮服务企业经营网点面积 39614 平方米，占地面积 313174 平方米。2000 年，餐饮业营业额达 9.0 亿元，餐饮业网点 7008 个，年末从业人员 1.8 万人。2019 年，宁德市工商登记餐饮企业 432 家，家政企业 70 家。通过旅游文化节美食展示活动等打

宝信 · 钻石坊

造宁德市旅游美食文化及品牌，提高宁德美食影响力和知名度，福鼎市获评“中国美食地标城市”，餐饮业零售额达 53.5 亿元。2020 年，受新冠疫情影响，餐饮业年营业额 92.5 亿元，下降 6.5%。2022 年，全市餐饮业营业额达 119.9 亿元。

电商发展　“十二五”时期，宁德市电子商务等新兴业态开始发展。2013 年，福安市电机产业集群公共服务平台“中国电机电器云平台”“中国电机电器行业云服务平台”“中国电机与按摩器电子商务云平台”上线运行，柘荣县初步建成海西药城电子商务平台和公共服务平台，开启境内电商发展。2014 年，宁德市首次制定出台《宁德市电子商务发展规划（2014—2016 年）》，重点培育茶叶、食用菌、海洋水产等三大农业主导产业集群和福安电机、柘荣药业等全市工业重点产业集群公共服务平台。是年，全市电子商务企业发展到 120 家。福安市被认定为第一批福建省电子商务示范县（市、区），“中

中国 · 古田食用菌电商园与古田县普惠金融服务中心

国电机电器云平台”正式启动OAO（线下和线上有机融合的一体化“双店”经营模式）示范街，提供线上线下服务。2015年，“宁德市跨境电子商务创业服务平台”“宁德市农产品跨境电子商务服务平台”等一大批电商引领新潮发展，宁德市鼓励大学生入驻“宁德市跨境电子商务创业服务平台”创业，年末，平台创业人数达523人。福安、古田、屏南入选省级农村电子商务示范县，屏南成为全市首个签约阿里巴巴“千县万村”农村淘宝项目试点县，电子商务新模式受到越来越多的人重视。2016年，全市电商企业总数快速发展到1844家，从业人员2.4万人。全年电子商务交易额突破214.7亿元，同比增长42%；网络零售额132.3亿元，同比增长56%。此后，电子商务发展步伐进一步加快，蕉城区、古田县与阿里巴巴集团签订战略合作协议，宁德市政府与京东集团签订《电子商务战略合作框架协议》；寿宁、柘荣、霞浦、周宁四县先后入选创建国家级电子商务进农村综合示范县。2022年，在搭建本地电商平台方面有“山海交响商城”，主营“0593宁德号”区域公共品牌，收录数百种宁德本地产品，打造“周宁有鲤”“下乡的味道”“十方田”等区域电商公共品牌，建立相应的线上商城；寿宁、柘荣、古田、屏南、霞浦、周宁6个县被列为国家级电子商务进农村综合示范县，寿宁、柘荣2个县完成最终验收。全市每个县（市、区）基本具备1个以上的电商园区，完成建设县乡级电商服务中心或站点超过57个，村级电商服务站点超过531个，行政村电子商务服务覆盖率（可以网购网销）达到100%。根据“商务万象”系统监测，全市累计网络零售额约248.6亿元，居全省第六位；全市农产品累计网络零售额约36.5亿，比上年上涨50.9%。

财政金融

财　政

唐至清时期，闽东的财政收入主要有田赋收入和捐税收入。唐代中期以后，境内社会经济有较大发展，长溪县是当时福建的茶、盐主产地之一，茶、盐地方物产成为重要的税源。明代开征杂税有矿税、盐税、商税、市舶税、农桑绢、鱼课、寺租充饷等。据明弘治二年（1489年）成书的《八闽通志》记载，当时整个福宁本州，年收户口食盐米7022.4石（约421吨），鱼课米702.8石（约42.2吨），遇上闰年还要加税米79石（4.7吨）、农桑绢10匹、丝44两、商税6769锭2贯269文，银课9805两、铁课13048斤。

民国初期，财政收入有田赋、盐税、商税和杂项收入等。1935年，区内福安、古田、屏南、霞浦（含今柘荣）、福鼎、宁德（含今周宁）、寿宁七县预算内财政收入17.2万元，人均负担地方税0.2元。1945年，各县区财政收入18380万元，其中课税收入5380万元，占29.2%；国税收入2327万元，占12.9%；国税附加收入211万元，占1.1%；特赋收入46万元，占0.3%；惩罚及赔偿收入722万元，占 3.9%；规费收入 94 万元，占 0.5%；财产权利收入 3716 万元，占 20.2%；公有营业收入 267 万元，占 1.4%；公有事业收入 10 万元，占 0.1%；地方捐献收入 209 万元，占 1.1%；其他收入 5398 万元，占 29.3%。

中华人民共和国成立后，全区财政收支本着“取之于民，用之于民”的原则，主要支出有经济建设费、文教科学卫生事业费、抚恤社会救济费、行政管理费和其他等 5 类。1950—1992 年间，累计财政预算内支出 38.7 亿元，平均年递增 15.4%，其中各类支出递增率为：经济建设费 25.4%、文教科学卫生费 34.3%、抚恤和社会福利救济费 5.3%、行政管理费 20.6%、其他支出 14.4%。各类支出占总支出的比重各时期有所不同。恢复时期至“七五”计划时期经济建设费比例由 7% 升为 23.1%，“四五”计划时期最高，达 39.9%；文教科学卫生费比例由 15% 升为 34.3%，“六五”计划时期最高，达 37.5%；抚恤和福利救济费比例由 3.4% 升为 4.5%，“五五”计划时期最高，达 14%；行政管理费比例由 71.0% 降至 17.7%；其他支出比例则从 3.6% 升为 20%。区内的财政收入主要来自工商税收入，农业税收入，企业收入和其他收入。在数额上随经济发展逐年有所增加。1950—1992 年，全区财政总收入 29.9 亿元，其中 1950 年为 119.4 万元，1992 年增至 3.1 亿元，年均递增 11.1%。在 1950—1992 年财政收入总额中，工商税收入 17.2 亿元，占 57.6%；农业税收 3.3 亿元，占 11.1%；企业收入 2209 万元，占 0.7%；其他收入 2.8 亿元；占 9.3%。1992 年后，随着财政体制改革的深入，不断完善新型的财政收支机制。1993 年全区财政总收入超 4 亿元，1997 年超 10 亿元，2005 年超 20 亿元，2007 年宁德市财政总收入超 40 亿元，达 43.3 亿元，是 1978 年的 91 倍，年均增长 16.8%，较同期经济增长率快 5.3 个百分点。2015 年，宁德市一般公共预算总收入（不含基金收入）147.4 亿元，其中，地方一般公共预算收入 104.4 亿元，一般公共预算支出 248.0 亿元。2020 年，宁德市一般公共预算总收入（不含基金收入）233.6 亿元，其中地方一般公共预算收入 137.8 亿元，增长 8.6%。一般公共预算支出 357.1 亿元，增长 5.2%。税性总收入 200.3 亿元，占财政总收入的比重为 85.8%；地方级税性收入 104.6 亿元，占地方财政收入比重 75.9%。2022 年，全市一般公共预算总收入（不含基金收入）272.7 亿元，同口径增长 15.2%，其中地方一般公共预算收入 167.5 亿元，同口径增长 16.4%。全市一般公共预算支出 372.3 亿元，增长 8.3%。全市税收总收入 207.2 亿元，同口径增长 7.8%，占财政总收入的比重为 76.0%；地方级税收收入 101.9 亿元，同口径增长 2.7%，占地方财政收入的比重为 60.9%。

金　融

银行业　清咸丰三年（1853 年）至咸丰九年（1859 年），福建永丰官局在福宁府（驻今霞浦县）设立分局，筹有本钱 1 万两，制钱 5000 余贯，是闽东最早开办的金融汇兑机构。清光绪二十六年（1900 年）福建官银号（福建钱局）成立后，亦在三都和宁德设经理处。1915 年，中国银行在宁德三都澳设汇兑所，1934 年 9 月，中央银行在宁德三都澳成立办事处；1935 年 8 月，中国农民银行在宁德三都成立办事处；1936 年 5 月，福建省银行在福安赛岐设办事处。1937 年 9 月起，福安、宁德、福鼎、霞浦、寿宁、周宁等县相继开办邮政储金业务。地方福建省银行在闽东各县和一些主要集镇设立分支机构，但机构分布点少、业务量小、业务种类亦不多。1944 年 10 月，宁德县普通存款户头有 31 户。1945 年，省银行寿宁办事处存款 25.6 万元，寿宁邮政储金汇业局存款 15 万元，各保信用合作社存款 20.3 万元。1946 年 11 月，古田县银行正式开业，至 12 月底，吸收活期存款 1875.3 万元。

1949 年后，接收官僚资本银行，改造私人钱庄，逐渐发展为以中国人民银行为领导、国有商业银行为主体，多种金融组织分工协作的金融组织体系。1984 年，金融体制改革后，人民银行行使中央银行职能，工商银行、农业银行、中国银行、建设银行等专业银行均成为经济实体。形成人民银行领导、各专业银行为主体的新金融体系。1992 年，全区各项存款余额 15.3 亿元，比中华人民共和国成立初期的 96 万元，增长 1589.6 倍；比 1978 年增长 13 倍多。城乡储蓄发展迅速，1992 年达 9.3 亿元，成为信贷资金的主要来源，各项贷款余额 20.2 亿元，比 1978 年 2.1 亿元增长 8.6 倍，有力地支持了国民经济发展对资金的需要。1993 年，宁德地区辖内有银行业金融机构 8 家，即人行、农行、建行、工商行、中行、兴业银行宁德办事处、宁德邮政储汇局、农村信用社等。随着改革开放以及金融体制改革的不断深入，各类金融组织与商业银行相继涌现，逐步形成多元化的金融机构格局，专业分工趋于淡化，业务竞争逐渐加剧，为人们提供更方

中国人民银行宁德市中心支行大楼

便、多功能、全方位、综合性的金融服务，推动了地方经济持续、快速、健康发展。2007 年末，境内共有银行业金融机构（含非银行业）10 家，即人行、农行、建行、工商行、中行、兴业、邮汇局、信用社、农发行、银监局，各类金融机构网点 362 个。2008 年 4 月 8 日，中国邮政储蓄银行宁德市分行正式挂牌成立。5 月 31 日，邮储银行各县（市）支行全部挂牌成立。2009 年 12 月，福建海峡银行宁德分行正式成立。2012 年，交通银行进入闽东，成立宁德分行。至此，国有六大商业银行在宁德全部聚齐，全方位开展金融业务。2013 年，宁德市政府为引导和鼓励金融机构增加信贷投入，改善和优化信贷结构，决定在全市范围内实施“引银入宁”工程，对推动地方经济突出的金融机构给予奖励，中信银行、厦门国际银行、厦门银行、中国民生银行等 4 家股份制商业银行陆续入驻宁德成立分行，7 家刺桐红村镇银行相继开业。2014 年，辖内银行业落实宏观调控政策，加强风险防范，总体实现了速度与质量、规模与效益的均衡发展。全市年末金融机构本外币各项存款余额 1086.3 亿元，比上年末增长 5.2%；金融机构本外币各项贷款余额 1326.2 亿元，增长 13.2%。年末农村金融合作机构（农村信用社、农村合作银行、农村商业银行）人民币各项贷款余额 177.1 亿元，比年初增加 32.4 亿元，增长 22.4%。中资金融机构人民币个人消费贷款余额 310.4 亿元，比年初增加 48.4 亿元，增长 18.5%。至 2015 年末，全市银行业金融机构各项存款余额 1206.0 亿元，其中储蓄存款 573.8 亿元，对公存款 537.2 亿元，其它存款 95.1 亿元；各项贷款余额 1392.3 亿元，其中短期贷款 481.4 亿元，中长期贷款 866.9 亿元，票据融资 39.8 亿元，其他贷款 4.2 亿元。2022 年，宁德市银行业金融机构有五大类、33 家机构，包括 1 家政策性银行、6 家大型国有商业银行、4 家股份制银行、4 家城市商业银行、18 家农村中小金融机构（含 1 家农商行、8 家农信社、9

家村镇银行），共429个营业网点，自助银行设备14772台，从业人员7254人；全市银行业各项存款余额3676.3亿元，比上年增长29.8%；各项贷款余额3414.5亿元，增长23.7%；净利润48.2亿元，同比增长25.6%。

保险业 民国时期，闽东已有保险机构。中央银行曾在宁德三都澳设立中央信托局保险部代理处。此后，太平、安平、丰盛3个私营保险公司亦在宁德三都澳设立过代理处，承办火险、水险、货物运输险等业务。宁德县亦曾短暂开设过六年的咸康保险小公司，因该公司未按规定注册，遇保户领款常起纠纷，1933年被取缔。1935年，三都澳与宁德城关邮政储金局兼办简易人寿保险，因管理不善，资金不足而停业。1950年下半年，经中国人民保险公司福建省分公司批准，在赛岐、福安、福鼎人行内部设立保险代理处，同年12月，赛岐代理处改为中国人民保险公司赛岐支公司，当年全区运输保险费收入17935元。1951年5月，在福安成立中国人民保险公司福安支公司，负责管理全区保险工作，并在全区各县设立特约代理处。8月，开始办理简易人身保险，当年收入人身保险费1844元。运输保险采取自愿与强制相结合，强制运输险保费收入1288元。全区全年收入火灾险、运输险等保费共11713元。1952年7月，福安支公司升格为中国人民保险公司福安中心支公司，隶属关系由原人民银行移交财政局，同时将福鼎、霞浦、寿宁、周宁、柘荣等5个县的特约代理处改为营业所。全区普遍开展强制保险，收入保费18580元。是年，全区人身保险费收入增加到15314元。1953年，全区收入保费63477元，其中火灾险保费收入23025元，运输险保费收入37060元，船舶险保费收入3392元，保险业务的开展对闽东经济的恢复发展起到积极的促进作用。1959年1月起，全区业务全部停办，清理工作由人民银行接办，撤销所有保险机构，设立工作组，办理未到期业务的赔款案件和退保结束工作，保险干部编入人民银行。

1980 年 1 月，保险机构恢复，在人民银行宁德地区中心支行内设立保险科，负责和管理区内各县的保险工作，开展复办财产保险业务，险种有企业财产保险、家庭财产保险和运输工具险等三大类，当年全区保额 5925.1 万元，保费收入仅 15.4 万元。当年 7 月 1 日，成立宁德保险支公司。1981 年后，增设福鼎、福安、霞浦 3 个县保险支公司和屏南、寿宁、周宁、柘荣 4 个县特约代理处。1982 年 3 月设立古田特约代理处（10 月改为支公司）。各级人民保险公司受同级人民银行和上级保险公司的双重领导，业务上以保险公司领导为主。是年，恢复开办简易人身保险业务，开始办理商业人身保险业务。1983 年，全区简易人身保险投保金额 20.1 万元，保险费收入 10757 元，赔案 2 起，赔款 550 元。1984 年，新开办养老金险、其他人身险、团体人身意外险、公路旅客意外伤害险等险种，险种从 1 个发展到 5 个，全区人身保险保费收入 3.8 万元。1985 年，增加驾驶员意外险。企业财产保险意识也逐步形成，财产保险险种从 80 年代初期的 4 个发展到 8 个。是年，全区财产保险保费收入达 140.8 万元。1986 年，人身保险新增船舶旅客意外险、团体人身险、学生平安险、独生子女平安险和绝育手术险等险种，全区人身保险保费收入 141.4 万元，1987 年增至 293.8 万元。1988 年，人身保险险种发展到 17 个，投保金额 56279.1 万元，人身保险保费收入 597.6 万元。1989 年，贯彻《福建省集体所有制企业职工养老保险暂行规定》和《福建省私营企业职工养老保险暂行规定》，在全区范围内实行基本养老保险和补充养老保险双层结构式的养老统筹保险。1992 年，宁德保险中心支公司下辖 9 个县（市）支公司。当年，全区保险业务收入 6667 万元，业务支出 5847 万元，理赔案件 39898 件，赔款 4901 万元；保险金额从 1980 年的 5900 万元增加到 1992 年的 54.2 亿元，增长 90.8 倍。保险事业发展较快。2000 年，全年保费收入 21106 万元，比上年增长 12.5%，其中财产险保费收入 8069 万元，人身险保费收入 13037 万元。全年财产险赔款 4100 万元，人身险满期给付 595 万元，人身险赔款 1143 万元。2003 年 4 月 30 日，宁德保险行业协会成立，有 7 家会员公司。此后，随着宁德市经济发展和保险机构的不断增加，保险业务发展也随着服务领域拓展逐年增加。2005 年，宁德市保险业务总收入 58292.6 万元，其中财产险业务收入 15448.5 万元；寿险业务收入 42844.1 万元。2014 年，各类保险公司保费收入 29.7 亿元，比上年增长 46.7%，其中寿险保费收入 20.3 亿元，财产险保费收入 9.5 亿元。支付各类赔款及给付 6.2 亿元，其中寿险业务给付 0.9 亿元，财产险赔款 5.3 亿元。2015 年，宁德市保险行业协会会员公司发展到 25 家，全市保险业务收入达到 34.6 亿元，其中财产险业务收入 10.0 亿元；寿险业务收入 24.6 亿元。2018 年，宁德市保险行业协会会员公司 30 家，其中财产保险公司 15 家、人身保险公司 13 家、保险中介机构 2 家。实现保费收入 49.7 亿元，各项业务赔款等支付 20.2 亿元。投诉受理案件 155 件，转公司解决 114 件；调解案件 41 件 201.1 万元，执行率 100%。城区（高速）道路交通事故快处中心受理案件 4273 件，涉案车辆 8288 辆，通过交通事故责任认定化解矛盾纠纷 1676 起。在实现大病保险城乡居民一体化、新农合参合人员和城镇居民享受同等缴费标准和补偿政策情况下对建档立卡农村贫困人口的健康扶贫成为当年承保新亮点。2022 年，全市保险机构 31 家，其中财产险公司 15 家，人身险公司 15 家，政策性公司 1 家，共 166 个营业网点，从业人员 11470 人。全市保费收入 66.2 亿元，其中财产险保费收入 19.7 亿元；寿险保费收入 46.9 亿元。各类赔付支出 21.0 亿元，其中人身险业务赔付 12.2 亿元；财产险赔付 8.9 亿元，为宁德市社会经济发展和人民安居乐业提供保险保障。

证券业 1988 年 6 月，福宁信托投资公司在宁德成立。该公司在行政上隶属地区财政局领导，在业务上受中国人民银行宁德地区分行指导、管理、监督稽核，为全区第一家地方性非银行金融机构。

1991 年，设立闽东福宁信托投资公司证券交易营业部，有员工 13 人。1993 年，兴业银行为福鼎漆器工艺厂推出首期企业短期融资债券 200 万元，年利率 10%。当年还分别为区内 5 家企业代理发行 5 笔 60 万～300 万元总额 710 万元的企业债券，期限一般 2 年，利率 10.2% ～ 10.5%。1996—1999 年，闽东福宁信托投资公司证券交易营业部先后在福鼎、福安、霞浦（后撤销）设立服务网点，从业人员增加到 64 人，2000 年规范为证券营业部。是年，福建闽东电力股份有限公司在深圳证券交易所主板上市（股票名称：闽东电力；股票代码：000993），是宁德地区第一家上市公司。2001 年 9 月 14 日，原闽东福宁信托投资公司证券交易营业部并入福建省华福证券公司，年末，有开户股民 1.5 万户，累计交易量 203.8 亿元。2002 年，完成信托、证券分业，旗下福鼎、福安、霞浦三家证券营业部并入福建省华福证券公司。2003 年 4 月，闽东福宁信托投资公司证券交易营业部更名为广发华福证券有限责任公司宁德蕉城南路证券营业部，其后又更名为华福证券有限责任公司宁德蕉城南路证券营业部。2005 年，古田服务部成立。2007 年末，全市股民资金开户数为 3.1 万户，比上年末新增 1.3 万户。全年股票、权证、基金交易量达 376.1 亿元，比上年增长 500%。2009 年后，陆续有东兴证券、兴业证券、南京证券公司等入驻。2010 年 10 月 21 日，宁德市国有资产经营有限公司发行

2018年6月11日，宁德时代新能源科技股份有限公司在深圳证券交易所成功挂牌上市

企业债券，期限7年，募集资金8亿元，用于宁（德）武（夷山）高速工程项目，为宁德市首次尝试通过资本市场筹措重大基础设施建设资金，此后，通过资本市场发行债券筹集项目资金渐多。2013年8月6日，成立华福证券有限责任公司宁德分公司，下辖4家证券营业部，分别为宁德天湖东路证券营业部、福鼎河乾路证券营业部、福安新华中路证券营业部、古田解放路证券营业部。2014年12月9日，福建白水农夫农业股份有限公司在全国中小企业股份转让系统（以下简称“新三板”）挂牌（2022年9月6日终止挂牌）。2015年4月22日，福建广生堂药业股份有限公司在深圳证券交易所创业板上市（股票名称：广生堂；股票代码：300436）。当年还有福建闽东电机股份有限公司、福鼎白茶股份有限公司（2022年9月22日终止挂牌）等2家公司在“新三板”挂牌。是年末，证券机构有4家，开设营业部7家。

全市股民资金开户数为 7.8 万户，比上年末增加 2.1 万户。全年股票、权证、基金交易量达 1976.2 亿元，比上年增长 2.3 倍。

2016 年 8 月 1 日，三祥新材股份有限公司在上海证券交易所主板上市（股票名称：三祥新材；股票代码：603663），是宁德市首家在上交所主板发行上市的企业。2018 年 6 月 11 日，宁德时代新能源科技股份有限公司在深圳证券交易所创业板上市，（股票名称：宁德时代；股票代码：300750），成为宁德唯一、福建首家“独角兽”上市企业，2019 年登上创业板总市值第一。此外，2016—2022 年，全市先后有福建大西新能源电机科技股份有限公司、福建东吾洋食品股份有限公司（2022 年 3 月 23 日终止挂牌）、福建闽威实业股份有限公司、福建俊杰新材料科技股份有限公司、福建正茸农业科技股份有限公司（2021 年 7 月 8 日终止挂牌）、福建荣耀健康科技股份有限公司 6 家公司在“新三板”挂牌。2022 年，全市共有证券经营机构 17 家，分别为证券分公司 2 家（华福证券分公司 4 个营业部、兴业证券分公司 4 个营业部），其他证券公司营业部 7 个（南京证券、中信建投证券、海通证券、东方财富证券、东兴证券、中国银河证券、国泰君安证券）。

精准扶贫“宁德模式”

20 世纪 80 年代中叶的宁德，经济社会发展滞后，是典型的“老、少、边、岛、贫”地区。20 世纪 80 年代末至 90 年代初，习近平担任宁德地委书记期间，带领闽东人民艰苦奋斗、顽强拼搏，掀开扶贫

“摆脱贫困”主题展览雕塑

开发事业的新篇章，留下“滴水穿石”“弱鸟先飞”“四下基层”等精神财富和摆脱贫困战略思想。30 年来，宁德历届党委政府始终把“摆脱贫困”作为重大政治任务，坚持一张蓝图绘到底，矢志不移沿着习近平总书记指引的方向奋勇前进，特别是党的十八大以来，全市上下深入贯彻精准方略，集中力量攻坚拔寨，取得了脱贫攻坚战的历史性胜利。

宁德脱贫攻坚历程大致可分为三个阶段：第一阶段（20 世纪 80 年代中后期），主要以解决温饱为基本任务。特别是习近平总书记在宁德工作期间，坚持把摆脱贫困摆上重要位置。1989 年，全区农民人均纯收入 554 元，比 1985 年增加 224 元，年均增幅高达 13.8%。第二阶段（20 世纪 90 年代初），主要以脱贫致富奔小康为工作主线。抓住国务院批准闽东为“开放促开发扶贫综合改革试验区”的历史机遇，坚持“以开放促开发”，组织实施“八七”扶贫攻坚，并在福建省率先开展“造福工程”，采取“抓两头带中间”的超常规发展措施，掀起以追全国改革开放大潮、赶全省平均发展水平的追赶浪潮，顺利摘掉“连片特困地区”和 6 个“国定贫困县”的帽子。第三阶段（21 世纪至 2020 年），主要以全面建成小康社会为奋斗目标，坚持开发式扶贫方针，以经济社会发展薄弱乡村为主战场，以贫困和低收入人口为主要帮扶对象，全面组织实施整村推进、小额信贷，“造福工程”搬迁等扶贫工程。仅 21 世纪第一个十年，全市就有 25.7 万人实现脱贫。党的十八大以来，宁德市委、市政府把脱贫攻坚作为第一民生工程来抓，并在“十三五”时期全面完成脱贫攻坚各项任务，实现 20166 户 72701 名现行标准建档立卡贫困群众精准脱贫，453 个建档立卡贫困村（以下简称贫困村）退出，12891 户 50790 名偏远村庄贫困群众完成搬迁；霞浦、古田、屏南、寿宁、周宁、柘荣 6 个省级扶贫开发工作重点县全部“摘帽”。建档立卡贫困人口家庭人均收入从 2016 年建档立卡初期的 2738 元增长到 2020 年的 15573 元，年均增幅达 41.5%。12848 户贫困群众通过“造福工程”搬迁或危房改造住上新居，11.6 万人次得到良好医疗救治；28.9 万人次贫困家庭少年儿童得到教育资助；63526 名群众被纳入农村最低生活保障对象；33.2 万名农村群众喝上安全饮用水。贫困村农业总产值从 2016 年初的 60 亿元增长到 2020 年 118.7 亿元；所有贫困村都落实了村财项目，收入从 2016 年底的村均 5.3 万元增长到 2020 年的 15.8 万元，提高近 3 倍；集中供水率、通宽带率、村道硬化率全部达到 100%，并配备了村卫生所、村民服务中心等服务设施。

宁德的脱贫攻坚历程得到上级的关心和鼓励。2015 年，习近平总书记对宁德市赤溪村扶贫工作作出重要批示，极大提振宁德干部群众加快摆脱贫困奔小康的信心和决心。12 月，全国东部地区扶贫工作座谈会在宁德召开，时任国务院副总理汪洋到宁德考察并主持会议。会议把总结推广宁德经验作为主题，全面系统总结宁德 20 多年来持续推进扶贫开发，实施发展产业扶贫、“造福工程”搬迁、整村推进扶贫等扶贫开发经验做法，全面肯定宁德开展“四下基层”、挂钩帮扶、整村搬迁、信贷扶贫等好机制好做法。汪洋把宁

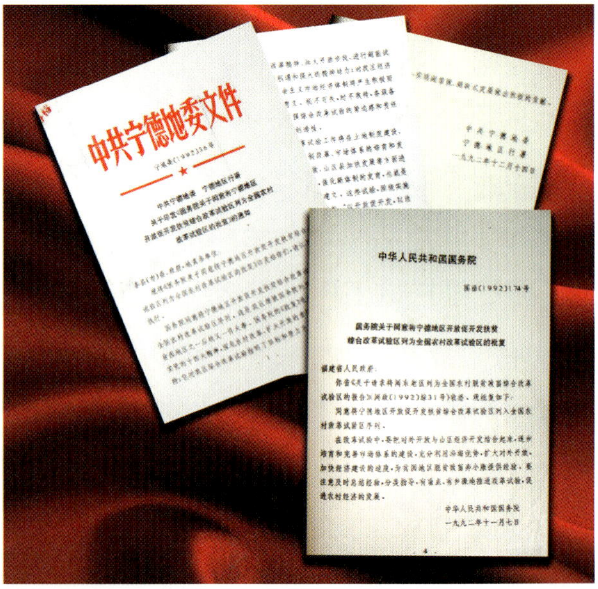

1992 年 11 月，国务院同意将宁德列为全国农村综合改革试验区的批复

德扶贫经验做法概括为“宁德模式”，并认为宁德的扶贫开发实践是“习近平总书记扶贫开发战略思想的成功实践”“中国特色扶贫开发道路的一个典范”。时任福建省委书记尤权把宁德市“664”（6 到户、6 到村、4 到县）精准扶贫工作机制作为全省特色的扶贫经验进行介绍。2016 年 2 月 19 日，习近平总书记来到人民网演播室，通过视频同人民日报记者连线，同福建宁德市赤溪村村民交流。总书记向乡亲们问好，叮嘱他们保护好绿水青山，走出一条绿色发展、生态富民的路子。2019 年 8 月 4 日，习近平总书记给福建省寿宁县下党乡的乡亲们回信，祝贺他们实现了脱贫，鼓励他们发扬滴水穿石精神，走好乡村振兴之路。

全市将“零返贫”作为工作目标，持续巩固拓展脱贫攻坚成果，接续推动脱贫地区全面发展和乡村全面振兴。全面建立防止致贫返贫长效机制。强化动态监测帮扶，组织县乡干部、包村包户干部、驻村第一书记等力量定期开展全面走访，各职能部门定期会商研究、筛查分析数据，对发现的存在返贫致贫风险对象，立即采取措施，及时解除返贫致贫风险。2020—2022 年，对全市 1.2 万脱贫户进行跟踪监测，入户走访监测对象 2.2 万人次，安排各级财政专项扶持资金 1012.8 万元倾斜支持监测对象，实施各类帮扶措施 1.4 万项，在全省率先出台《防止返贫精准救助方案》，对农民群众“因学”“因灾”“因事故”“因生产经营失败”“因病”等出现的返贫风险实施精准救助，共计救助群众 20 户，及时阻断贫困发生，全市未出现一例返贫。持续落实群众增收工程。大力支持乡村发展优势特色产业，2020—2022 年，累计安排 12.1 亿元资金支持产业发展，进一步夯实群众增收基础。持续落实“一户一增收”产业项目，通过政策奖励、资金争引等方式调动企业、农民合作社等经济组织带动脱贫户增收，覆盖 90% 以上的脱贫户。2022 年底，全市脱贫人口小额信贷累计贷款额 12.8 亿元，累计扶持 1.1 万户脱贫户发展生产。2022 年底，实现 2 万余名脱贫劳动力稳岗就业；2020—2022 年，通过开发公益性岗位安置就业困难脱贫劳动力 5272 人次。2020—2022 年，向脱贫户学子发放“雨露计划”扶贫助学补助 1550.3 万元。同时，增强脱贫地区发展动能，2021—2022 年累计安排 8.9 亿元衔接推进乡村振兴补助资金用于巩固拓展全市脱贫攻坚成果，其中 6.6 亿元定向支持 6 个脱贫工作重点县（古田、屏南、周宁、寿宁、柘荣、霞浦）发展。

社会事业

教　　育

宁德地区是福建文化开发较早的地区之一。早在唐代就建有灵谷草堂、林降神草堂。唐代有闽东籍进士 5 人。南宋时期，区内的书院教育盛极一时。明清时期，闽东教育有了新的发展，教育的形式有官府办学和私人办学，主要为私塾。据记载，至清末，全区除府（县）学外，有书院 30 余所、私塾 800 余所。同时，外国教会也开始在区内办学。民国时期，除中小学外，师范、职业教育开始受到重视。1945 年全区有中等学校 11 所（其中完全中学 1 所、初级中学 7 所、师范 2 所、农校 1 所）76 个教学班，学生 2593 人；小学 372 所，学生 28416 人。

中华人民共和国成立之初，在普及教育，提高全民素质方针的指导下，基础教育得到加强。特别是 20 世纪 80 年代，在全党抓教育、全民办学校，实施九年义务教育的攻坚战中，取得显著成效。1998 年，全区有小学 2105 所，在校生 36.5 万人，分别比 1950 年增长 3.5 倍和 10.3 倍；全区设有初级中学 143 所，在校生约 19 万人，分别比 1950 年增长 10.9 倍和 112.5 倍，实现了基本普及九年义务教育和基本扫除青壮年文盲的历史性目标。2000 年，全市有各类学校 2272

所。特殊教育招生 1013 人，在校生 7068 人，视力、听力语言、智力残障儿童入学率分别为 94.4%、85.5%、89.5%。成人教育得到进一步发展，扫除文盲 5513 人，全区 7 所成人中专招收普通班新生 1031 人，高等教育与中专自学考试工作得到较快发展，全年报名人数 55417 人，名列全省第三位。2014 年，教育事业持续发展。全年普通高等教育招生 3010 人，在校生 9868 人。各类中等职业教育招生 5511 人，在校生 1.9 万人，毕业生 8821 人。普通高中招生 1.6 万人，在校生 5.1 万人，高中入学率 93.6%。初中招生 2.7 万人，在校生 8.0 万人，初中三年巩固率 98.0%。普通小学招生 4.1 万人，在校生 20.2 万人，毕业生 2.8 万人，小学入学率 99.99%。特殊教育在校生 3071 人。幼儿园在园幼儿 11.3 万人，入园率 96.2%。全市已审批设立民办幼儿园达 272 所。2014—2016 年，累计投入资金 5.4 亿元，用于全面改善义务教育薄弱学校基本办学条件，新、改、扩建校舍面积 25.7 万平方米，完成设备采购类项目金额 1.3 亿元，改善 613 所农村义务教育学校办学条件，受益学生 23.8 万人。落实各项惠民政策，年内发放各类助学金 5444.9 万元，受益学生 28133 人，发放大学生生源地信用助学贷款 1.4 亿元，受益 2.1 万人，放贷金额居全省首位。

2022 年，宁德市各级各类学校总数 1025 所（不含技工学校），学生总数 62.2 万人。其中，幼儿园 558 所（公办园 218 所、民办园 340 所），在园幼儿 11.0 万人（公办园在园幼儿 5.7 万人、民办园在园幼儿 5.2 万人），公办园占幼儿园总数的 39.1%，公办园在园幼儿占幼儿总数的 52.3%。小学 270 所，其中省级义务教育管理标准化学校 188 所，小学在校生 28.0 万人。初级中学 111 所，九年一贯制学校 17 所，其中义务教育管理标准化学校 105 所，初中在校生 12.8 万人；完全中学 37 所，高级中学 9 所，十二年一贯制学校 4 所，普通高中在校生 5.9 万人；特殊教育学校 6 所，特殊教育学生 3418 人，其中特殊教育学校 1190 人、附设班 120 人、普通中小学随班就读和送教上门 2108 人；中等职业在校生 2.3 万人（含非全日制 0.1 万人）。高等教育学校 2 所（1 所为高职院校），在校生 2.2 万人（含非全日制 0.4 万人）。

学前教育

清末至民国初，有的县办有蒙养院，规模不大，入院幼儿多是官宦富绅人家子女。民国时期，幼儿教育在古田、宁德、福安、福鼎、屏南等县第一所幼儿园均为外国教会创办，即便是早期办的公立幼儿园也多数时办时停。直到中华人民共和国成立前夕，全区没有一所公立的独立幼儿园。

1950 年，全区有幼儿班 9 个，在班幼儿 464 人，教职工 15 人。1958 年，随着全区实现人民公社化，农村办起多种形式的幼儿

宁德市机关幼儿园

班、托儿所，但多数农村幼儿园（班）属于临时托儿所性质。“文化大革命”初期，多数县城关幼儿园解散，小学附设的幼儿班和农村集体办的幼儿园（班）多数停办。1979 年 11 月，实施教育部颁发的《城市幼儿园工作条例（试行草案）》，全区幼儿教育有了较大发展。1981 年，全区有幼儿园（独立班）68 所 926 个班，在园幼儿 3.2 万人，教职工 977 人（含公办 242 人、民办 735 人），另有 523 所小学附设 802 个幼儿班，在班幼儿 2.7 万人。全区幼儿入园率为 16.4%。1993 年，宁德地区有幼儿园 261 所，在园幼儿 8.2 万名，幼儿入园率 45.2%；幼儿园教职工 3728 名，其中专任教师 3461 名。1997 年，全区幼儿教育以公办与民办相结合，形成多种形式的办园体制。1998 年，全区幼教事业取得突破性进展，幼儿入园率达到 62.2%。每万人口幼儿在园数达到 270.6 人，位居全省第三。

2005 年，幼儿教育、特殊教育和民族教育得到较快发展。全市幼儿园 376 所，在园幼儿 5.6 万人；特殊教育学校 8 所，在校生 0.4 万人。全市学前三年幼儿入园率达 81.9%，比上年提高 3 个百分点。2007 年，全市幼儿园 396 所，在园幼儿达 6.7 万人、幼儿入园率达 85.7%，创历史新高。至 2015 年，宁德市有幼儿园 446 所，其中公办幼儿园 169 所，民办幼儿园 277 所。幼儿园在园幼儿 11.4 万人，入园率 96.9%。2019 年，出台《宁德市幼儿园规划建设条例》，涵盖条例 28 条，规定幼儿园布局专项规划，破解幼儿园教育建设用地不足、教育资源配置不够等难题，设置相关法律责任，回应民生关切。全市有幼儿园 540 所，其中公办幼儿园 194 所，民办幼儿园 346 所。全市在园幼儿 125001 人，其中普惠性民办幼儿园 225 所，在园幼儿 50685 人，普惠性学前教育覆盖率 81.9%，比上年增加 26.4 个百分点。各级示范性幼儿园 161 所，比上年增加 16 所。2020 年，宁德市出台《宁德市人民政府办公室关于落实学前教育深化改革规范发展的若干意见》，全市安排9个公办幼儿园建设项目，总投资1.1亿元，规划面积3万余平方米，可新增学位2670个，9个项目全部动工建设。

2022年，宁德市有幼儿园558所，其中公办幼儿园218所，民办幼儿园340所（普惠性民办幼儿园282所）。在园幼儿11.0万人，其中公办园在园幼儿5.7万人，全市公办园在园幼儿占比52.3%，比上年增加1.2个百分点，普惠性民办园在园幼儿4.6万人，全市普惠性学前教育覆盖率94%，各级示范性幼儿园231所，示范性学前教育覆盖率62.8%。

小学教育

清末，宁德就有学堂和教会办的小学。到1949年上半年，全区有公立小学校352所763个教学班，在校生2.2万人。

1949年10月，人民政府接管时，全区有小学234所、615个教学班，在校生1.7万人。此后，经过三年的恢复和发展。至1952年，

宁德师范学院附属小学

全区公民办小学有659所、1512个班，学生5.6万人，教职工1626人，学龄儿童入学率29.6%。1958年，小学教育实行公办与民办并举，农村社、队办起耕读小学，城镇部分学校实行“二部制”。小学猛增到2638所、4340个班，学生16.1万人，教职工4770人。1966年，全区小学在“文化大革命”的影响下相继停课。1980年，全区有小学6607所、17205个班，学生45.2万人，教职工20415人。1987年，全区小学“四率”实现县县达标，5个县进入一类普及标准。从1985年3月至1987年12月，对各县普及初等教育进行检查验收，全区基本普及初等教育。1992年，全区有小学4338所，教学班14865个，在校生35.3万人。1993年，全地区小学校园占地面积318.2万平方米，校舍建筑面积13.7万平方米，中心小学教学仪器设备达到Ⅰ类标准，完全小学教学仪器设备达到Ⅱ类标准。2005—2007年，通过拆建消除D级危房12.4万平方米。随着城镇化进程加快，农村整合教育资源，逐步推进小学撤点并校。2013年，实施“义务教育关爱工程”，当年安排义务教育阶段进城务工人员随迁子女入学70958人，公办学校接收比例达95.5%，进一步促进教育公平。2015年，落实义务教育阶段随迁子女“两为主”（以流入地为主，以公办学校为主）政策和电脑派位录取办法，保障随迁子女入学机会公平公正。当年，全市小学共接收进城务工人员随迁子女77765人。2022年，宁德市有小学270所，教学点191个。全市小学在校生28.0万人，比上学年增加2766人，小学招生4.4万人，小学毕业生4.1万人。

中学教育

清末，区内仅有1所中学。1948年，区内有中学13所，其中完全中学3所、初级中学10所。

宁德第一中学

1949 年 11 月，福安专区接管区内 7 所中学，共有 52 个教学班，在校生 1171 人。1965 年，全区有中学 26 所。1980 年，全区有中学 98 所，其中完全中学 70 所、初中 28 所。1990 年，各县（市）城关镇都已依法宣布实施初级中等义务教育。1992 年，全区单独设立初级中学增至 87 所，小学附设初中班调整为 44 所，职业中学附设初中班 17 所，完全中学 38 所。1998 年底，全区建有村级初中校 18 所。1999 年以后，县市城区和乡镇所在地的初级中学容量有所扩大，乡村九年义务教育的适龄人口逐年减少，一些县（市）对部分乡村初级中学作了调整，逐年停办。2001 年，全区基本普及高中阶段教育。2015 年，中学 174 所，其中初级中学 112 所，九年一贯制学校 13 所，完全中学 35 所，高级中学 13 所，十二年一贯制学校 1 所。初中在校生 8.3 万人，普通高中在校生 4.9 万人。至 2022 年，全市有初级中学 111 所，九年一贯制学校 17 所，其中义务教育管理标准化学校 105 所，初中在校生 12.8 万人；完全中学 37 所，高级中学 9 所，十二年一贯制学校 4 所，普通高中在校生 5.9 万人。

特殊教育

所谓特殊教育主要是针对残疾儿童进行教育，包括盲、聋、哑及智障的儿童。清末，古田县创办有明心盲院，接收盲童、盲人。1928年，古田雷静贞女士在县城毓菁小学附设一个听障班，招收听障儿童。

1949年后，明心盲院并入县救济院，后改称福利院。1951年8月，中国救济总会福州分会派员接管听障儿童教学班，正式命名为古田县聋哑学校。区内弱智儿童教育起步比较晚，始于20世纪90年代初期。1993年，全区各县（市）有弱智班12个，在校生147人，随班就读的弱智儿童1191人。各县（市）随班就读小学的盲、聋、哑儿童68人，办2个聋童辅导班，招收24人，残疾儿童入学率34%。特殊教育的教职工55名，其中专任教师35名。1996年开始，宁德地区的特殊教育有较大的发展。当年招收视力、听力语言、智力三类残疾儿童分别为32人、134人和318人，入学率分别达71.3%、68.2%和74.1%。在发展特教工作中，宁德市发展残疾儿童学前教育，随班就读网络遍布各个乡镇，人口在30万人以上的县（市）均设立特教学校。2004年，学校相应设置了“以生活教育为主”的校本课程“生活适应课程”。开设学前班和中、重度智障学生实验班，实施和研究个别化教育策略和协调教育策略。据统计，2001—2005年，全市“三残”儿童少年7626人，其中盲童510人，聋童1090人，智障儿童5662人。“三残”少年儿童入学率分别为93.9%、94.0%、94.7%。2005年，全市有特殊教育学校8所（聋哑学校1所、弱智学校3所、其他学校4所），特殊教育班54个，其中小学附设特教班9个。教职工166人，其中专任教师140人。2014年，出台《宁德市人民政府关于贯彻落实福建省特殊教育提升计划实施意见》，推进特殊教育提升工程。2015年，全市有特殊教育学校6所，特殊教育招生 487 人，在校生 3061 人，毕业生 365 人，专任教师 207 人。2022 年，全市特殊教育学校 6 所，特殊教育学生 3418 人，其中特殊教育学校 1190 人、附设班 120 人、普通中小学随班就读和送教上门 2108 人。

宁德市特殊教育学校

职业教育

区内中等职业教育始于民国时期，先后创办有省立三都初级中学附设简易师范科，霞浦县立简易乡村师范学校，福安战时民众学校师资训练班福安分班，霞浦县立简易师范学校，福鼎县立简易师范学校，寿宁县立初级中学附设师范科，宁德县立简易师范学校，屏南县立简易师范学校等；创建有省立福安农业职业学校；开设有基督教医院附设高级护士学校。

1949 年，福建省第三专署接管福安高级农业职业学校、福安师范。1958 年，试办农业中学、福安专区卫生学校。1959 年，新建宁德师范学校。进入 20 世纪 80 年代，区内相继创建了宁德财经学校，闽东工业学校，闽东技工学校（霞浦、宁德、福鼎、古田、寿宁、福安等地开办了分校）和4807厂船机专业班，1988年，全区各地职业中学进行改革，创办了福鼎城关职中、福安市职业高中、宁德市城关职业中学、古田县职业中学等第一批质量较好的中等职业学校。据统计，1993年，宁德地区职业中专3所，职业中学27所，共300个班级，1998年，全区有中等职业教育学校40所，其中有中专6所（普通中专4所、师范学校2所），职业中专6所，职业高中22所，技工学校6所。省级重点校2所，地级重点校4所。2005年，全市中等职业学校37所，全市国家级重点职校4所，省部级重点职校5所。2012年，全市中等职业学校18所，招生1.3万人，在校生3.3万人。

2019年9月27日，经市政府批准成立宁德市职业教育集团。以宁德市职业教育集团为业主的市职教园按照“需求牵引、科学定编、一次规划、分步实施、量力而行”原则同步启动建设。2022年，宁德市共有中等职业学校11所，均为省级达标中等职业学校，其中福安职业技术学校为国家中等职业教育改革发展示范校，闽东卫生学校和福鼎职业中专学校为福建省中等职业教育改革发展示范校，福安职

宁德职业中专学校

业技术学校为福建省示范性现代职业院校，福鼎职业中专学校为福建省示范性现代职业院校、福建省高水平职业院校项目建设校，宁德财经学校、宁德职业中专学校、霞浦职业中专学校为省规范化中等职业学校。秋季，全市中职学校在校生2.2万人，招收全日制新生8400余人、非全日制新生70人。建立职业教育专业设置动态调整机制，按照停办“无市场”专业、调减文科类专业、扩大原有工科类专业招生规模、拓展对接四大主导产业的专业的原则，对全市职业院校的专业设置继续全面调整优化，全市中职学校设置60个专业，其中对接四大主导产业和经济社会发展的专业30个，招生占比60%。批复5所中职学校新设置8个专业，其中4个专业为对接主导产业的专业，运动训练为填补宁德市空白的新专业。

高等教育

宁德市高等教育起步较晚。1958年，创建区内第一所高等教育学校福安师范专科学校，1961年底撤销。1978年，成立宁德师范专科学校。1979年，地区卫校创办大专班，只办一届后即停办。1984年12月，经省人民政府批准，成立福建广播电视大学宁德分校（前身是1979年2月创办的福建广播电视大学宁德地区工作站）。1982年，创办宁德地区机关干部业余学校。1985年，经省人民政府批准，创办宁德业余大学（前身为1982年创办的宁德地区机关干部业余学校）、闽东职业大学（1990年撤销，并入宁德师专，成立职教部）。2001年，宁德地区农业学校更名为宁德市农业学校；同年，设立中国农业大学现代远程教育教学站，挂靠宁德师专办五年制高职班。2004年7月，福建广播电视大学宁德分校经奥鹏远程教育学习中心评审专家组评审，中央电大同意设立电大宁德分校奥鹏远程教育学习

2010 年 12 月 8 日，宁德师范学院新校区搬迁揭牌仪式

中心。2005 年 5 月，福安师范学校与宁德市农业学校合并组建宁德职业技术学院，为闽东第一所公立高等职业技术学校。2010 年 3 月，经教育部批准宁德师范专科学校升格为本科层次的宁德师范学院，成为宁德市唯一一所全日制本科层次的普通高等学校。2014 年，宁德师范学院获学士学位授予权。2018 年，宁德师范学院开始联合培养硕士研究生。2022 年，宁德市有宁德师范学院、宁德职业技术学院 2 所高等学校。共有教职工 1257 人，在校生 2.2 万人（其中全日制 1.7 万人，非全日制 0.4 万人），招生 0.8 万人（其中全日制 0.6 万人，非全日制 0.2 万人）。

民族教育

宁德地区少数民族村落分散，交通不便，各县（市）采取多项措施普及九年义务教育，包括调整小学布局，在少数民族聚居的行政村设立民族小学，撤并少数民族单、双人校和教学点，创办寄宿制民

宁德市民族中学

族小学等办法，方便散居在偏远山区的少数民族学生入学。1952 年，创办福安市民族实验小学，位于福安市坂中乡仙岩村，是一所寄宿制学校，也是全省唯一的县（市）级民族实验小学。1958 年，创办宁德市民族中学，位于福安市区，是全省唯一的少数民族重点完中，是全国首批 7 所“全国民族中学示范校”之一，福建省二级达标学校。1993 年，全区有少数民族小学 140 所（含教学点），在校小学生 10427 人。当年全区有少数民族学龄儿童 17029 人，入学 16860 人，入学率 99.0%。

1999 年开始，宁德地区先后进行三轮民族寄宿制小学建设，对民族寄宿小学进行新建和改扩建，改善民族地区小学的办学条件。启动帮助少数民族小学生入学的“春蕾计划”，该计划包括改善少数民族学校设施、设立畲族特困女童“春蕾班”，资助畲族农民工子女及困难家庭子女入学等。

2005 年，宁德市继续抓好民族教育地区基本实施九年义务教育和基本扫除青壮年文盲的“两基”巩固提高工作，提高少数民族儿童少年义务教育阶段入学率，推进民族地区基础教育事业发展。全市 54 所民族小学，在校生 1.6 万多人，少数民族学龄儿童入学率达 99.97 %，辍学率从 1999 年的 4 % 降低到当年的 0.5 %。2015 年，宁德市有独立设置的民族学校，以畲族为主，有民族中学 6 所（普通高中 1 所，职业高中 1 所，独立初中 4 所），民族小学 45 所（独立设置的民族小学 9 所）。当年秋季，全市有少数民族在校中小学生 24485 人，其中小学生 15771 人，初中生 5812 人，高中生 2860 人，特殊教育 42 人。2022 年，宁德市有独立设置的民族小学 11 所，中学 7 所。全市基础教育学校中少数民族学生 4.1 万人，占全市基础教育学校学生总数的 7.1%。

科　　技

锂电新能源产业基地

宁德霞浦出土的“贝丘遗址”大量陶器标本表明，4000 年前，闽东先民利用打磨的石器和骨器从事渔猎和农事活动。三国时期，三沙湾古镇村即建有船屯，造船业已经很发达，造船技术名闻江南。唐代，建筑、农业、水利灌溉技术已较成熟。制糖、制曲、酿酒和制盐都有一定规模。宋代，区内官民都有采矿冶银。南宋陶瓷技术有较大发展。元至正年间（1341—1368 年），用石灰腐毛竹成浆技术造纸。明初，区内广种苎麻、菁，纺织和印染技术普及，沿海海水养殖技术得到发展，同时医术也有很大程度提高。清代，农业、手工业传统技

术的革新应用和普及程度也相应提高。清末，随着新式学校的创办，近代科技在各个领域内得到广泛运用。清同治二年（1863 年），西医传入闽东。宣统三年（1911 年），福安成立茶叶研究会。1915 年，福鼎创办文新印刷局，采用石印平版印刷技术。随后引进良种、化肥、农药，改进农艺；兴办电力、矿冶、化工、轻工业，开展气象观测，创办医院，科学技术进入农、工、医各个领域。

中华人民共和国成立后，各类科研机构相继建立，全区专业科技人员 34 人，主要开展自然资源调查和实用技术的研究。20 世纪 70 年代，宁德地区农科所科技人员主持小组选育成功杂交水稻籼型 V41 不育系，与二九南 1 号不育系（袁隆平选育）、珍汕 97 不育系（江西萍乡地区农科所选育）并称为中国杂交水稻最早三大不育系。V41 不育系及其配组的闽优 1 号、2 号、3 号于 1978 年分别获全国科学大会奖和福建省科学大会奖。中共十一届三中全会以后，科学技术进入全面发展阶段。1992 年，初、中、高级科技人员达 1.3 万人，有 327 项科技项目成果获奖，其中国家级 4 项，省（部）级 48 项，厅（局）级 122 项，行署颁发的科技成果奖 153 项。1993—2005 年，全区组织实施科研项目 440 多项，其中获省政府科技进步奖三等奖的 46 项。2006—2013 年，全市获得省政府科技进步奖 46 项。

2014 年，全市拥有省级创新型企业 27 家，创新型试点企业 50 家，国家高新技术企业 26 家，省科技型企业 222 家，知识产权试点企业和优势企业 101 家。新增省级企业技术中心 5 家。1 人入选科技部“科技创新创业人才”。全年新认定中国驰名商标 12 件，累计达 34 件，居全省设区市第四位，实现各县（市、区）全覆盖；新增福建省著名商标 31 件，总数达 225 件；新认定宁德市知名商标 46 件，总数达 436 件。新核准地理标志证明商标 7 件，全市地理标志证明商标总数达到 54 件，继续居全国设区市前列。全市注册商标总数达到 14451 件。39 家 41 项产品获得“福建名牌”产品称号。“福鼎白茶”“宁德大黄鱼”入选全省首届“十佳地理标志商标”。

2022 年，全市拥有国家高新技术企业 226 家，新增 61 家。科技“小巨人”企业 112 家。省级以上重点实验室 12 家，其中全国重点实验室 1 家，省级创新实验室 1 家，省级重点实验室 10 家。新型研发机构 19 家，其中省级 8 家、市级 11 家。众创空间 50 家，其中国家备案 1 家、省级 18 家、市级 31 家。共实施省级科技计划项目 57 项。全年完成技术合同登记服务 152 项，技术交易额达 48 亿元。驰名商标总数 46 件，实现各县（市、区）全覆盖。新核准地理标志商标 4 件，地理标志证明商标总数达到 90 件。商标有效注册总量 87355 件，比上年增加 13392 件。社会公用计量标准总数达 260 项。全年检定校准计量器具 12 万台（件）。新增专利授权 6551 件，其中发明专利授权 685 件、实用新型专利授权 4532 件、外观设计专利授权 1334 件。有效发明专利拥有 2988 件，比上年增加 623 件。PCT 国际专利申请 2219 件，申请量居全省首位。

高新技术产业

宁德高新技术产业主要涵盖新能源、新材料、生物医药、电机电器、化油器等领域。中华人民共和国成立后，宁德逐步建立了一批科研机构，大力开展科学研究。福建省宁德地区农科所、福建省农科院茶叶研究所在开展农业科学技术研究、推广等方面成绩斐然。尤其是 1978 年以来，取得一大批科技成果。据不完全统计，1979—1992 年，宁德市有 327 项科研项目获奖，其中国家级奖 4 项，省（部）级奖 48 项，厅局级奖 122 项，地区级 153 项。食用菌技术开发被列入国家“星火计划”；生产性对虾人工育苗研究成功；大黄鱼人工育苗孵化在国内首次取得成功。1992 年，宁德市拥有各类专业技术人员 3.2 万人，其中中、高级专业技术人员 5995 人，民办科研机构 61 家，科技示范乡镇 21 个，涌现一批科技专业户、示范户，有力推动了先进实用技术在广大农村的推广应用。

自 21 世纪以来，宁德科技呈现出快速、持续发展的局面。特别是 2007 年以来，相关国家科技项目的争取以及重大项目的落地，为宁德科技发展奠定了坚实的基础。2007 年，全市新争取国家和省级各类科技项目 33 项，“新型环保屏蔽式电泵系列”得到国家创新基金立项，实现国家级创新基金项目扶持“零”的突破。茶叶、食用菌、汽摩配件、新材料等 4 个行业技术研发中心挂牌运作。2008 年，宁德市院士科技园挂牌成立。全市 12 家企业被列入省第二批创新型试点企业，3 家企业被审定为福建省“十一五”首批制造业信息化应用示范企业。全市省级企业技术中心 6 家。根据国家新出台的《高新技术企业认定管理办法》，福鼎一雄光学仪器公司、闽东亚南电机公司、闽东五一机电公司、福安振中电器公司等 4 家企业首获认定。2009 年底，宁德改革开放 30 年来，引进的最大外资项目新能源聚合物锂离子电池项目在宁德落户，其主体工程在宁德高新科技产业园区正式动工，带动信息、电子、新材料、新能源、机械制造等相关产业的迅速发展。

2010—2014 年，是宁德市高新技术产业发展较快的时期。2010 年，全市高新技术产业实现总产值 79.0 亿元。宁德市入选全国首批 32 个“中小企业知识产权战略推进工程”实施城市之一，也是福建省唯一入选的城市。2011 年，宁德市高新技术产业发展势头持续强劲，总产值和增加值保持较快增长。高新技术产业单位 99 家，从业人员平均人数 1.2 万人，高新技术产业总产值 109.0 亿元，比上年增长 37.9%；产业增加值 32.1 亿元，比上年增长 36.4%。亚南电机项目被列入国家“863”计划，广生堂医药项目被列入国家重大专项，取得历史性突破。2012 年，149 家高新技术产业单位完成总产值 218.1 亿元，比上年增长 100.2%；实现高新技术产业增加值 53.1 亿元，比上年增长 65.7%。高新技术产业对经济增长的贡献率 14.5%。企业立项数及资助金额再创历史新高，有 67 个项目获得国家创新基金立项，其中“闽东中小电机创新产业集群项目”作为中国第四个国家创新基金产业集群扶持项目获立项 55 个；福建亚南新能源燃料电池项目和基于全基因组信息的鱼类遗传选育等两个项目获科技部“863”计划扶持。福安被认定为国家火炬中小电机特色产业基地。2013 年，宁德市高新技术产业保持快速增长态势。610 家高新技术产业单位完成总产值 375.5 亿元；实现高新技术产业增加值 84.0 亿元，占地区生产总值的比重 6.8%；主营业务收入 366.2 亿元，高新技术产业对经济增长的贡献率为 18.9%。闽东中小电机创新型产业集群被科技部火炬中心列入 2013 年度“创新型产业集群试点（培育）”，福鼎被认定为国家火炬福鼎化油器特色产业基地。2014 年，宁德市规模以上工业实现增加值 649.9 亿元，同比增长 15.2%；总产值 2736.8 亿元，同比增长 15.5%。增加值和总产值总量均创历史新高，其中增加值首次超过 600 亿元，两项增速分别比全省平均水平高 3.3 个和 3.2 个百分点，居全省各设区市第二位。全市拥有省级创新型企业 27 家，创新型试点企业 50 家，国家高新技术企业 26 家，省科技型企业 222 家，知识产权试点企业和优势企业 101 家。新增省级企业技术中心 5 家。企业的创新主体意识不断增强，自主创新能力有效提升并逐年增强。

2022 年，宁德市建立“微成长、小升高、高壮大”的创新型科技企业梯次培育体系，深入实施高新技术企业“双倍增”行动，强化分类施策和靶向行动，推动科技型企业“小升高、高变强”。指导成

宁德时代新能源科技股份有限公司自动化电池模组生产线

立宁德市高新技术企业协会，积极引导企业申报高新技术企业，全年新增国家级高新技术企业74家、省级科技“小巨人”企业60家、176家企业入库科技部科技型中小企业库。

主要科技成果

1978年以来，随着经济和科技的不断发展，全区科技成果不断增加，水平不断提高。1986—1992年，全区共获省政府科技进步奖30项。从1993年开始，宁德市加强对科研成果的管理，由地区科委具体负责管理，建立了科技成果登记管理制度，从项目立项、申报审批、组织实施、鉴定验收全程跟踪管理，同时设立国家级、省级、地级、县级4个分类管理制度。至1998年，全区组织实施科研项目260多项，其中获省政府科技进步奖三等奖20项（其中1项星火奖），获宁德地区行署科技进步奖32项。1999—2005年，全区组织评审验收科研项目170项，其中申报省、地评奖项目127项，获省科技进步奖26项，一些项目达到省内，甚至国内领先水平。2007年，宁德市登月水产食品有限公司“皱纹盘鲍杂交育种技术及其养殖工艺体系”获得国家科学技术进步奖二等奖。2011年，福建申石蓝食品有限公司参与研发的“坛紫菜新品种选育、推广及深加工技术”项目获国家科技进步奖二等奖。2006—2013年，全市获得省政府科技进步奖46项。2014年，获省政府科技进步奖6项，其中二等奖1项、三等奖5项。2015年，全市申报国家级科技项目13项，完成48个国家创新基金、3个省创新基金、3个区域重大项目验收，4个项目获福建省科学技术奖。2016年，宁德时代新能源有限公司申报的新能源汽车重点专项与智能电网技术与装备重点专项2个国家重点研发计划获批立项，获资助经费1.8亿元。2017年，全市科研成果获省科学技术二等奖2项、三等奖4项。2018年，1个项目获省技术发明奖二等奖（一等奖空缺），3个项目获省科技进步奖三等奖。2019年，宁德市6项科技成果获2018年度福建省科学技术奖，其中宁德时代新能源科技股份有限公司开发的“三元动力电池关键安全技术开发与产业化”获科技进步奖一等奖。

2022年，全市4项科研成果获2020年省科学技术奖一等奖1项、三等奖3项。全年向省科技厅推荐各类科技计划项目106项，争取省级科技项目立项58项，获得补助资金2319万元。其中，中央引导地方项目科技发展资金6项、补助资金600万元，公益类项目4项、补助资金65万元，区域发展7项、补助700万元，创新资金项目4项、补助140万元，STS项目5项、补助金额220万元，自然科学基金12项、补助金额94万元，星火项目7项、补助金额160万元，科技特派员后补助项目7项、补助金额235万元，引导性项目4项、补助金额75万元，重大专项专题项目1项、资金金额500万元，科技创新平台项目1项，补助金额30万元。突破高能量密度、高安全、快充等动力电池行业关键技术瓶颈，发布麒麟电池，推出 EVOGO 组合换电解决方案，推动新能源产业发展。成功轧制集高强度、高耐蚀、抗疲劳的高强度经济型双相不锈钢。“富发 1 号”大黄鱼新品种入选农业部水产新品种。抗新型冠状病毒小分子口服药 3CL 蛋白酶抑制 GST-HG171 已进入临床试验阶段。

知识产权保护

中共十一届三中全会以后，随着人们对知识产权保护意识的不断增强，对知识产权的重视程度也随之提高。1988 年，宁德市成立成果专利科。2001 年 12 月，更名为成果技术市场科，加挂宁德市知识产权办公室牌子。至 2005 年，全市专利共申请受理 1839 件，授权 836 件。2006 年 4 月，随着宁德市知识产权局机构的成立，加大对《中华人民共和国专利法》《中华人民共和国专利执法办法》的宣传普及，增强全社会专利意识，加强专利保护工作，维护专利权人合法权益。2010 年，宁德市入选国家知识产权战略推进工程首批实施城市，是福建省唯一入选城市。2012 年，为贯彻落实《国家知识产权战略纲要》《福建省人民政府关于贯彻国家知识产权战略纲要的实施意见》，出台《宁德市人民政府关于贯彻落实国家知识产权战略纲要的实施意见》，确定宁德市知识产权发展总体目标、工作任务。2014 年，为进一步加强知识产权工作，鼓励创新创造，宁德市设立专利发展专项资金，出台《宁德市专利发展专项资金管理暂行办法》《宁德市专利申请资助办法》。2015 年，宁德市新能源科技有限公司入选国家知识产权优势企业。2016 年，福安逸夫小学成为宁德市首个全国中小学知识产权教育试点学校、福建省唯一入选学校。2017 年，全市专利申请量 3333 件，专利授权 2110 件，同比增长 30.3%，增速居全省首位。2018 年机构改革，宁德市知识产权局并入宁德市市场监管局。2020 年，宁德市委办、市政府办印发《宁德市强化知识产权保护若干措施》。同年，宁德新能源科技有限公司“电解液以及包括该电解液的锂离子电池”专利获福建省专利奖一等奖，另有 4 项专利获三等奖。获批建设中国（宁德）知识产权保护中心，成为福建省第二家获批建设的知识产权保护中心。2021 年，建成中国（宁德）知识产权保护中心。2022 年，新增 PCT 国际专利申请 2219 件，申请量居全省首位。国内专利授权 6551 件，同比增长 38.3%，增幅全省第一，其中发明专利授权 685 件、实用新型专利授权 4532 件、外观设计专利授权 1334 件。有效发明专利拥有 2988 件，其中高价值发明专利拥有 949 件，增幅排名全省第一；每万人高价值发明专利拥有量突破 3 件。截至 2022 年底，全市商标有效注册量 87355 件，其中地理标志证明商标 90 件，居全省第三位，8 件地理标志证明商标被认定为驰名商标，行政程序认定数居全省第一位，居全国设区市前列，被认定为驰名商标 46 件。宁德市知识产权保护中心获评首批国家级专利导航服务基地，《发挥地标引领作用　助力乡村产业振兴》工作经验成功入选全国商标品牌建设优秀案例。宁德时代新能源科技股份有限公司专利“一种集流体，其极片和电池及应用”获 2021 年福建省专利特等奖。

民生保障

劳动就业

民国时期，全区仅有几家织布、印刷、茶叶粗制、酿造食品等工厂，大量手工业作坊设备简陋陈旧，工人由业主自行雇用。中华人民共和国成立后，政府实行严格的劳动计划管理，对劳动力实行计划内“统招统配”。

1980 年后，全区逐步改革用工制度，地、县劳动局根据中央和省政府有关文件精神，成立劳动服务公司以帮助安置城镇待业人员。1981 年，全区推行“三结合”（全民、集体、个体就业结合）的多渠道就业方针，大力提倡城镇待业人员个体就业，有关部门也适时制定各种优惠政策。当年全区有私营及个体企业 300 多家，从业人员 4532 人，其中城镇待业青年 2900 人。1984 年，全区有 9 个劳动服务公司，下设 11 个劳动服务站，先后开办建筑维修工程队、电工材料厂、塑料厂、建筑材料搬运队、饮食服务公司等 149 个，安置 1364 名城镇待业人员。同年，地区劳动局在福鼎县秦屿镇召开全区“发展集体、个体经济，安置城镇待业人员”表彰暨现场会，参观学习秦屿镇发展多种成分经济、宣传多渠道就业、大力安置城镇待业人员的做法。当年底，全区自谋就业的城镇青年达 1.6 万人，古田县城关镇仅从事食用菌个体生产、经营的城镇青年就达 1.2 万多人。由于就业门路的不断拓宽，1986 年，全区有各部门办的劳动服务公司网点 47 个、安置待业人员 812 人。1988 年，全区有各类劳动服务公司 72 个，生产及服务网点 194 个、安置待业人员 4644 人，年创产值（含劳务收入）1259.2 万元、利润 49.5 万元、上缴税金 50.6 万元。1990 年后，劳动服务公司的作用逐步削弱，而城镇自谋职业则渐成风气，全区个体从业人员达 2.4 万人。1992 年底，全区有县（市）办劳动服务公司 10 个，单位办劳动服务公司（站）43 个，生产服务网点 103 个、安置待业人员 643 名，年劳务收入 3238.8 万元、年利润 79.9 万元、上缴税金 38.7 万元。自谋职业或从事个体经营的城镇就业人员 2.8 万人，占当年城镇从业人员的 12.4%。

2019 年 9 月 7 日，2019 年"宁智回归"高端人才峰会召开（郑霄 / 摄）

1993 年初，宁德地区劳动服务公司开展山海协作项目，当年全区组织农村劳动力输出 1.0 万人，其中劳动部门组织输出 3338 人。1995 年，宁德地区行署批转地区劳动局《关于在全区实施再就业工程意见的通知》，启动开展再就业工作。1998 年 8 月，地委、行署下发《关于做好国有企业下岗职工基本生活保障和再就业工作的通知》，2001 年开始，农村劳动力开发与转移就业工作全面铺开。霞浦县被确定为部级农村劳动力开发试点，周宁县被确定为省级农村劳动力开发试点。各县（市、区）积极发挥乡镇劳动工作站作用，开展农村劳动力资源调查，组织多样化技能培训，促进农村劳动力就近转移就业和劳务输出就业。当年全市新增农村劳动力转移就业 7484 人。2003—2005 年，在全市范围内组织实施“16833”就业工程。就业工作的重点从过去的帮助农村劳动力转移就业、下岗失业人员再就业，扩大到城镇新增就业，控制城镇登记失业率。2004 年，市政府颁发了实施“16833”就业工程目标责任书，把促进就业工作目标责任制任务指标分解下达到各县（市、区）政府和市直有关单位，加强督促检查和考核通报。当年全市新增就业 2.6 万人，城镇登记失业率 4.3%，低于省下达年末控制指标 0.2 个百分点。到 2005 年底，全市累计下岗失业人员再就业 2.3 万人，完成“16833”就业工程总目标任务 225%；社会各类就业培训 10.3 万人次，完成 172%；城镇新增就业 8.1 万人，完成 101%；为 9197 人次“4050”下岗失业人员提供再就业援助，完成 306%；全社会各类人员就业 31.1 万人，完成 104%。2005 年，省政府《关于开展劳务派遣工作若干意见》实施后，宁德市全面开展劳务派遣工作。当年全市累计劳务派遣 2.3 万人。2007 年，将劳务派遣机制延伸到农村，把大中专毕业生、农村富余劳动力、大龄下岗失业人员作为劳务派遣的重点对象，不断拓展派遣业务。全市累计劳务派遣 4.7 万人，其中当年新增派遣 2.3 万人，派遣人员工资按时足额发放，养老、失业、医疗、工伤、生育保险综合参保率 80% 以上。

2015 年，宁德市各级人社部门机构改革和职能整合全面到位，人力资源市场有效整合，市本级建成全省设备最为先进、信息化程度最高的人力资源市场，实现常态化举办招聘会。市人社局牵头制定 13 份促进就业创业政策文件，促进各类群体就业再就业。全市城镇新增就业 3.4 万人，有 1.2 万名下岗人员实现了再就业。年末城镇登记失业率为 2.6%。

2016—2018 年，出台 8 项创业带动就业措施，强化就业创业扶持，多渠道促进各类群体就业创业，就业局势持续平稳，连续 3 年在省政府促进就业工作目标责任综合督查考核和就业补助资金评价现场考核中获评优秀。2019 年，将“实施公共就业服务工程”列入市委市政府为民办实事项目，发放就业创业服务补助资金 1.4 亿元，发放创业担保贷款 575 笔、7705 万元。

2020—2022 年，新冠肺炎疫情以来，人社部门坚持就业优先政策，主动靠前服务，相继出台《支持企业疫情防控期间复工稳岗》《扩大失业保险保障范围》《优化企业用工服务八条措施》《宁德市服务制造业企业用工八条措施》等系列政策措施，减轻企业负担，稳住就业岗位。落实国家阶段性减免、缓缴企业社保费政策，减免养老、工伤、失业保险费 9.3 亿元，为 159 家企业办理缓缴养老、工伤、失业保险费 667 万元；阶段性降低失业保险费率政策，为企业减免失业保险费 4.9 亿元。3 年来争取上级就业补助资金 3.4 亿元。兑现各项补贴政策，帮助企业渡过难关，发放各项稳岗扩岗资金约 3 亿元，其中向 1.5 万家次单位发放失业保险稳岗返还资金 1 亿元；向 407 家次春节当月保持生产的规模以上工业企业、54 家紧缺急需物资生产和保障民生商贸配送企业、341 家留住外省员工在宁过年的企业、在建重点项目建设（施工、监理）单位发放一次性稳就业奖补 9571 万元。开展人力资源服务提升专项行动，创建“无忧就业城市”，保障企业用工，累计派出 220 趟大巴车帮助 5621 名农民工以“点对点”方式直接返岗；组建 2273 个用工服务小分队深入乡镇、社区（村）送政策送岗位上门，全力保障复工复产；实施“万人回归”工程，开展跨省劳务协作，与贵州、四川、云南等地签订劳务协作协议，设立省外劳务工作站 11 个，实现常态化跨省招工引才。2022 年，宁德市城镇新增就业 4.0 万人，城镇失业人员再就业 7028 人、就业困难人员实现就业 3614 人，发放创业担保贷款 2.9 亿元，发放量连续 3 年位居全省第一。就近就地开发保洁员、护林员等公益性岗位，兜底安置市场渠道难以就业的脱贫劳动力 1706 名。

社会保障

中华人民共和国成立后，全区开始建立工作人员社会保险制度，以保障其在年老丧失劳动能力或发生疾病时的基本生活和医疗。20 世纪 80 年代，企业职工的社会保险制度有较大改革，建立了待业保险制度。90 年代开始，开展机关事业单位养老保险体制改革、城乡居民社会养老体制改革，开展基本医疗保险、工伤保险、生育保险等试点工作，并已得到逐步完善。

基本养老保险　1984 年，按照省政府要求，宁德地区率先在工业和交通企业固定职工中试行养老金统筹。1987 年，地区企业基本养老保险参加全省统筹，覆盖面由起步时以国有企业固定职工为主，逐步扩大涵盖国有、集体、“三资”、私营企业、个体工商户和灵活就业等城镇各类人员。2001 年，基本养老保险基金征收移交地税部门后，全市社保经办机构及时转变工作职能，由“促征收、保发放”向

"确保发放、规范管理、优质服务"转移，并逐步建成省、市、县三级联网的社保信息网络；支付手段实现由开始时的企业发放到2000年的100%社会化发放，离退休人员基本养老水平逐年提高，由1988年月人均96.8元提高到2013年月人均1642元，广大离退休人员普遍得到实惠，全市基本养老保险人数由1988年的6.4万人增加到2013年的26.7万人。年征缴保费由当年的711.9万元，迅速增长到2013年的8.8亿元。2015年，宁德市企业职工基本养老保险参保29.9万人，征收保费11.4亿元。2022年，企业职工基本养老保险参保92.2万人。

机关事业单位养老保险体制改革从1992年12月1日开始，柘荣县率先被确定为全省机关单位养老保险制度改革试点县。全县国家机关179个、事业单位2842名工作人员参加养老保险，经过对所需保险费用进行测算论证，决定养老保险统筹基金。由国家、集体、个人共同负担，国家或集体按工作人员工资总额的25%缴纳，个人按2%缴纳。柘荣县成为全省第一个实行"一步到位"养老保险制度的县，受到劳动人事部的肯定和表彰。1993年4月，行署召开专员办公会议，推广柘荣县经验，提出了一"搭架"（成立机构），二"抓点"［选择退休干部社会化管理验收合格的县（市）先行推开］的实施步骤。7月，霞浦县出台机关事业单位养老保险制度改革实施方案；9月，地直本级也出台实施方案，按照先易后难、逐步推开的原则从合同制工人入手先行开展"六种人"养老保险。1994年1月，省政府发布《福建省机关事业单位工作人员退休养老保险暂行规定》后，全区7个县（市）相继开展此项工作，建立养老保险统筹基金。2001年，机关事业单位养老保险由人事部门移交劳动保障部门管理，其间探索"一保两制""两个通道"等过渡衔接办法，妥善解决政府机构改革中分流人员和事业单位改制后职工养老保险关系的接续问题，为事业单位改革和配套工资改革奠定了基础。2002年，市政府印发《宁德市人民政府批转市劳动和社会保障局、市财政局关于宁德市直机关事业单位养老保险政策有关问题的意见的通知》，从此宁德市机关事业单位养老保险迈入规范化、制度化的轨道。2007年底，全市共征收保费2.6亿元，为启动时的29倍。截至2008年8月，全市参保人员4.8万人，比1994年刚启动时增长180%。2013年，全市参加机关事业单位养老保险5.7万人，征收保费7.4亿元，为1.8万名参保离退休人员支付基本养老金6.1亿元，月人均2878元。2015年，全市机关事业单位养老保险参保6.0万人，征收保费8.1亿元。2016年7月1日起在全省率先全面启动机关事业单位基本养老保险制度改革经办服务，全市机关事业单位基本养老保险参保9.3万人，征收保费12.2亿元。2019年，推进机关社保制度改革，机关事业单位养老保险8.0万人。2022年，全市机关事业单位养老保险12.6万人。

城乡居民社会养老体制改革从1993年推开，以“村干部、乡镇企业职工、农村义务兵、计生户”为重点参保对象，在全区范围内迅速铺开，农民参保十分踊跃。由于当时农保险种不合理，待遇水平与企业、机关事业单位养老保险相比明显偏低，各地政策和参保手续不统一，1998年，在国家机构改革后，宁德市本着稳妥、慎重、适度的原则，着手对农保业务进行清理整顿。2005年后，宁德市农保事业进入加快发展时期，至2007年底参保人数达8.6万人，全年征收保费482.8万元，保险基金运行平稳。2008年，开始着手做好被征地农民社会保障政策制定工作。2009年12月，省政府确定福鼎市为全省新农保试点县（市）。2010年1月和10月，福鼎、福安市分别启动实施新型农村社会养老保险试点。2011年7月，福鼎市、福安市、柘荣县如期启动城镇居民社会养老保险试点工作，组织1.3万名符合条件的城镇居民参保，为5265名60周岁以上城镇居民发放基础养老金 153 万元。2011 年 10 月，实现新型农村养老保险全市全覆盖。2012 年 5 月底，实现全市城乡居民社会养老保险制度全覆盖。福安、福鼎市将基础养老金从 55 元 / 月提高到 70 元 / 月。全市参加城乡居民社会养老保险 116.0 万人，为 34.9 万名老年城乡居民发放基础养老金 2.5 亿元，其中新型农村社会养老保险参保 112.2 万人，参保率 94.8%，位居全省前列。2013 年，在全省率先实施城乡居民社会养老保险制度一体化，统一城乡居民缴费档次，扩大困难群体补助范围，提高缴费政府补贴标准。全市 120.6 万名城乡居民参保，参保率 96%，续缴率 93%；累计为 37.4 万名城乡老年居民发放基础养老金 2.5 亿元，发放率 99.9%。与此同时，加强对被征地农民养老保障工作，与城乡居民保险制度实现有效衔接。2015 年，全市参加城乡居民社会养老保险 124.3 万人。2018 年，宁德市按照"全覆盖、保基本、多层次、可持续"要求，推进城乡社会保险一体化建设。城乡居民社会养老保险参保人数 130.2 万人，当年新参保 3.9 万人，综合参保率 97.6%。2022 年，持续推进全民参保计划，城乡居民养老保险参保 144.9 万人，其中当年新增参保登记人数 3.2 万人。

基本医疗保险　1996 年 4 月，福安市在全区率先开展企业职工基本医疗保险试点。当年全区有 50 家企业的 5717 名职工参加医疗保险，共征收医疗保险费 97.9 万元，为 2800 多名病患者支付医疗费用 58.6 万元。2001 年，在试点取得成功经验的基础上，全市全面启动实行城镇职工基本医疗保险制度改革，原享受公费医疗人员亦参加医疗保险。公务员和全额拨款事业单位工作人员及其退休人员享受公务员医疗补助。2002 年，重点扩大中央驻宁单位和效益较好的国有企业参保的覆盖面。同年 7 月 1 日，全市启动医疗保险网络系统建设，年底全市实现联网。市直相关部门联合制定基本医疗保险支付部分费用诊疗项目、药品使用管理暂行办法和企业补充医疗保险指导意见等 6 个配套政策，调整 2002—2003 年统筹基金最高支付限额，对全市 134 家医保定点医院资格进行认定，解决了正高级专业技术人员和中小学特级教师享受医疗保险待遇问题。2003 年，将未达到法定退休年龄的灵活就业人员，从事非全日制、临时性、季节性和自谋职业者纳入城镇职工基本医疗保险范畴。完善医疗保险网络建设，全市医保网络已连接 106 家定点医院、18 家定点药店，医保 IC 卡发放 13.3 万张，实现市、县、乡三级联网。2004 年 11 月，通过市政府采购确定泰康人寿保险股份公司承保全市第二轮商业补充医疗保险，每人每年投保费 60 元。2006 年 2 月，市本级医疗保险信息系统与省医保中心实现联网，发放全省异地就医卡 710 多张，异地就医就诊近 1500 人次，方便参保人员异地就医。当年 6 月，市政府下发《关于印发宁

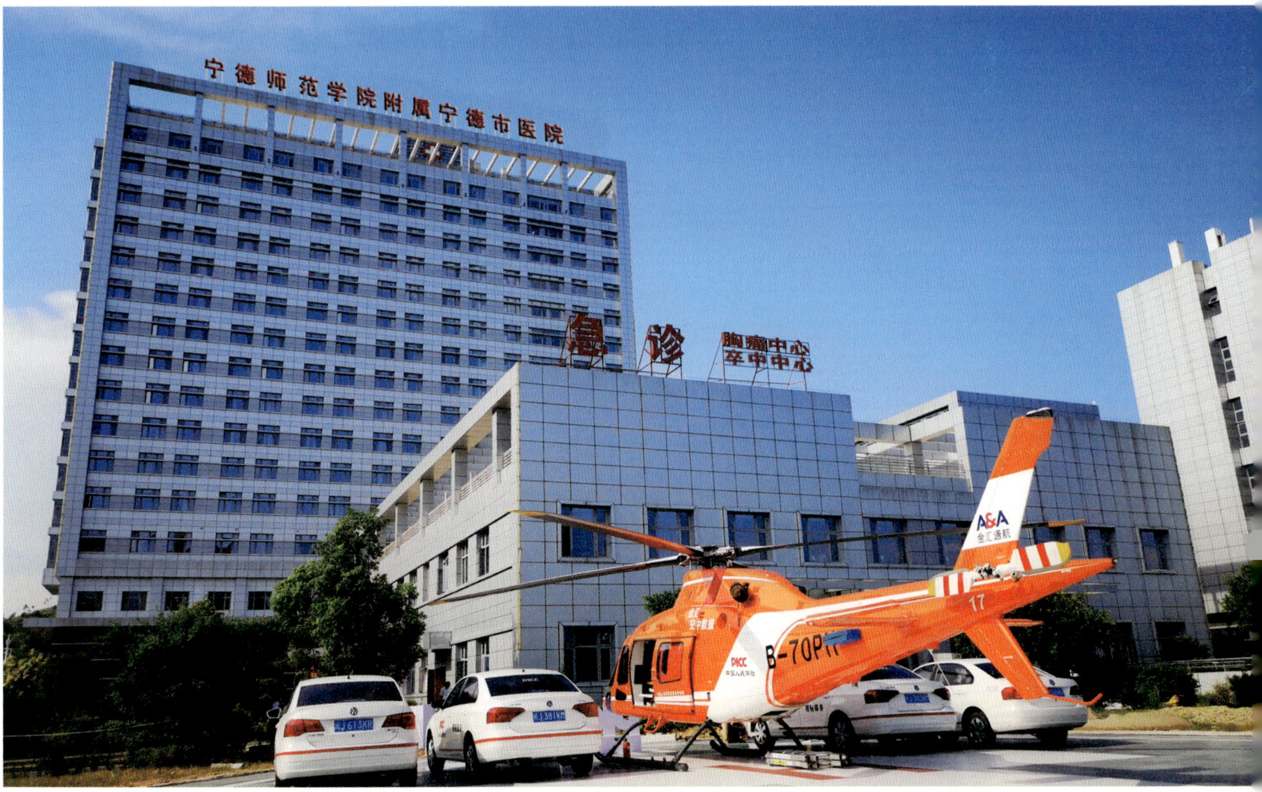

宁德市医院东侨院区

德市城镇职工基本医疗保险大病统筹管理暂行规定的通知》，采取低缴费、保大病的措施解决困难企事业单位职工基本医疗保险问题。全市有 5301 名困难企业职工解决了医疗保险问题。2007 年，市政府出台了农民工大病统筹基本医疗保险办法，有 2.0 万名农民工参加基本医疗保险。同时，在争取省里资金补助 1.2 亿元的情况下，解决了全市 1.4 万名已关闭破产的国有、城镇集体企业退休人员参加医疗保险历史遗留问题。争取省里补助 402.6 万元，解决了华侨农场职工参加医疗保险问题。当年，全市参加医疗保险职工 17.6 万人，其中困难企业职工参保 5334 人、灵活就业人员参保 1.1 万人；收缴保费 2.3 亿元，支出医保金 1.8 亿元，医保基金收支平衡，略有结余。2016 年，完善城乡居民基本医疗保险制度，做好医保支付方式改革，制定第二批单病种付费病种范围及结算标准，单病种付费病种数达到 101 个。在全省率先开发医疗保险智能费用审核和医疗保险定点药店视频监控系统。全市参加基本医疗保险人数 316.9 万人，其中参保职工 36.2 万人，参保的城乡居民 280.8 万人。2017 年，开通了社保卡跨省异地就医功能。2019 年提高城镇职工医保基金支付限额和城乡居民医保报销比例，降低城乡居民大病保险起付线，实行城乡居民医保县级医院普通门诊统筹。并在县级及以下定点公立医院全面实施城乡居民医保普通门诊医保统筹基金报销；普惠性提高大病保险待遇水平，将居民医保大病保险起付线从 6 万元大幅下调至个人负担 12300 元（贫困人口再降至 6100 元）。2020 年，医保部门会同财政部门出台确保新冠肺炎患者不因费用问题影响就医，确保收治医院不因支付政策影响救治的“两个确保”政策，将新冠肺炎出院患者的门诊康复治疗纳入特殊病种保障范围；被列入国家 DIP 医保付费改革试点，当年有 22 家定点医疗机构实现 DIP 实际付费。医保、财政、公安、税务、卫健、市场监管等六部门联合出台《关于进一步加强医保基金管理确保基金安全运行的意见》，推动部门协同，加强基本医疗保险基金监督管理。2022年，全市基本医保参保人数328.7万人，其中城镇职工医保参保50.4万人，城乡居民医保参保278.3万人。城镇职工医保统筹基金收入17.9亿元，支出9.2亿元，当期结余8.7亿元。城乡居民医保基金收入27.4亿元，支出21.9亿元，当期结余5.4亿元，医保基金整体平稳运行。全面建立职工医保门诊共济保障机制，全面实施重特大疾病医疗保险与救助制度；提高城乡居民基本医保县、市及市外定点医疗机构住院报销比例5个百分点；梯次提高职工基本医保二级及以下定点医疗机构住院报销比例。

失业（待业）保险 1986年5月，根据省政府下发的《国营企业职工待业保险暂行规定》实施细则，全区启动国营企业职工待业保险工作。1987年，依据福建省劳动局待业期间救济金发放标准规定，开始对部分企业下岗待业人员实施补助。1992年6月，省政府批转省体改委、劳动局、财政厅关于《福建省企业职工待业保险暂行规定》，将参保对象扩大到各类企业，全区企业待业保险工作全面开展。1998年，企业按其参加失业保险的全体职工月工资总额的2%，职工个人按其月工资总额的1%缴纳失业保险费。当年，全区失业保险基金实行“地区统筹、分级负责”的管理办法，将当年征收的失业保险金划出60%，以各县（市）上交的基数为比例分配各县（市）使用，其余40%由地区统筹调剂。当年全区征收失业保险费956.1万元，发放937.1万元，并调剂部分失业金用于下岗职工基本生活保障资金，保证进入“再就业服务中心”已签订协议的下岗职工都能领到基本生活保障金。1999年，贯彻落实国务院颁布的《失业保险条例》和《社会保险费征缴暂行条例》，全区有1126名失业人员提高失业金待遇，月人均提高51元。2001年起，失业保险费改由地方税务机关征收，形成税务征收、财政部门监管、社会保险经办机构审核发放失业金的管理模式。2006 年，认真贯彻实施新修订的《福建省失业保险条例》，不断提高失业保险管理服务水平，认真做好失业金审核发放，并多方努力取得省里失业金补助 1000 万元，确保失业金正常发放。2007 年，全市参加失业保险职工 10.8 万人，征收保费 2767 万元，为 5730 名失业人员发放失业金 1654 万元。2015 年，参加失业保险人数 19.5 万人，全市领取失业保险金人数 2399 人。2020 年，及时出台应对疫情“推进企业复工复产”帮扶政策措施，促进稳企稳岗，复工复产。打出“免减缓返补”政策组合拳，全市为企业减免养老、工伤、失业保险费 9.3 亿元。发放一次性稳就业奖补 1040 万元、留岗留薪补贴 415 万元。失业金申领工作经验被省人社厅在全省推广。2022 年，全市参加失业保险 38.5 万人，领取失业保险金 4345 人。

工伤保险 1993 年 11 月，地区行署批转地区劳动局等部门提出的《宁德地区企业职工工伤保险暂行办法补充规定》，进一步完善工伤保险和评残办法，规范工伤待遇审核程序。当年，全区有 71892 名企业职工参加工伤保险，征收工伤保险费 87.2 万元，受理工伤事故 82 起 86 人，支付工伤金 39.5 万元。开展工伤保险后，当年全区企业工伤事故明显下降 50%。1995 年，工伤保险参保范围扩大到境内所有企业和实行企业化管理的事业单位。工伤保险制度实现全省统一，基金实行地（市）统筹，按一定比例上解省调剂金，费率根据行业事故频率实行差别费率制，标准为 0.5%～1.5%，每两年调整一次。工伤待遇支付，须经县以上劳动鉴定委员会认定工伤或经职业病防治机构确诊，由企业向当地社保经办机构申报，经审核后按全省统一标准支付。2004 年，市政府下发《宁德市人民政府关于企业工伤保险有关问题的通知》，进一步完善了工伤保险政策。工伤保险费基准费率为 0.5%～2% 之间，每两年可上下浮动。因工（公）死亡职工，一次性工亡补助金标准调整为 48 个月的全市上年度月平均工资。2007

年7月起，全市实行自收自支、财政差额拨款或财政经费包干的事业单位和民间非营利组织全部参与工伤保险。当年，全市参加事业单位工伤保险8864人，征收保费17.1万元。是年12月，市政府下发《宁德市建筑矿山行业农民工参加工伤保险管理暂行办法》，决定从2008年1月1日起，建筑行业在项目开工前，必须为在建工程项目工地农民工办理工伤保险，按工程项目总造价的1.5‰为农民工缴纳工伤保险费。矿山企业工伤保险费以本单位职工工资总额为基数，按2%费率缴纳。当年，全市有1.4万名农民工参加工伤保险。2015年，参加工伤保险人数31.4万人。2016年，在全省率先出台工伤保险基金先行支付实施办法、建立工伤认定申请实施法律援助制度和劳动能力直接鉴定绿色通道，全市组织工伤认定1597件、劳动能力鉴定1000件。2017年，实施工伤保险基金先行支付，开展工伤医疗费实时结算和工伤康复试点。2022年，参加工伤保险62.1万人，领取工伤保险2727人。

生育保险 1993年初，霞浦县、寿宁县相继开展企业生育保险试点；同年8月，地区行署批转地区劳动局、财政局、妇联、工会、计生委联合提出的《宁德地区企业职工生育保险社会统筹暂行办法》，从当年10月1日起全区全面实行企业生育保险，统一建立生育保险基金。当年，全区有974家企业的59822名职工参加生育保险，征收生育保险费35.1万元，为96名生育对象支付生育金12.7万元。1995年2月，地区行署下发《关于修改〈宁德地区企业职工生育保险社会统筹暂行办法〉的通知》，适当提高生育保险待遇。1996年，宁德地区施行《福建省企业职工生育保险规定》。企业按其职工工资总额的0.7%，按月向当地社保经办机构缴纳生育保险费，女职工符合计划生育规定生育的，产假期间工资及按一定标准包干的医疗费由生育保险基金支付。1997年4月，地区行署下发《关于企业职工生育保险有关问题的通知》，适当提高生育医疗费定额包干标准。2006年4月，市劳动和社会保障局、财政局联合下发《关于企业职工生育保险有关问题的处理意见》，进一步规范生育金支付办法，提高生育保险待遇，参保人数逐年递增。2014年，参加生育保险人数24.3万人，比上年增加4.9万人。2019年，生育保险参保29.8万人，生育保险基金收入7100万元，支出7400万元，当期结余-300万元，累计结余8000万元。2020年，宁德市实施生育保险和职工基本医疗保险两险合并，通过统一参保登记、统一基金征缴、规范生育保险待遇享受、统一医疗服务管理、统一基金管理和核算、统一信息系统平台等方式，实现城镇职工医保与生育保险规范统一。5月1日起，宁德市调整生育津贴领取条件、范围及计发时间标准，将顺产生育津贴计发时间从98天调整至128天，提高生育保险参保人员待遇水平。2021年，贯彻落实党中央关于优化生育政策促进人口长期均衡发展的任务部署，将参保女职工生育三孩的费用纳入生育保险待遇支付范围，切实保障参保人员生育待遇权益。2022年，生育保险参保38.4万人。（生育险已并入城镇职工医疗保险，不再单列统计收支余。）

人民生活

中华人民共和国成立之前，闽东的经济处于封闭半封闭的自给自足的落后境地，百业萧条，民不聊生，人民生活处于水深火热之中。中华人民共和国成立以后，人民生活水平得到不断改善提高，特别是中共十一届三中全会以来，随着国民经济的迅猛发展，宁德市城乡居民收入和生活水平连续上了几个大的台阶，消费结构和消费环境发生了明显变化，城乡居民生活实现了由贫困到温饱再到总体小康的历史性跨越，正逐步走向富裕。

城镇居民收入　中华人民共和国成立初期至改革开放前，随着社会主义制度的建立和国民经济的恢复，城镇居民的生活水平有了一定程度的改善，但收入增长速度缓慢，居民生活基本上处于温饱不足状态。中共十一届三中全会以后，改革开放政策助推了经济的大发展，随着经济体制改革不断深入，城镇居民生活发生了巨大而深刻的变化。20 世纪 90 年代，国家对行政、事业单位普调工资，企业进行工资改革使人均标准工资大幅度上升。1990 年，城镇居民人均可支配收入达 1331 元。1992 年，邓小平南方谈话后，全区鼓励发展非公有制经济，形成了多种经济成分、多种流通渠道、多种经营方式、多种经营业态并存的格局。从事第二职业、家庭财产出租等收入成为居民收入的主要组成部分。1993 年，全区城镇居民人均可支配收入 2194 元，同比增长 24.5%。1998 年，全区城镇居民人均可支配收入为 5198 元，比 1993 年增长 1.4 倍，年均增长 18.8%，扣除物价因素，实际增长 7.1%，居民生活在经历贫困、解决温饱之后，逐步迈向小康。2000 年以前，家庭收入以工薪收入为主，其比重占家庭总收入的 65% 以上，城镇家庭基本依靠工资性收入维系生存。2000 年后，随着改革开放的深入和城镇居民就业取向的改变，宁德城镇居民家庭收入结构发生明显变化，家庭收入单一化的状况发生明显转变，呈现出居民收入渠道多样化的特点。2001 年，在全面进行小康社会建设的进程中，民生得到高度重视，社会各方面的收入分配关系逐步理顺，城镇居民收入渠道不断拓宽，家庭财产性、转移性等收入与日俱增。2006 年，全市城镇居民人均可支配收入达 10741 元，突破万元大关。2012 年，全市城镇居民人均可支配收入 21825 元，突破 2 万元大关，增长 13%。

2015 年，宁德市应对经济新常态，实施一系列稳经济保民生的政策举措，实现经济健康发展，民生不断改善，居民收入平稳增长。

全市城镇居民人均可支配收入 26029 元，比上年增长 8.7%，扣除价格因素，实际增长 7.2%。2017 年，宁德市积极推进供给侧结构性改革，大力扶持新兴产业和现代农业，全力实施脱贫攻坚战略，落实惠及民生的各项政策，人民生活水平进一步提高。城镇居民人均可支配收入 30502 元，比上年增长 8.3%，扣除价格因素，实际增长 7.4%。2019 年，宁德城镇居民人均可支配收入 35887 元，比上年增长 9.0%，增幅位列全省第三名。四项收入全面增长，其中工资性收入 16469 元、增长 8.3%，经营净收入 10850 元、增长 16.4%，财产净收入 3808 元、增长 1.9%，转移净收入 4760 元、增长 2.4%。工资性收入占可支配收入比重最大，拉动城镇居民人均可支配收入增长 3.4 个百分点；经营净收入成为带动居民收入增长的最主要来源，拉动城镇居民人均可支配收入增长 4.6 个百分点。2022 年，全市城镇居民人均可支配收入 42749 元，同比增长 5.3%

城镇居民消费 中华人民共和国成立后，城镇居民消费随着社会经济的变动，有起有伏，但总体呈现出上升的趋势，特别是改革开放以来，城镇居民的消费水平逐步提高。由于消费结构不断改善，居民消费趋向多样化、合理化。宁德城镇居民生活的巨大变化，主要反映在衣、食、住、行得到极大改善。近年来城乡居民的衣着，已突破了式样单一、品质一般的旧格调，品种讲究时尚化、品牌化，款式趋向个性化，质量好、富有时尚感，品牌及彰显个性化的服装渐渐成为消费主流，国际品牌，上千元的皮衣、服装，数百元的皮鞋，不再是居民消费的奢侈品。在饮食上，不仅注重营养，也讲究卫生和口味，部分家庭还配有食谱。随着工作、生活节奏的加快，在外就餐已构成城市居民日常消费的重要部分。在居住方面，城镇人均住房面积由 1995 年的 16.0 平方米增加到 2014 年的 44.8 平方米，增长 1.8 倍；家用电器高档次的排油烟机、电磁炉、双开门冰箱、大屏幕液晶电视等普遍走入千家万户，居民家庭日常用电、用气量不断增加，居住支出呈现快速增长态势。在交通通信方面，现代化的交通通信迅速进入居民消费中。城市的公共交通事业发展迅速，公交车、的士遍布大街小巷，电动车、摩托车、小汽车随处可见，手机、网络家庭普及率持续上升。2014 年，城镇居民人均生活消费支出 17342 元，是 2000 年的 4 倍，是 1990 年的 16.3 倍。2020 年，食品烟酒、医疗保健、衣着、生活用品及服务支出是主要增长点。居住支出保持平稳，交通通信、教育文化娱乐、其他用品和服务支出下滑。至 2022 年，城镇居民人均生活消费支出 29021 元，同比增长 5.3%，城镇居民恩格尔系数 35.2%。

农村农民收入 中华人民共和国成立前夕，闽东农村生产力极其落后，百业凋敝、经济萧条，广大农民生活悲苦，终日在赤贫线、死亡线上痛苦地挣扎。中华人民共和国成立后，贫苦农民翻身做主人，生产力在一定程度上得以解放，但农村经济在曲折中前进，农民生活在徘徊中改善，直至 1978 年，全区农民人均纯收入只有 98 元，较全省平均水平少 40 元，贫苦局面没有摆脱，温饱问题尚未解决，是当时闽东农民生活的基本特征。

中共十一届三中全会作出了农村经济体制改革的重大决策。1981 年，全面推行家庭联产承包责任制，克服了吃大锅饭的平均主义弊病，调动农民生产积极性，解放农村生产力，推动农村经济的全面快速发展。随着党的一系列富民政策的贯彻落实，逐步开放农副产品价格，促进农村商品经济的发展，农村改革取得巨大经济效益，农民收入大幅度增加，农民家庭不仅解决温饱问题，而且绝大部分农民温饱有余，正向小康生活迈进，还有部分农民率先致富过上了小康生活。尤其是乡镇企业异军突起，优化调整农村产业结构，拓宽农民收入渠道，提高了农民家庭的经济收入。1984—1995 年，农民人均纯收入从

302 元增加到 1784 元，平均每年增加 134.7 元，年递增率达 17.5%。1997 年，农民人均纯收入达 2502 元，比 1993 年增长 1.7 倍，年均增长高达 27.9%，是改革开放以来宁德地区农民收入增长最快、得到实惠最多的一个时期。伴随着经济结构的调整和市场经济的发展，大批的剩余劳动力向第二、三产业转移，家庭经营收入来源结构变化显著，从单一性逐渐转向多元性，农民从第二、三产业得到的收入不断提高。其间，农民收入增长快于城镇居民，城乡收入差距从 1993 年的 1∶2.3 缩小到 1997 年的 1∶1.9。1998—2003 年，农村经济发展进入新阶段，农产品综合生产能力明显提高，粮食等主要农副产品出现由短缺到总量平衡有余的历史性转折。这期间，由于农产品出现结构性过剩，市场价格持续回落，同时城区下岗职工增多，农民进城就业机会减少，导致农民收入增幅放缓。农民纯收入增速从 1997 年的 16.0% 回落到 1998 年的 5.1%，一直持续到 2003 年，连续 6 年农民纯收入增速在低位徘徊，农民收入增长速度在 4% ～ 6% 之间，增长幅度最高的 2003 年也仅达 5.2%，年均增长 4.3%。农民纯收入增长放缓，使一度缩小的城乡居民收入差距重新扩大，从 1997 年的 1∶1.9 扩大到 2003 年的 1∶2.5。2004—2007 年，党中央、国务院围绕促进农民增收、提高农业综合生产能力、建设社会主义新农村和发展现代农业，多年连续出台“一号文件”，取消农业税和农产品特产税，推行粮食直补和综合补贴等新政策，调动了农民生产积极性，拓宽了农民增收途径，减轻了农民负担，农民收入增速逐渐加快，农民收入增速都在 7.9% 以上，年均增长 9.6%，2007 年农民人均纯收入为 4687 元，增速达 14.1%，为 1998 年以来最高。2019 年，宁德农村居民人均可支配收入 17804 元，比上年增长 10.3%，增幅并列全省第二名。四项收入全面增长，其中工资性收入 5502 元，比上年增长 7.3%，贡献率 46.0%；经营净收入 10304 元，增长 11.6%，贡献率 38.2%；财产净收入 196 元，增长 5.6%；转移净收入 1802 元，增长 12.4%。推进“8+1”特色产业大市建设和渔业转型升级，拉动农村居民人均可支配收入增长 6.6 个百分点。农村居民转移净收入对农村居民人均可支配收入增长的贡献率为 12.0%。2022 年，农村居民人均可支配收入 23102 元，同比增长 8.6%。

农村居民消费 据调查资料表明，1994 年，宁德农村居民人均生活消费支出首次突破千元大关，达 1072 元，比 1984 年增长 3.3 倍，平均每年增长率达 15.6%，与农民人均纯收入呈同步增长。其中，食品、衣着、住房、用品消费支出年均增长率分别达 15.5%、12.9%、12.2% 和 15.4%。进入 21 世纪，农民生活状况持续改善，农村居民恩格尔系数持续下降：2000 年，农村居民恩格尔系数为 53.2%，2004 年下降为 49.6%，越过温饱界限，进入小康水平。2014 年，农村居民恩格尔系数下降到 41.0%，正向富裕水平迈进。农村居民的食品消费由“温饱型”逐渐向“营养型”转变。衣着消费由过去缺衣置衣的被动消费过渡到注重服装面料、款式、品牌及整体搭配的主动消费。住房状况得到根本改善，由土坯草房、土木结构逐步发展为钢筋混凝土结构和砖木结构的楼房，2014 年人均住房面积 53.7 平方米，比 1984 年的 9.7 平方米增加 44.0 平方米，增长了 4.5 倍，大多数农村居民开始讲究住房质量、室内装饰、室外绿化和房屋的配套设施。摩托车、电冰箱、洗衣机、空调、移动电话等耐用消费品，逐渐成为居民生活必需品，抽油烟机、热水器、微波炉等家电在农民家庭普及，家用计算机、家用汽车等新型耐用消费品正悄然进入农家。随着物质生活水平的日益改善，农村居民对精神文化生活的需求越来越迫切，卡拉 OK、录像场等各种文化娱乐场所或设施在农村兴办或兴建起来，文化娱乐生活丰富多彩；农村民众自觉学习科学文化知识，重视智力投资，促使文教娱乐用品及服务支出大幅度增加，成为农村居民生活消费支出的重要组成部分。2018 年，农村居民消费八大项中，医疗保健、其他用品和服务、居住和教育文化娱乐等 4 项消费支出增势强劲，分别增长 15.1%、13.9%、12.9% 和 10.6%。其中，教育文化娱乐支出为 1022 元，是 2000 年 191 元的 3.4 倍，是 1994 年 66 元的 15.5 倍。教育消费日益得到重视，旅游逐渐成为生活消费的重要内容。2019 年，宁德农村居民人均生活消费支出 13577 元，比上年增长 9.5%，农村居民恩格尔系数 38.4%，比上年下降 1.1 个百分点。农村居民消费八大项全面增长，居住、教育文化娱乐、医疗保健、其他用品和服务消费支出增势强劲，分别增长 11.8%、14.2%、16.2%、20.0%；食品烟酒、生活用品及服务、交通通信等方面消费支出平稳增长，分别增长 6.7%、7.4%、9.1%；衣着消费支出小幅上涨 0.5%。2022 年，农村居民人均生活消费支出 17430 元，同比增长 7.1%，农村居民恩格尔系数为 40.0%。

医疗卫生

闽东在西医传入之前，防治疾病主要靠中医中药、青草药，有的靠巫师。东晋，道教理论家、医学家葛洪在霞浦县南的洪山炼丹济世，今洞屋尚存。宋代，古田名医林德风集民间中医大成，收集整理历代医案资料，提高中医基础理论与医疗技术。明洪武十六年（1383 年），福宁开始设医学职官。明景泰年间（1450—1456 年），宁德人陈宁精医术，被宁德县署授为医学训术。清同治二年（1863 年），古田县教堂的英国基督教传教士自带西药为教友治病，为西药传入区内之始。清光绪八年（1882 年），基督教会在福宁（今霞浦）设医馆为民治病，是闽东最早用西医医术治病的医馆。此后，古田、宁德、福安、屏南等县也相继设立教会医院，但医药费昂贵，服务对象多为官绅富户。1937 年前后，各县相继成立公立卫生院，掌管社会医疗、学校卫生、环境卫生、妇婴卫生、防疫接种、卫生宣传教育等工作。因战事频仍，政治腐败，经济衰弱，卫生医疗落后的局面始终无法改变。

中华人民共和国成立初期，各县人民政府相继接管原民国政府县立卫生院。1950 年，全区各县立卫生院有卫生医疗人员 375 人，其中卫生技术人员 227 人。同年 3 月，福安专署设卫生行政管理机构，负责全区卫生防疫、疫情统计及传染病防治工作。1952 年 12 月，卫生工作贯彻执行全国卫生会议提出的“面向工农兵、预防为主、团结中西医、卫生工作与群众运动相结合”的四项原则。城乡绝大多数个体开业医生陆续组成联合诊所、卫生所。同时，建立起公费医疗、劳保医疗、减免医疗等制度，成立爱国卫生委员会机构。

20 世纪 50 年代中期，全区在发展医疗、防疫事业中继承和发展祖国医学，提倡中西医结合治病；加强各级医疗组织建设和人员队伍建设；大力开展全民爱国卫生运动；推广新法接生、儿童免疫接种，进行妇女病普查普治等方面取得较大成绩。境内天花、鼠疫宣告消灭。但各县医院医疗技术水平仍较低，仅能治疗内科、外科、妇科、儿科的一些常见病、多发病，危重、疑难病例多需转送专区、省级医院治疗。“文化大革命”时期，医疗机构被合并或撤销，人员下放或调离，医疗卫生事业受到严重影响。1970 年，全区在农村生产大队、生产队一级兴办合作医疗，培训“赤脚医生”，提倡“一根针、一把草”治病，传统的草药、针灸疗法得到发展普及。针刺麻醉一度时兴，屏南县医院麻醉科的针刺麻醉曾闻名于全省医学界。

中共十一届三中全会后，医疗科研、中西医结合治疗、医德教育、学术讨论等活动进一步加强。卫生工作开始由单纯医病向医疗与保健相结合方面发展。地区卫生教育机构得到充实加强。地、县各综合医院技术分科越来越细，辅助医疗科室配备不断完善。城乡普遍实行儿童计划免疫，各种传染病、寄生虫病、地方病发病率明显下降。1986 年，福安、霞浦两县达到消灭血吸虫病标准。至 1991 年，全区各县基本消灭丝虫病、麻风病。1992 年，全区县级以上医疗卫生机构 50 多个（其中县级及其以上医院 24 家），乡镇中心卫生院、卫生院 113 所，工矿企业及学校医疗所（室）140 多个；病床位 5175 张；全区医务人员中高级技术职务的主任医师 2 人、副主任医师 84 人；中级技术职务的有主治（主管）医师 570 人。医疗卫生防疫网基本形成。人民健康水平显著提高，平均寿命从中华人民共和国成立前的 35 岁左右增至 67.9 岁。2008 年，全市各类医疗机构 739 个，卫生医疗床位 7608 张，卫生专业技术人员 7891 人，防疫保健人员 783 人，形成了以县（市、区）卫生机构为中心、乡（镇）卫生院为枢纽、村卫生所（室）为依托的三级医疗预防保健网络。

2011 年，引进全民低成本健康“海云工程”项目，并在蕉城区霍童、洋中、飞鸾、金涵等地卫生所开展信息化建设试点工作。2012 年，完成电子政务外网与医保网（新农合部分）的网络对接，实现试点村卫生所实施新农合普通门诊即时报销。2013 年起，逐步在全市基层卫生机构进行分步推广。至 2015 年，“海云工程”完成四期推广，累计建设项目点 1034 个。在全省率先实现村医养老保险全覆盖。2017 年，“海云工程”项目覆盖 122 个乡镇卫生院和社区卫生服务中心以及 1043 个村卫生所，直接服务人口 80% 以上。

党的十八大以来，宁德市医疗卫生事业进入新的发展阶段。重点专科建设步伐加快，截至 2022 年底，全市已建成省级临床重点专科 4 个，在建 8 个，已建成市级临床重点专科 20 个，在建 26 个。创新实施柔性引才，累计引进北京、上海、深圳等高水平医院专家团队，成立名医“师带徒”工作室 39 个和院士工作站 1 个，骨科 3D 打印技术等多项高精尖医疗技术达到省内领先水平。推进县域紧密型医共体（总医院）改革实现全覆盖，县级综合医院“临床四大中心”已完成标准化建设 15 个，2022 年县域内住院量占比提升至 62.6%。71 家基层医疗卫生机构达到基本标准，重点人群家庭医生签约 139.7 万人，签约率 80.5%。运用“互联网 +”技术，建成覆盖市、县、乡三级医疗机构的远程影像、远程会诊、双向转诊、区域病理协同等应用系统。完成了市级全民健康信息平台建设，超 24.8 亿条卫生健康数

互联网在线诊疗

据、1226万份医学影像实现互通共享，影像调阅超200万次，调阅患者档案近50万次。“暖心服务”活动扎实开展，全市公立医院新建成一站式服务中心8家、暖心手术室11家、便民诊室13个，二级以上公立综合医院全面开展分时段预约挂号、预约检查，三级公立综合医院一站式医技检查预约率100%。宁德市医院、闽东医院和福鼎市医院完成互联网医院平台建设并投入使用。

2017年以来，宁德市委市政府印发实施《宁德市医疗卫生事业发展的实施意见》等政策措施，在全市范围内启动医疗卫生补短板工作，通过项目建设进一步扩充医疗资源总量，从综合性医院、中医医院、民营医院、基层医疗卫生机构、公共卫生机构等多角度全方位提高医疗卫生机构基础设施水平，进一步改善就医环境，提高床位供给，缓解看病难问题。至2022年底，全市医疗卫生系统累计实施项目近200个，项目总投资120多亿元，建成项目150余个，累计完成投资83多亿元，新建成项目建筑面积达90多万平方米，新建成医疗床位7500余张。

2022年，宁德市共有各级各类医疗卫生机构3006家，其中，县级及以上公立综合性医院 12 家，民营医院 22 家，民族医院 1 家，中医院 9 家，精神病专科医院 9 家，皮肤病专科防治院 1 家；乡镇卫生院（社区卫生服务中心）128 家；妇幼保健所（院）10 家，疾病预防控制中心 11 家；卫生监督所 10 家；紧急救援中心、采供血机构各 1 家；各类门诊部 54 家，各类诊所 581 家，医务室 44 家，村卫生室（社区卫生服务站）2109 家；医学在职培训机构 2 家。全市卫生机构单位职工总数 26743 人，其中卫生技术人员 20974 人，执业（助理）医师 7437 人，注册护士 9391 人。全市乡镇卫生院职工总数 3363 人，其中卫生技术人员 2876 人，执业（助理）医师 920 人，注册护士 1053 人。全市床位数 17392 张，较上年新增开放床位 2305 张。其中医院及卫生院床位数 16888 张（医院床位数 14295 张、乡镇卫生院床位数 2593 张）。全市千人均床位数 5.5 张，千人均卫生技术人员 6.7 人，千人均执业（助理）医生 2.4 人，千人均注册护士 3.0 人（以全市常住人口 315.6 万人计算）。

体　　育

宁德地区体育运动历史悠久。晋代，霞浦即有龙舟竞渡赛事。唐代，长溪县即有武馆之设。后梁开平三年（909 年），王审知受封闽王后，引进中原文化，因受其影响，境内体育活动形式日趋多样化。民间普遍流行体育活动项目有武术、登山、龙舟、棋类等。宋至清代，各县均设有校场或演武厅、练靶场。清光绪二十八年（1902 年），福安初、高等小学堂始设体操课。民国时期，霞浦、宁德、福鼎等县学校陆续设置体育课，有武术（国术）及体操、田径、球类等近代体育

2015 年 10 月 19 日，第一届全国青年运动会击剑比赛在宁德开赛

项目。1929年，霞浦建成全区第一个公共体育场，随后各县公共体育场相继建立，近代体育逐渐由学校推向社会。1935年前后，福安、福鼎等地的苏维埃政府重视体育，在苏区及红军中武术活动十分活跃。

中华人民共和国成立后，体育运动发展较快。1952年，福安畲族女运动员吴脓妹在第一届全省运动会上获得铅球冠军，为闽东地区夺得有史以来的第一个省级比赛第一名。1956年4月始，各县体育运动委员会陆续成立，机关、工厂、学校掀起群众性体育锻炼热潮，竞技水平得以不断提高。1972—1975年，地、县青少年业余体校（以下简称少体校）先后建成或恢复。在省体育部门下放的干部、教练员、运动员协助下，射击、田径、球类等运动项目技术提高较快。

中共十一届三中全会后，闽东体育事业有了质的飞跃。根据“从小培养、系统训练、打好基础、积极提高”的方针，到2008年，全市创办业余少体校9所，重点业余少体校1所，训练基地4个，先后向省、国家队输送体育优秀人才96名，在参加各种级别比赛中获世界冠军7个、亚军6个、季军3个；亚洲冠军7个、亚军3个、季军2个；全国冠军42个，造就了一批蜚声国内外的体坛英才。射击运动员黄世平先后获得23届奥运会铜牌和24届奥运会银牌。群众体育蔚然成风，健身人数不断增加，从20世纪90年代初期的65万人增加到2008年的130多万人，占全市人口的41%。2014年，在各国际大赛中，闽东籍运动员获得3枚金牌、1枚银牌。全市少年儿童业余体校10所，全年参加指导员培训人数（公益性）200人。

2016年，在全国级别的比赛中，获得4枚金牌、3枚银牌、2枚铜牌。在省级比赛中，获得金牌人数92人次、银牌122人次、铜牌85人次。在全省年度锦标赛上获得带入省运会金牌5枚的历史最好成绩，金牌位次从2015年全省的第九位跃居第五位。

2018年，宁德市在国际大赛中，闽东籍运动员获得2枚金牌、3

枚银牌。在全国级别的比赛中，获 21 枚金牌、14 枚银牌、5 枚铜牌。在全省级别比赛中，获 132 枚金牌、93 枚银牌、87 枚铜牌。承办福建省第十六届运动会（以下简称第十六届省运会）、第十届老年人体育健身大会，是新时代举办的首个大型综合性体育赛事，市体育局、市体育中心、市少体校获评第十六届省运动会嘉奖单位。以承办省运会为契机，全市投入 12 亿元，新建体育场馆 16 个，改造 2 个。宁德市组队参加第十六届省运会青少年组 28 个大项，比第十五届省运动会增加 8 项，参赛运动员由第十五届的 300 余人增加到 810 人，获 132 枚金牌、93 枚银牌、73 枚铜牌，总分 2291 分，奖牌和总分由第十五届省运会的第八位上升到第四位。

2018 年 7 月，宁德队员陈子桢在第十六届省运动会中获射击比赛两金一银

2022 年，宁德市在国家级以上赛事中，有 16 人次获第一、7 人次获第二；宁德市派出 719 名运动员参加福建省第十七届运动会青少年部全部 29 个比赛项目，夺得 66 金、68.5 银、87.5 铜（其中赛时取得 49 枚金牌、48 枚银牌、56 枚铜牌），奖牌总数位居全省第六，金牌榜位居全省第七，其中射击项目 7 项次打破福建省纪录。至 2022 年，宁德市有健身场地 8213 个，全市体育场地建设总面积约 787.7 万平方米，人均体育场地占地面积约 2.5 平方米。

文化艺术

文学戏剧

自唐代至清代，闽东有文字记载的作者300余人，共有作品集220多部，涌现谢翱、张以宁等著名文学家，同时陆游、朱熹、冯梦龙等也在闽东留下诗文佳作。民国时期，刘宗璜、张白山、杜运燮的文学创作在全国均有一定影响。中华人民共和国成立后，各种文学艺术创作日益繁荣，培养和涌现一批在省内外有一定影响的创作者。改革开放以来，地方文艺创作层出不穷，文学、音乐、美术、摄影作品彰显地方特色，具有时代风格，在省里乃至全国获奖。闽东是省内保留较多演出剧种的地区，屏南、福安的四平戏和平讲戏，寿宁的北路

全国首部畲族原生态舞剧《山哈魂》展演，获第六届福建艺术节音乐舞蹈杂技曲艺类优秀剧目一等奖

戏，柘荣、福鼎、屏南的木偶戏和布袋戏，都是省内乃至国内保留较少、濒临消亡的珍稀剧种。

文　　学

诗歌方面　闽东早期文字创作以诗歌形式出现，始于唐朝。唐神龙二年（706 年）及第的薛令之是最早的诗人。宋代诗文创作蓬勃发展，诸文献出现诗人 40 多人，作品集 50 余部。流寓闽东的陆游、朱松、朱熹、王十朋等对闽东后期文学创作具有一定的影响。元代文人 10 多人，诗文集 5 部。明代从事诗文创作达 70 多人，作品近百部。清代作品虽多，但影响不如宋代和明代。民国期间开始新诗创作，抗日战争时期，闽东出现《战鼓》《血花》等救亡刊物。左联作家刘宗璜、“九叶诗派”诗人杜运燮等通过创作诗歌激发爱国热情。中华人民共和国成立后，诗歌创作发展较快。特别是 20 世纪 90 年代以来，诗歌创作空前繁荣，形成以汤养宗、叶玉琳、谢宜兴、刘伟雄等闽东籍诗人为代表的“闽东诗群”，诗歌作品连年在《人民文学》《诗刊》等国家级报刊发表、获奖，并入选各种重要选集，出版诗集上百部。叶玉琳先后出席全国第六次、第八次作家代表大会和第十次、第十一次全国文代会。汤养宗、刘伟雄、谢宜兴出席全国青年作家创作会议，汤养宗、叶玉琳、友来、俞昌雄、张幸福、林典铇、韦廷信、陈小虾等 8 名闽东诗人先后参加诗刊社“青春诗会”。“闽东诗群”成为全国瞩目的文学品牌。

其中，汤养宗诗集《去人间》获第七届鲁迅文学奖诗歌奖，诗歌获第十一届丁玲文学奖诗歌类成就奖、人民文学年度奖等；叶玉琳诗集《大地的女儿》获首届鲁迅文学奖提名，诗歌获《诗刊》社诗歌艺术文库优秀诗集奖，福建省政府第 2、3、7 届百花文艺奖，福建省第

2018 年 9 月 20 日，“闽东诗群”代表诗人汤养宗的诗集《去人间》获第七届鲁迅文学奖诗歌奖

8、9、11、15、23、27 届优秀文学作品奖一等奖，《诗选刊》年度优秀诗人奖等；谢宜兴诗集《宁德诗篇》获《诗刊》脱贫攻坚特别诗歌奖；刘伟雄、谢宜兴等人获福建省政府百花文艺奖等。叶玉琳诗集《万物向阳》《海边书》（原名《我在美丽的大地》）、韦廷信诗集《山海经》入选中国作家协会定点深入生活项目。诗集《土方法》入选中国作家协会少数民族文学重点作品扶持项目。

小说方面 张白山的长篇小说《一江春水向东流》在现代文学史上影响深远，曾毓秋的小说集《三月清明》是自中华人民共和国成立以来宁德第一部小说集。1965 年，农民作家陈发松参加全国青年文学创作积极分子代表会议。20 世纪 90 年代以来，出版的小说主要有杨国荣的《鹿节》、陈孔屏的《姐妹寮》、林德发的《炼魂》、谢瑞元的《书院钟声》、江启舜的《快意恩仇》、禾源的《稻草垛上的女人》、苏维邦的《鸳鸯情》、钟而赞的《风眼》、吴曦的《吴曦作品选》、陈树民的《天云村》等，雷德和短篇小说《永远吃香的人》获首届全国少数民族文学创作奖。新世纪以来，青年作家李师江出版了长篇小说《逍遥游》《中文系》《黄金海岸》等，部分作品被译为英语、法语、日语等语种，《逍遥游》获得华语文学传媒大奖。小说《丝路古船》入选中国作家协会新时代文学攀登计划第二期支持项目。宁德籍青年作家陈春成小说集《夜晚的潜水艇》获首届 PAGEONE 文学奖。网络作家异军突起，胡庚（树下野狐）、李璐姗（柳翠虎）、刘左霖（风无极光）等人出版了多部小说，不少单部作品点击率达到 10 亿多人次，部分作品被拍摄成影视剧，谢梅李的小说《澄碧千顷》入选中国作家网络文学重点作品扶持项目。此外，散文创作成果显著，出版散文集三十余部，主要有林思翔的《海潮在这里涨落》、唐颐的《树犹如此》、谢瑞元的《渡头月》、缪华的《穿过大街走小巷》《风过花桥》、陈浩志的《山道·水道·天道》、陆宜根的《麦风》、陈健的《怀念是一条河》、禾源的《风的记忆》、汤养宗的《书生的王位》等。周宗飞、刘翠婵、白荣敏等人的散文在《人民日报》《散文选刊》《读者》等报刊发表，并入选年度散文选集。

文学评论方面 福安籍著名文学评论家张炯于 1948 年开始发表作品，并多次获奖，为中国文学评论事业作出了重要贡献。20 世纪 90 年代以来，游友基出版《中国现代诗潮与诗派》《中国社会小说通史》等。余峥、邱景华、陈健、王宇、许陈颖等人致力于对宁德本土作家特别是“闽东诗群”的研究，成果显著。改革开放以来，王绍据、陈凤隆、程沛森、邱树添等人写出了一批反映时代精神、展现社会进步的报告文学。王绍据的《小草之歌》、程沛森的《这方热土》等一批作品集出版。

音　乐

闽东声乐源于民歌，历史上盛传的民歌有山歌、小调、劳动号子、渔歌、儿歌、习俗音乐等。清末民国初，畲族歌王钟学吉用畲族歌言的形式首创出具有浓郁畲族色彩的小说歌，其代表作有《高辛氏》《钟良弼》《末朝纲》等。乐器主要有吹管乐、弦乐、弹拨乐和民族打击乐。歌唱有独唱、盘唱、轮唱、领唱，主要曲调有《十把白扇》《采茶调》及地方的山歌调。土地革命时期，闽东山区流行革命山歌。20 世纪 50 年代，宁德地区开始音乐创作，1972 年，表演唱《蓝姑娘探亲》在全国获奖。80 年代，音乐创作日趋成熟。1990 年，大型风光音乐电视片《山海的交响——闽东抒怀》在中央电视台播出，1991 年获全国电视文艺“星光奖”。2000 年以来，李晨、叶玉琳、黄家祥、卢声华、萧冰、纪孔凯、吴岩锦等一批词曲家创作的歌曲在国家级、省级比赛中获奖，严东东获文化部“文华表演奖”。李晨撰写的音乐论著《畲族音乐史》获文化部第十一届群星奖文化科研成果银奖。青年歌手纪牧宁获福建省第五届“金钟花”声乐大赛金奖，歌曲《记得》获中国文联主办的“心中的歌”庆祝中国共产党成立 100 周年全国优秀歌词奖、中国音协“百年百首”新创歌曲奖，《爱的力量》获评中宣部“学习强国”学习平台评选的“全国优秀抗疫歌曲”。2020 年，宁德市畲族歌舞团创作的畲族题材音乐剧《畲嫂》在福建大剧院首次上演；2022 年，歌剧《鸾峰桥》在福建大剧院公演，并入选“中国民族歌剧传承发展工程”重点扶持剧目、“新时代舞台艺术优秀剧目”进京示范展演剧目；歌剧《清澈的爱》入选文旅部新时代现实题材创作工程；原生态畲族歌曲《采茶歌》登上央视春晚。

舞　蹈

早在明朝中期就有巫师表演的“祀福”舞蹈。20 世纪 50 年代，闽东民间流行扭秧歌舞、打腰鼓，陆续挖掘一批祭祀舞蹈和仪式舞，如《龙头舞》《香花舞》《祈福舞》《奶娘催罡》《婚礼舞》《四角厅》

等 20 多个舞蹈项目。1979—1992 年，宁德全区及各县市舞蹈工作者在民间舞蹈研究的基础上，不断创作出舞蹈节目 100 多个。宁德市畲族歌舞团是全市唯一的专业歌舞团队，已成为闽东特色文化一张靓丽名片，其舞蹈创作作品多次在省级以上获奖。2000 年，舞蹈《闽东渔汉》获首届“山花奖”全国广场民间歌舞大赛金奖；2012 年，《海歌山魂凤凰情》获第四届全国少数民族文艺会演演员奖；《凤冠银光》获第四届全国少数民族文艺会演节目奖；2013 年《火头旺》获第二届福建省百合花专业舞蹈比赛创作三等奖；2015 年《凤朝日月》获第三届福建省百合花专业舞蹈比赛创作金奖、表演银奖；同年全国首部原创畲族舞剧《山哈魂》获第六届福建艺术节暨福建省第三届音乐舞蹈杂技曲艺类优秀剧目展演一等奖，2016 年获第五届全国少数民族文艺会演剧目银奖，2017 年获福建省第八届百花文艺奖一等奖。2021 年，《畲乡线狮娃》获福建省第九届百花文艺奖作品三等奖，《在灿烂阳光下》获第九届福建省原创少儿舞蹈大赛创作银奖、表演优秀奖。

美　术

宁德绘画历史悠久，在商周时期闽东就出现古老绘画印迹。唐宋时期精美的雕像和壁画在古塔和古建筑中呈现。明清开始绘画渐盛，其中甘国宝擅长画虎，陈九苞尤精篆刻绘画。民国时期，画家潘玉珂善画松、竹、梅，尤精兰花。抗战时期，爱国画家用绘画宣传抗日救亡运动。1957 年，举办第一届美术展览，展出 26 名作者创作的 120 件作品。第二届美展作品达 377 件，涉及国画、水彩画、油画、木刻、水粉画等。中间因历史原因创作停滞。1979 年起恢复创作，300 多幅作品在省级以上比赛中获奖。20 世纪 90 年代以来，宁德美术创作人员以市、县美术家协会为纽带，开展创作、学术交流、展览等活动，作品在各类画展崭露头角，出版画册近百部。马树霞、林之甫、林秋、张琨、李辉、黄少浩、韦信伴、丁丹、何农、林伟、王信聪、王双凤、林挺、何西、马婉玉、汤元昌、高飞、陈瑞麟、罗健、郭永安、王宝基等人的作品入选全国、全省专业展览并获奖，或被专业机构收藏。漆画《印象·富春溪畔》、中国画《故乡明月》分别入选中国美协主办的“魅力漆谷——第二届中国小幅漆画展”“百花向阳——2021 全国花鸟画展”。2022 年，美术作品《丽日出行》《秋风荷韵》《荷塘听雨》入选由中国文联主办的“中华情·中国梦”书画作品展，漆画《新雨》入选“全国新文艺群体美术作品展览”。

摄　　影

清光绪六年（1880 年），三都福海关举办迁入新办公楼仪式摄影，是闽东最早摄影的记载。民国初期，宁德城关开设照相馆。1956 年，《闽东报》出刊有了新闻图片，1974 年出现最早拍摄的《古田溪水电站大坝》彩色相片。20 世纪 80 年代以来，闽东摄影工作者上千件作品入选全国、全省摄影展，并在报刊发表。摄影家夏念长为记录闽东历史变迁留下大量珍贵的影像资料，获福建摄影金像奖“终身成就奖”。新时期以来，夏念长、张培基、郑德雄、邢常葆、陈向、丁立凡、游再生、施永平、张峥嵘、谢书秋、吕声明、夏东海、杨东、谢作建等人的摄影作品，入选国际、国内影展赛事并获奖。其中在国际获金奖 26 幅、银奖 17 幅、铜奖 4 幅。在全国性各类摄影展中，获金奖 17 幅、银奖 29 幅、铜奖 31 幅。以郑德雄等人为代表的闽东摄影人，创作了一批以霞浦滩涂为拍摄主题的作品，吸引大批海内外著名摄影家来闽东海域采风创作。2021 年，作品《送菜大军》获第七

霞浦西山滩涂（郑德雄 / 摄）

届福建摄影金像奖创作奖。2022 年，市摄影家协会获第 28 届福建省摄影展第二名。

民间文艺

民间文艺创作成绩斐然。由叶玉琳作词、丁献芝作曲、雷胜辉和钟林荔编导的民间歌舞《闽东渔汉》获中国民间文艺家协会首届“山花奖”金奖；由宁德市文联、宁德市民间文艺家协会推荐选送的灯谜小选手参加中央电视台“中国谜语大会”比赛获冠军。一批民间艺人在传承传统技艺中表现突出。其中，张长青、叶石和、刘解放、王善钰、苏鹏、谢正根、肖晓阳等人的近 30 件根艺美术作品在全国展览中获奖。剪纸艺人袁秀莹获文化部国家级非物质文化遗产项目剪纸（柘荣剪纸）传承人称号，银雕艺人林仕元获国家级非物质文化遗产保护项目畲族银器制作工艺代表性传承人称号，畲族歌手蓝兴发获“中国民间文化杰出传承人”称号，7 名民间艺术家分别被授予“中国根艺美术大师”“最受欢迎的民间艺术家”称号。2000 年以来，剪纸作品《龙凤呈祥》《56 民族喜迎奥运》《百鸟和谐图》等在国家级比赛中获奖，银雕作品《凤冠》代表中国畲族银器参展上海世博会。2022 年，谜作获第九届中华灯谜“金虎奖”十佳，剪纸《八闽齐福》入展“奋进新时代”主题成就展，剪纸长卷《血汗铸辉煌》被中国共产党历史展览馆收藏。

书　　法

20 世纪 90 年代以来，陈世瑶、陈远、阮宪镇、郑伟、刘永顺、蓝建田、郭幼仁、李朋松、阙庆安、杨安细、谢健、肖海森、张明玉、周建斌、龚扬健、刘跃、缪怡瑞、陈兴梅、陈兴华、罗一鸣、王新生、苏垣等一批书法家的作品入选中国书法家协会主办的展览并获奖。2010年以来，先后举办了“闽东之光”书法作品邀请展、“红色记忆”宁德市第二届优秀书法作品巡回展、魅力宁德——全国书法名家迎春书法作品展、“闽东之光·时代书写”庆祝中华人民共和国成立70周年宁德市书法作品展、山海见证——宁德市决战决胜脱贫攻坚书法作品展、“庆祝中国共产党成立100周年”宁德市第四届优秀书法作品展、“喜迎二十大书写新时代”宁德市第五届优秀书法作品展等近30场主题书法展。

电　　影

宁德电影起步较晚。2012年，以寿宁北路戏以及独特的廊桥文化为背景的电影《爱在廊桥》获中宣部“五个一工程”奖。2017年，纪录片《记忆里的薄荷糖》获《中国守艺人》纪录片大赛最佳作品奖；电影《极限速递》获第三届戴维斯国际电影节最佳导演奖；微电影《烟雨溪口》获福建广播电视艺术奖一等奖。2020年，公益纪录片《记忆里的薄荷糖》获阿根廷ANSFF2020国际电影和艺术节“艺术家特别认可奖”；2020年，由郑承东撰写脚本、反映闽东独立师浴血奋战历程的大型红色纪录片《寻剑》在央视频、人民日报客户端播放，获近千万阅读量。2022年，红色纪录片《铁流出征》《烈士颜阿兰》举办首映式，《那山那海》《相见鸾峰桥》上线热播，纪录片《我们村》获评国家广电总局第一季度优秀国产纪录片，纪录电影《一代爱国高僧圆瑛》入围第14届澳门国际电影节。

戏　　剧

闽东戏剧活动始于宋代，兴于明代。明崇祯十年（1637 年），寿宁知县冯梦龙在《寿宁待志》载："西溪人多习戏，然力不能具行头，多往浙合班，大家有庆喜好事者，则于福安迎之。"中原战乱，大批北方艺人避乱逃荒南下入闽，促成闽东戏剧发展的繁荣。明末清初（另有清嘉庆年间一说）屏南龙潭村始见"四平班"。清嘉庆至同治年间（1796—1874 年），闽东地方戏曲盛行。民国初，闽东与福州经济文化交流频繁，福州地区与霞浦海上交通便捷，闽剧班随之进入霞浦。闽东爱好闽剧者日益增多，开始组织戏班（唱班），闽剧由此发展普及到农村。中华人民共和国成立后，福安专区和各县相继办起文艺宣

古田闽剧《红罗衫》

传队或文工队，配合土改剿匪、抗美援朝，演出剧目。1963 年，由寿宁县北路戏剧团创排的现代戏《张高谦》参加福建省第三届戏曲现代戏汇报演出，引起轰动，成为戏曲界、文化界最热门的话题。一时间，《光明日报》《福建日报》《福州晚报》等报刊登出许多采访文章，福建省电台也播出采访报道。“文化大革命”期间，剧团全部解散。

改革开放以后，戏剧得以恢复发展，以 20 世纪 80 年代最为繁荣。随着电视、电影和其他现代娱乐的日益发展，资讯传媒与经济的突飞猛进，戏剧发展再次面临新的挑战。宁德戏曲保留比较丰富的剧种主要有闽剧、越剧、四平戏、北路戏、平讲戏、枝头木偶戏、布袋戏等。

1989 年 3 月，曾获福建省第十七届戏剧展演剧本一等奖的《武夷狐疑》，经原作者林之行改编为五集黄梅戏电视连续剧《朱熹与丽娘》，由中央电视台首播。1991 年，古田县闽剧艺术中心独立创作演出的现代闽剧《野草情》代表福建省优秀剧目晋京展演，成为闽东第一个晋京演出的戏曲表演艺术团体。1992 年，由福鼎县越剧团创排的《孩子剧团》在全国儿童剧调演中，获剧目一等奖、编剧奖、导演奖、舞美设计奖和 3 个演员奖。2002 年 10 月 16 日，屏南县举办“中国四平腔学术研讨会”。文化部、中国艺术研究院、福建省、宁德市、屏南县各级领导以及省内外专家学者 200 多人参加会议，会议共收到论文 50 余篇 70 多万字，出版了《中国四平腔学术论文集》。2008 年，闽剧《红罗衫》获庆祝改革开放三十周年福建省优秀剧目展演“优秀演出奖”。2011 年，宁德戏剧在省第七届武夷奖青年演员比赛中获得金奖，福鼎市越剧团创排的《才女鱼玄机》获福建省第六届百花文艺二等奖。2017 年，福安平讲戏经典剧目《马匹卜驳妻》入选文化部 2017 年度剧本扶持工程，并被列入精品剧目，成为闽东戏剧界史无前例的突破。

2020年，宁德市畲族歌舞团创作的畲族题材音乐剧《畲嫂》在福建大剧院首次上演，次年，该剧代表福建省参加第六届全国少数民族文艺会演获优秀剧目奖（银奖），有力弘扬“闽东之光”。2021年，歌剧《鸾峰桥》获第八届福建艺术节暨福建省第五届音乐舞蹈杂技曲艺类优秀剧（节）目展演优秀剧目奖（榜首）；福安平讲戏应邀参加由国家文物局指导，中央广播电视总台和故宫博物院共同主办的《国家宝藏·展演季》系列节目录制。2022年，屏南龙潭四平戏《贤良祠》获第八届福建艺术节第二十八届戏剧会演剧目奖、编剧三等奖，表演二等奖1名、三等奖1名，音乐三等奖；2022年1月6日，福安市平讲戏艺术传承中心、北路戏传承中心参与央视小春晚《东西南北贺新春》节目在寿宁县下党村的录制；2022年1月25—26日，福安市平讲戏艺术传承中心参加由中共福建省委宣传部、福建省广电局、福建省文旅厅、福建省广播影视集团主办，福安市文体和旅游局协办的2022年福建省小年夜春晚录制；2022年，福鼎市越剧团《金维娇》获第八届福建艺术节·第二十八届戏剧会演剧目二等奖，演员表演一等奖1名、二等奖1名、三等奖1名。2022年5月，歌剧《清澈的爱》入选文旅部新时代现实题材创作工程。

文化遗产

闽东境域历史悠久，文化遗产丰富。“中国木拱桥传统营造技艺”“中国水密隔舱福船制造技艺”项目被列入联合国教科文组织《急需保护的非物质文化遗产名录》；由“柘荣剪纸”与全国各地剪纸组合的“中国剪纸”项目，被列入联合国教科文组织《人类非物质文化遗产代表作名录》；由福鼎白茶制作技艺、坦洋工夫茶制作技艺与全国其他制茶技艺及相关习俗联合申报的“中国传统制茶技艺及其相关习俗”被列入联合国教科文组织《人类非物质文化遗产代表作名录》。宁德是全国著名的苏区和老区，是土地革命战争时期全国主要革命根据地之一和三年游击战争时期南方 8 个省 15 个游击区之一，留下了许多珍贵史料和革命活动的遗址遗迹。2020 年 6 月 1 日，《宁德市红色文化遗存保护条例》经福建省第十三届人民代表大会常务委员会第十九次会议批准，于 9 月 1 日起施行，是宁德市出台的第六部实体性地方性法规，为宁德加强红色文化遗存的保护与管理，传承红色基因，弘扬“闽东之光”提供重要法治保障。2022 年，公布实施《宁德市红色文化遗存保护利用专项规划》，出台《关于进一步加强全市文物安全工作若干措施的通知》。

文物保护

宁德市的文物古迹包括古遗址、古墓葬、古建筑、石窟寺及石刻、近现代重要史迹及代表性建筑。2022年，全市有全国重点文物保护单位12处29个，省级文物保护单位86处，县（市、区）级文物保护单位550处，涉台文物71处。

霍童灌溉工程遗址 位于蕉城区霍童镇，开凿于隋皇泰元年（618年），由龙腰水渠和琵琶涵洞组成。龙腰水渠又称“度泉洞”，沿山体开凿而成，为引水明渠，总长1765米。水渠内侧和渠底利用岩体开凿成形，外侧壁另用河卵石砌造渠墙，截面大部分呈“凹”字形。琵琶涵洞又称“蝙蝠洞”，在霍童溪北岸，总长578米，由明渠与涵洞连接而成。明渠形制与凿造方法和龙腰水渠相似，涵洞直壁弧顶，壁面光滑，截面呈上小下大不规则椭圆形。霍童灌溉工程是东南地区乡村较有代表性的民间灌溉工程，是国内较为少见的采用烧爆法开凿隧洞的实例，工程自开凿起使用时间长达1400余年，是不断演进的乡村水利工程建设与管理的实证，具有较高的历史价值和重要的科学价值。2016年3月入选福建省水文化遗产；2017年10月入选

霍童灌溉工程——龙腰水渠

第四批世界灌溉工程遗产名录。2019 年 10 月被公布为全国重点文物保护单位。

白鹤岭福温古道 位于蕉城区西南白鹤岭间，是“福（州）温（州）古道”的重要段落，为福建与江浙往来的陆路要道。南宋宝庆年间（1225—1227 年）宁德县主簿丁大全主持修建，清代实行现代邮政制度后，白鹤岭道的驿站铺递功能消失。白鹤岭福温古道的起点有两处，一处始于旧宁德县南城门经白鹤鸣岗，一处始于西城门经西岭岗，直上岭头隘门，过岭头村，经湾亭村跨宦溪桥，登界首岭，至界首关宁罗界碑处。其中，半岭自然村至岭头垭口段、湾亭村口至界首岭段的古道价值最高。古道路面由石磴层层垒砌而成，宽 2～3 米，沿途有摩崖石刻 12 处、碑刻 8 通、古桥 2 座、关隘遗址 2 处、烽火台遗址 2 处。2019 年 10 月被公布为全国重点文物保护单位。

宝丰银矿遗址 位于周宁县李墩镇芹溪村、浦源镇官司村、西坑村和上洋村，属宋至明代的银矿开采遗址，包括古矿硐遗址和矿主张彭八旧宅。遗址分布于海拔 800～1400 米的高山地带，东西长 4175 米，南北宽 3804 米，总面积约 11 平方千米，共发现矿硐 345 处，以及与采矿相关的房屋基址、堡墙、明代督银课税的“宝丰公馆”遗址，出土明代“奉府案两院禁示”碑及石碾等文物。上洋村保存明嘉靖年间（1522—1566 年）矿主张彭八旧居建筑，面积 205 平方米。2019 年 10 月被公布为全国重点文物保护单位。

福安黄氏祠堂 位于福安市阳头街道阳中社区黄厝上巷 58 号，又称“察阳黄氏宗祠”。始建于宋末，明万历八年（1580 年）重建，清顺治十三年（1656 年）焚毁，仅留后座，康熙三十三年（1694 年）重修戏楼、前座，乾隆三十三年（1768 年）重修，光绪二年（1876 年）修后座，1920 年修建戏楼并重修大厅。原为朱熹门徒黄干祠堂，后作为黄氏家族祠堂。占地面积 2516 平方米，建筑面积 1432.9 平方米，坐西南向东北，三进院落，整体布局由东北至西南依中轴线分别为仪门、古井、泮池、照壁、前埕、祠堂大门、前院、戏楼、戏廊、前天井、前座、覆龟亭、两廊、后座、后天井和后厢房等建筑，整组建筑规模较大、布局完整。戏楼之上用四柱三组庑殿式牌楼，并大量采用砖雕彩绘和灰塑装饰，门窗、雀替、花牙子、屏风等木构件雕刻花鸟、人物、瑞兽图案，后座花窗贴金箔，技艺精湛。福安黄氏祠堂参照孔庙规制建造，设置仪门、泮池和照壁，平面布局独特，体现了“因庙设学”的寓意，为研究祠堂建筑类型提供了资料，其建筑装饰较为精细，具有较高的艺术和历史价值。2019 年 10 月被公布为全国重点文物保护单位。

福建戍守台湾将士墓群 由位于福建省宁德市福鼎市、福州市马尾区、漳州市东山县的 3 处墓群构成，其中宁德市境内的福建戍守台湾将士墓群，位于福鼎市太姥山镇农业村虎头岗及圣寿岭西侧，共有墓冢 7 处。清朝以福建沿海水师为主力统一台湾，并实施从沿海兵营抽调兵力三年轮番戍守台湾的班兵制度，部分将士出为战，归为骸，葬于属营故地。虎头岗有戍台故兵墓 2 处和抗倭义冢 3 处，分别为清嘉庆二十四年（1819 年）、道光二十三年（1843 年）圹式墓，嘉庆二十四年（1819 年）风字形墓，道光十四年（1834 年）圆形塔式墓，以及一座年代未明的八角两层塔式墓。圣寿岭有同治六年（1867 年）十一月建“烽火营戍台故兵丘冢”和光绪十六年（1890 年）八月重修“福宁烽火营戍台故兵冢墓”2 处。这些墓冢保存较好，绝大部分有确切的纪年及相关记述，其中烽火营戍台故兵丘冢等墓碑，指明是由秦屿烽火营抽调驻守台湾而罹难的兵士骸骨。2013 年 5 月被公布为全国重点文物保护单位。

古田临水宫 又称“顺懿祖庙”，位于古田县大桥镇中村，据《古田县志》载始建于唐贞元八年（792 年），清光绪元年（1875 年）毁于火，翌年重建。坐北向南，总占地面积8003平方米，中轴线依次为戏台、拜亭、正殿、后殿。正殿面阔五间，进深六柱，硬山顶，抬梁、穿斗式木构架，正中为神台，供奉陈夫人及其姐妹林九娘、李三娘的神像。正殿前为拜亭，拜亭两侧分立钟鼓楼、太保殿、婆奶殿，后殿东侧排列梳妆楼等。古戏台是临水宫建筑的精华所在，位于主殿的正前方，歇山顶，前台立四柱，上覆八角藻井，柱子四面向外悬挑，上加卷棚轩，下饰挂板、牛腿，形成三面通透的表演空间，下沿有镂空木雕花鸟、旧戏文图案，独具风格。临水宫在中国台湾同胞及东南亚一带华侨中有较大影响。2008年6月，“陈靖姑信俗”被国务院列入第二批国家级非物质文化遗产名录。同年，古田临水宫被列为全国首批涉台文物保护工程。2013年5月被公布为全国重点文物保护单位。2018年获批成为海峡两岸交流基地和“中国华侨国际文化交流基地”。

漈下建筑群　位于屏南县甘棠乡漈下村，是福建历史文化名人甘国宝（1709—1776）的故里。村属单一宗族型甘姓古村落，古建筑主要有城楼、路亭、水井、庙宇、祠堂、桥、水碓等，沿漈水溪两岸

屏南漈下村长廊

布置，从北到南依次有龙山公祠、甘氏支祠、“漈水安澜”城楼、花桥、龙漈仙宫、峙国亭、漈川桥、飞来庙等，形成一个古建筑群体。建筑年代为明中后期、清早中期、清晚期、民国4个时期。漈下村于2006年被列入福建省涉台古村落之一，2008年10月被公布为第四批中国历史文化名村。2013年5月被公布为全国重点文物保护单位。

林公忠平王祖殿 位于周宁县玛坑乡杉洋村水尾。建于明正德八年（1513年），清嘉庆十年（1805年）增建太子亭。坐南向北，由殿前石埕、门厅、正殿、天井、左右厢廊、东西配殿组成，占地面积2719平方米。正殿面阔五间、进深四柱，抬梁穿斗式木构架，歇山顶。正殿两侧东西配殿建于清乾隆三十八年（1773年），毁于“文化大革命”期间，2010年在原址上重建。林公忠平王祖殿是福建省三大民俗信仰朝圣地之一。2013年5月被公布为全国重点文物保护单位。

凤岐吴氏大宅 位于柘荣县乍洋乡凤里村凤岐自然村。建于清乾隆至嘉庆年间。大宅坐东北朝西南，依山而建，状若城堡，形成一村一屋、一屋成村的壮观景象。由围墙内的主体建筑、围墙外的附属建筑、外围的台埕建筑等组成。总分布面积达14311.2平方米，保存尚好的主体建筑与附属建筑占地面积为6268.4平方米。主体建筑四面围以青砖匡斗墙，平面呈纵向的长方形，通面阔57.3米，通进深79.5米，占地面积3817.7平方米。建筑由内向外依次分布，主从有序，功能分明。建筑内部齐整规范，形成“前后二院三进、左右三路之中轴对称”格局。2013年5月被公布为全国重点文物保护单位。

半岭畲族观音亭寨 位于霞浦县水门畲族乡半岭村西300米古官道上。又名“半岭亭”“畲族观音亭”。明洪武二年（1369年）始建，清乾隆五十六年（1791年）重修，清同治二年（1863年）扩建。相传明嘉靖三十三年（1554年）浙江秀水村畲族进士钟一元赴任经此，见宗人于亭内拜佛，便让畲族族人正月十五日在此以歌认亲友，此后成俗。观音亭建筑面积 640 平方米，坐北向南，门楣额匾“观音亭寨”，前有观音殿（现代重建），后有大雄宝殿。大雄宝殿面阔三间，进深两间，穿斗式木构架，硬山顶。亭的 6 条石柱上刻禅语。亭前路边保存历代修桥募缘石碑 15 通，以及清光绪商贾陈珠秀所立的“禁丐碑”。观音亭寨墙依山砌筑，长 148 米。2013 年 5 月被公布为全国重点文物保护单位。

狮峰寺 位于福安市溪柄镇楼下村。始建于唐景福元年（892 年），大雄宝殿建筑为明万历四十年（1612 年）修建，其余殿堂修建于清嘉庆年间，清光绪年间有过重修。坐西向东，由弥勒殿、大雄宝殿、般若堂、斋堂、圆通堂 5 座殿堂组成，占地面积 3000 平方米。大雄宝殿为重檐歇山顶，建筑规制保持唐宋建筑遗风，保存最好，占地面积为 205.1 平方米。大殿面阔三间、进深五间，四周环以左右各一间，进深五间的“副阶周匝”，平面呈东西长南北短的长方形。殿堂分前、后双槽，殿内 24 根石柱均为方形抹角，石柱上托承抬梁木结构，正中供奉如来佛像，两边为十八罗汉。室内设天花、彩绘，正中间顶棚为重拱八角彩绘藻井，天花以上屋架层为穿斗式草架，上檐外跳铺作为五跳八铺作出三昂，副阶外檐两跳五铺作出三昂，副阶内檐则作卷蓬轩。室内木构架、铺作层表层保留有大量的明代彩绘图案。2006 年 5 月公布为全国重点文物保护单位。

闽东北廊桥 属捆绑公布项目，宁德市境内 11 座，分别是屏南县的万安桥、千乘桥、百祥桥，寿宁县的登云桥、飞云桥、仙宫桥、升平桥、鸾峰桥、杨梅州桥，古田县的田地桥，柘荣县的东源桥。2006 年 5 月被公布为全国重点文物保护单位。

中共古田特支达才党小组旧址 位于古田县平湖镇达才村。1927 年 3 月，陈炳、黄孝敏、陈宗远等人受中共福州地委派遣回古田筹建

屏南县棠口镇千乘桥（江小玲 / 摄）

党组织，在古田旧城五保街吴宅成立了今宁德市境内第一个共产党组织——中共古田县特别支部，书记陈炳。1928 年初，特支建立了平湖、浣溪、城郊、罗峰 4 个党小组。3 月，特支机关迁至平湖沙洲尾，在平湖地区通过举办农民夜校，宣传革命道理、组织农民协会。半年内农民协会发展到 500 多名会员。

闽东苏维埃政府旧址　位于福安市溪柄镇斗面村。1934 年 2 月，全闽东工农兵第一次代表大会在福安柏柱洋的斗面村召开，会上成立了闽东苏维埃政府。1984 年 7 月，中共宁德地委、宁德地区行政公署在斗面村头设立闽东苏维埃政府成立纪念碑。1985 年 10 月被列为省级文物保护单位。

中国工农红军闽东独立师成立旧址　位于宁德市蕉城区霍童镇支提山。1934 年 9 月 30 日，中国工农红军闽东独立师在支提寺成立。支提寺前的小山丘上建有红军亭，亭子内立着一方“中国工农红军闽东独立师纪念碑”，青石纪念碑高 235 厘米、宽 74.5 厘米，碑文为全国人大常务委员会原副委员长叶飞在 1984 年题写。1985 年 10 月被列为省级文物保护单位。

闽东革命纪念馆 位于福安市新华北路，馆区占地面积 12611 平方米，是反映闽东地区革命斗争史和闽东苏区老一辈革命家活动的专题性纪念馆。展厅面积 1819 平方米，共展出闽东革命斗争史的照片、图片 328 幅，文物、文献 325 件，人物照片 95 幅，历史画 24 幅。先后被确定为全国爱国主义教育示范基地、国家国防教育示范基地、福建省党史教育基地、青少年革命传统教育基地、省直机关政治思想教育基地、福建省小公民道德建设示范基地等。

张高谦烈士陵园 位于寿宁县武曲镇大韩村。1961 年 2 月 6 日，年仅 13 岁的大韩小学少先队员张高谦，为保护集体的羊群，与偷羊歹徒英勇搏斗献出了年轻的生命。张高谦牺牲后被共青团福建省委追认为“优秀少先队员”，被团中央追认为“红色少年”。1991 年，在大韩村迁建新的张高谦陵园。1994 年，张高谦陵园被共青团福建省委命名为首批“福建青少年革命传统教育基地”，被福建省教委命名为“福建省德育教育基地”。1996 年被省人民政府公布为第四批省级文物保护单位。2000 年，共青团中央将张高谦陵园列为第三批“全国青少年教育基地”。2004 年，陵园进行规划修缮扩建。

非遗文化

非物质文化遗产是传统历史文化的“活化石”，是“民族记忆的背影”。在历史发展的进程中，闽东先人留下了大量弥足珍贵的非物质文化遗产，形成一批极具地域特色和彰显民族之光的文化瑰宝。截至 2022 年，宁德有 4 个项目被列入联合国教科文组织非物质文化遗产名录，23 个项目被列入国家级非物质文化遗产代表性项目名录，有国家级非物质文化遗产代表性传承人 17 人。

中国木拱桥传统营造技艺（寿宁、屏南） 中国木拱桥传统营造技艺是中国古代劳动人民的智慧结晶。截至2022年，国内有110多座古代木拱廊桥，主要集中在山高林密、谷深涧险的闽东北、浙西南地区。闽东的木拱廊桥，以其悠久的历史、精湛的技艺，在中国桥梁史上占据着重要的地位。2006年，宁德境内屏南县千乘桥、寿宁县鸾峰桥、杨梅州桥等11座廊桥作为捆绑项目“闽东北廊桥”被列为全国重点文物保护单位。2009年“中国木拱桥传统营造技艺”被列入联合国教科文组织《急需保护的非物质文化遗产名录》。2012年，9座木拱廊桥被列入《中国世界文化遗产预备名录》。

中国水密隔舱福船制造技艺（蕉城） 蕉城区漳湾镇依山面海，造船业历史悠久，运用水密隔舱技艺制造的福船，成为当地人民生产生活和水上交通的重要工具。明洪武初，岐后刘氏先祖为避战乱，持剡木造舟之技，择三都澳腹地漳湾开沃造船，传承水密隔舱福船制造

2016年1月12日，全国最大仿古大福船在蕉城区漳湾镇开工建造。图为建造中的大福船

技艺已有650余年，世代口传心授，薪火延绵，生生不息。漳湾福船制造技艺运用的是密闭舱室结构设计，即水密隔舱制造技艺，是船身内部经水密舱壁所区隔划出的多间独立舱室。水密舱壁可使一舱或数舱破损进水后，其他舱室不至进水，避免船舶沉没，从而提高船舶的抗沉性。2010年，宁德市蕉城区与泉州市晋江市联合申报的“中国水密隔舱福船制造技艺”被列入联合国教科文组织《急需保护的非物质文化遗产名录》。

中国剪纸（柘荣剪纸） 柘荣剪纸历史悠久，可溯唐代，盛于清、民（国），剪纸风格鲜明，具有很强的地域个性，保留原始艺术淳朴、粗拙、刚健、浑厚的特征，又有细腻、古雅、秀丽、柔美的艺术美感。剪纸以阳剪为主，阴剪为辅，用具十分简单，一把剪刀、一张红纸、一个织篓即可，精美的窗花、喜花不用粉本，只打腹稿，先

剪纸传承

剪外部轮廓，慢慢向内镂空，得心应手，一气呵成。剪纸题材丰富、造型多变，广泛应用于男婚女嫁、生日寿诞、婴儿满月等民俗活动中。2005 年，“柘荣剪纸”被列入福建省首批非物质文化遗产代表性项目名录；2009 年，由“柘荣剪纸”与全国各地剪纸组合的“中国剪纸”项目被列入联合国教科文组织《人类非物质文化遗产代表作名录》；2018 年，“柘荣剪纸”被列入第一批“中国传统工艺振兴计划”。

中国传统制茶技艺及其相关习俗（福鼎白茶制作技艺、坦洋工夫茶制作技艺） 白茶制作技艺是创制白茶的中心工序，也是从茶芽原料到制作成品的关键环节，具有自然、科学、优质的特点。白茶初制工艺流程为：鲜叶—萎凋—干燥—拣剔。精制工艺流程为：拣剔—拼配—匀堆—烘焙—装箱。福鼎白茶制作技艺的传承与白茶史息息相关，且历史久远。据《福建地方志》和现代著名茶专家张天福教授《福建白茶的调查研究》中记载，“福鼎白茶”早先创制于清嘉庆初年。以“福鼎菜茶”的壮芽为原料，制成银针；约在清咸丰六年（1856 年），福鼎选育出大白茶茶树良种，清光绪十二年（1886 年）以大白茶芽制银针，称白毫银针。白茶制造历史先由福鼎开始，以后传到水吉，再传到政和。以制茶种类说，先有白毫银针，后有白牡丹、贡眉、寿眉。福鼎白茶制作原料品种主要采用福鼎大白、福鼎大毫和菜茶，福鼎大白和福鼎大毫于 1984 年被农业部编号为“华茶 1 号”和“华茶 2 号”，为全国良性茶种。2011 年，白茶制作技艺（福鼎白茶制作技艺）被列入第三批国家级非物质文化遗产名录。自清咸丰年间（1851—1861 年），坦洋工夫茶就声名鹊起。1915 年，“坦洋工夫”红茶在巴拿马万国博览会上赢得金奖，跻身国际名茶之列。“坦洋工夫”制茶过程较为烦琐复杂。其制作分初制、精制两大流程，从初制加工到精制筛分，通过“萎、揉、酵、烘、抖、分、捞、选、簸、漂”十大核心的十几道制作工艺和手法，形成条索紧细，带金毫、圆紧匀

晾茶（傅熹 / 摄）

直，色泽乌黑油润，滋味鲜浓醇厚，气味甜香浓郁带花果香，汤色红艳或橙红明亮，叶底细嫩柔软、红亮的特有品质。“坦洋工夫”已获得“国家地理标志保护产品”“国家证明商标”“福建十大名茶”等荣誉。2021 年，红茶制作技艺（坦洋工夫茶制作技艺）被列入第五批国家级非物质文化遗产名录。2022 年，包含福鼎白茶制作技艺、坦洋工夫茶制作技艺在内的“中国传统制茶技艺及其相关习俗”被列入联合国教科文组织《人类非物质文化遗产代表作名录》。

畲族小说歌　畲族小说歌发源于福建省宁德市霞浦县溪南镇白露

坑村，最初畲族歌手中一些能识字的人将汉族章回小说和评话唱本改编为本民族山歌口头唱本和手抄唱本，后逐渐在本民族流传的英雄人物事迹的基础上，结合本民族生活、心理、语言特点创作的作品，如《高皇歌》《历期歌》《钟良弼》《白蛇传》《十贤歌》《钟景祺》《蓝佃玉》等形成小说歌。小说歌作为长篇故事歌，是畲族民众创造的独特的文学样式和文化载体。内容取材于民间戏曲、曲艺中流传的故事，而与畲族的日常杂歌有别。特点为叙事性强，有故事情节；有严谨的结构章法；运用多种技法对人物形象进行艺术加工；作者的署名被巧

妙地隐藏在歌尾。畲族小说歌内容丰富，形式多样，语言明快，音韵和谐，不用典故，不事夸张和粉饰，融叙事、咏物、抒情为一体，朴实真切，是畲族最具代表性的文化表现形式和闽东地区最有特色的艺术类别。2006 年，“畲族小说歌”被列入第一批国家级非物质文化遗产名录。

畲族民歌　闽东是畲族主要聚集地。闽东畲族歌谣，在闽东畲族民间文学中份量最重、群众性最广。闽东以“畲山是歌海，人人是歌手，以歌代言是常事”盛名于世。闽东畲族歌曲主要分布在宁德市所管辖的九县（市、区），及福州市的连江、罗源。闽东畲歌内容丰富，题材广泛。有叙事歌（含神话传说歌和小说歌）、杂歌（含爱情、劳动生活、传授知识、伦理道德、娱乐生活等内容）、仪式歌（含婚仪歌、祭祖歌和功德歌等）。在唱腔和曲调上，随着时代的发展变化，受地方方言影响，大致可分为山歌调和师公调两大类。山歌调分为福宁调、福鼎调、霞浦调、罗连调等；师公调包括念诵调和配合做功德动作的歌唱。演唱方法有假声、真声和真假声结合三种，以假声的唱法最有民族特色。畲族民歌在数千年的发展过程中，形成自己所特有的规律和特点，是中华民族音乐文化的重要组成部分。2006 年，“畲族民歌”被列入第一批国家级非物质文化遗产名录。

四平戏　四平戏又名四评戏、四坪戏、四棚戏、四蓬戏，系由明代中叶流行的四大声腔之一的弋阳腔演变而来，明嘉靖年间盛行于徽州（安徽省歙县）一带，明末清初传入闽东北大山深处的政和，在政和县杨源乡及屏南县龙潭村以历史原貌完整地延续至今。四平戏的传统剧目有《荆钗记》《白兔记》《拜月亭记》《杀狗记》《琵琶记》《苏秦》《英雄会》《九龙阁》《陈世美》《芦林会》《八卦图》等几十个。其唱腔属于高腔系统，古朴粗放，清新悦耳，优雅动听，句末帮腔用拖音演唱，继承了弋阳腔“一人成声而众人相和”的古老传统。

因其较好地保留了明代的声腔艺术形式，被戏剧史专家称为“中国戏剧活化石”。2006 年，“四平戏”被列入第一批国家级非物质文化遗产名录。

寿宁北路戏 北路戏俗称福建乱弹、横哨戏，是清代中叶传入福建的乱弹与当地民间戏曲融合形成的一种地方戏曲声腔剧种，曾流行于闽北、闽中及闽东等地，是代表清代乱弹声腔的珍稀剧种。乱弹进入福建后产生了上路班、下路班、北路班、南路班等戏班，其中以北路班最为强盛，并一直活跃在闽东北一带，北路戏即由此而得名。北路戏的唱腔除极少数具有高腔曲牌体特征外，大多数均属板腔体，曲调旋律优美，节奏欢快，行腔顺畅，带有叙事性的表现特征。其道白、唱腔均使用普通话，是北路戏的一个突出特色。北路戏的代表性剧目主要有《探阴山》《对珠环》《纸马记》《凤娇与李旦》等。2006 年，“寿宁北路戏”被列入第一批国家级非物质文化遗产名录。

宁德霍童线狮 霍童线狮是霍童开山始祖隋朝谏议大夫黄鞠从河

霍童线狮（卢雄 / 摄）

南引进的中原文化。每年农历二月初，农闲时节，霍童四境所有乡民蜂拥而至参加民俗节庆“二月二灯会”。每个境进行一个晚上的线狮表演。霍童线狮表演分单狮（雄狮）、双狮（兄弟狮）、三狮（母子狮）、五狮（祖孙三代狮）等 4 种。通过牵引一二十条较粗的绳子来完成表演。霍童线狮先是单狮表演，后在单狮表演的基础上探索出双狮、群狮表演，且为家族传承，只传男不传女。霍童线狮在 1945 年抗日战争胜利时就被邀进宁德县城关踩街表演。中华人民共和国成立以来，多次受邀参加国内外重大文化活动，2003 年被福建省博物馆选为馆藏珍品，2004 年被福建省文联授予“福建省民间艺术团成员单位”称号。2006 年，“宁德霍童线狮”被列入第一批国家级非物质文化遗产名录。

屏南平讲戏 屏南平讲戏是闽东方言区最具影响力的地方高腔剧种，系由明末清初流行于闽东北民间、别称“肩头棚”的“驮故事”表演发展而来，普遍流传于福建省屏南县一带。其艺术形式比较简单原始，唱腔中多有当地民歌俚曲及道腔释乐的成分，演唱时只用“刀鞘板”配合锣鼓打出节奏。平讲戏与弋阳腔具有相同的演唱特点，采用徒歌与帮唱结合的“唱”“和”形式，“一人成声而众人相和”。后来经过发展，逐步增加了弦乐伴奏，所用乐器有“毛胡”“指呐”等。平讲戏常演的剧目包括习称为“七双”“八赠”“二十一杂”的一批经典作品及小生、小旦、小丑应工的一些“三小戏”，其表演质朴粗犷，接近生活。服饰化妆也很简陋，一般以印花土布缝制戏衣；小丑只在两颊画个白圆蛋，再插上两条鼻须即可上台；小生、小旦只用“厦门桃”在眉心、嘴唇和两颊各捺一点红就登场表演。平讲戏保存着白字弋阳高腔的艺术特色和古朴的表演风格，为高腔特别是“白字高腔”的研究提供了重要的参照系。其传统剧目和表演艺术是中国戏曲文化的瑰宝，具有很高的艺术价值。2008 年，“屏南平讲戏”被列入第二批国家级非物质文化遗产名录。

民间信俗（陈靖姑信俗） 陈靖姑信俗是福建省乃至江南地区极具影响的民间信俗之一。此俗约肇于宋，盛于明清，千百年来香火不断。古田临水宫始建于唐贞元八年（792 年）。古田临水宫是陈靖姑信仰的发源地，随着影响日益扩大，逐渐有了地方官府参与祭典，使之成为官民并祀的圣宫，并于各地出现许多分庙，由此产生了到古田临水宫来朝圣迎请圣火之“请香接火”仪式，各地信众组成“夫人社”到古田临水宫为陈靖姑庆祝圣诞，并从祖宫请香接火回乡祈神醮仪，演绎成俗，请香接火活动日趋频繁，发展成为一年一度的制度化的民俗请香接火活动。并通过展示各地不同流派的道教科仪、民间音乐、戏曲舞蹈、传统武术、民间曲艺等文艺形式，表达民众迎圣火、祈福祉、求平安的愿望，促进民俗文化的传播与发展。请香接火活动所在地古田临水宫是福建省四大对台文化交流基地之一，20 多年间台湾到古田祖宫朝圣者达 40 余万人次。2008 年，“民间信俗（陈靖姑信俗）”被列入第二批国家级非物质文化遗产名录。

抬阁（芯子、铁枝、飘色）（霍童铁枝、福鼎沙埕铁枝、屏南双溪铁枝） 铁枝俗称“杠”“阁”，是闽东地区元宵节传统民俗活动之一。早期是竹、木质结构，用人抬扛，为单层，2～3 米高，叫平阁。随后发展成用钢管或铁条焊接成树枝状，并进行艺术性加工和装饰，使之固定在车辕上行进的一种民间表演艺术。它吸收了民间文艺、传统戏剧、舞蹈杂技等艺术精华，为多层，7～8 米高，层与层之间称为“过枝”，简称“枝”。一台铁枝中部由一根钢条为杆，从底盘分两根钢条通往更上层，根据铁枝内容需要把钢条制作成各种形状，然后将这台铁枝的人物、道具分层固定。演员坐在扶枝位置上，手持道具，表演简单情节或杂技动作。铁枝大约在明代后期、清代初期从福建泉州一带传入闽东沿海地区，曾流行于福鼎、蕉城、屏南、福安、霞浦、寿宁等县（市、区）。而闽东又以蕉城霍童铁枝、屏南双溪铁枝和福鼎沙埕铁枝为代表，因其技术高超、阵容强大、场面壮观而独领风骚。2008 年，“抬阁（芯子、铁枝、飘色）（霍童铁枝、福鼎沙埕铁枝、屏南双溪铁枝）”被列入第二批国家级非物质文化遗产名录。

歌会（瑞云四月八） 福鼎硖门畲族乡瑞云村，生活着蓝、雷、李、钟等姓畲民近千人。瑞云畲族至今有六百多年的历史。每年四月初八，为纪念畲家钟期（钟子期）和钟仪这两位歌王，设坛祭祀，举办歌会，大家一起传唱先祖遗歌“大喝”和“小喝”，并把这一天作为畲族“四月八”歌王节。唱畲歌是“四月八”的主要内容，瑞云畲歌调属于“福鼎调”，因其地处鼎霞交界，受地域方言影响，音色与当地其他畲族同胞的畲歌又有差别。畲族人对火充满着敬畏和崇拜，逐渐衍化出以“烧火”作为主题的娱乐活动。“瑞云四月八”的“火头旺”是在晚上进行的，畲家人点燃已搭好的柴堆，烧起篝火，一群青年男女围在火堆旁尽情地欢唱。在气氛热烈的时候，众人会设法将男歌手推向火堆，把男歌手抬起来，在燃烧的火苗上过火（但不能伤及身体），并晃来晃去，这就是“火头旺”，意思是祝愿万事如意，岁岁吉祥。“瑞云四月八”这一天，畲族人还要为自己的耕牛过节，俗称“牛歇四月八，人歇五月节”。这一天，牛不下田、不挨鞭、吃上等草料，并用各种山草药煎汤酿成“牛酒”专供牛食。因此，四月初八又被畲民称为“爱牛节”，又称“牛歇节”。2011 年，“歌会（瑞云四月八）”被列入第三批国家级非物质文化遗产名录。

银饰锻制技艺（畲族银器制作技艺） 畲族历来崇尚银饰、银器，闽东的畲族银饰传统技艺可追溯到唐末五代。珍华堂银雕工艺相传源于元代银雕巨匠朱碧山，清朝中晚期，珍华堂银雕创始人师从制银技艺，开设银铺，精研求新，代表作品有“南海观音”和“银蓝如意牌”。抗日战争初期，在英国伦敦银制工艺品赛会中，作品银蓝七层塔获银奖。1973 年，林仕元继承“珍华堂”字号，苦心钻研、精益求精，总结出“操、凿、起、解、披”等五大工艺精髓。其代表作品“金龙戏珠”获第三届中国国际民博会金奖；“鼎盛中华”获中国第五届民间文艺“山花奖”银奖；“九龙如意”参加中国杭州清河坊民艺节暨中国杭州清河坊艺交会，林仕元获“中国十佳民间艺人”称号。2010 年，珍华堂入选国家文化产业示范基地。2011 年，“银饰锻制技艺（畲族银器制作技艺）”被列入第三批国家级非物质文化遗产代表性项目名录扩展项目名录。

平讲戏　平讲戏是明末清初闽东北民间流行一种民间表演艺术，俗称“驮故事”，亦称“肩头棚”，早期在福安一带盛行。清中叶，外省的四平、徽调、乱弹及啰啰等声腔剧种逐渐流入闽东（当时统称江湖班）。“肩头棚”戏班吸收江湖“十八本”等传统剧目和“紧板”“慢板”“诉牌”等江湖曲调，用福安方言演唱，表演方式比较原始粗犷、简朴通俗。唱腔多吸收民歌俚曲、道腔释乐。乐队仅用“刀鞘板”“鱼鼓”配合锣鼓打出节奏，加之京胡、毛胡、笛子、唢呐等几种简单的管弦乐器。传统节目有“七双”“八赠”“廿一杂”。服装与化妆简陋，一般以印花土布缝制戏衣；化妆仅用“厦门桃”点缀脸部。因其有大众化特点，深受广大群众所喜爱。清末民国初是福安平讲发展的全盛时期。日本侵华战争爆发后，班社相继解散。中华人民共和国成立后，福安平讲戏受到党和政府的充分重视，得到大规模的抢救。1960 年 3 月成立福安县平讲剧团，成为国内仅有的国有专业平讲戏剧团，1961 年解散。2009 年正式恢复。2014 年，“平讲戏”被列入第四批国家级非物质文化遗产名录项目。

马仙信俗　马仙是福建省三大女神之一，又称马元君、马仙娘、马氏天仙等，是农耕社会闽浙毗邻地区最具影响力的民间信仰之一。

肇始唐朝中叶，至今1300多年，盛行于福建、浙江等地，影响港澳台地区和东南亚，信众过千万。马仙是真人得道、平民宗教化的典范。马仙信俗蕴含的忠孝、慈爱、安康等文化内涵，与当今的社会主义核心价值观相契合，被后人尊崇为中华平安女神。柘荣县是马仙信俗文化的发祥地，信仰热情冠于闽浙诸地，每年农历七月举办马仙巡游盛会，仪式主要由“迎仙”“献祭”“醮仪”“巡境”“送仙”5个部分组成，各部分均有其独特、丰富的传统文化内涵，为闽浙边最隆重、保存最完好、传承最持久、特色最明显的民俗活动，具有历史学、民俗学、民间信仰学价值，是民间传统信仰习俗遗存现象。2014年，“马仙信俗”被列入第四批国家级非物质文化遗产名录项目。

银饰锻制技艺（畲族银器锻制技艺） 盈盛号畲族银器制作技艺始于明万历年间（1573—1620年），银器制作艺人林玄友以家庭传承方式在今福安市下白石镇大获村从事这门手艺。至清同治年间（1862—1874年），十九世祖林大金将打银手艺传至儿子林隆魁。清

国家级非遗传承人林陵祥制作作品银壶（林细凯/摄）

光绪时期，林隆魁娶妻畲族妇女钟弯脚，遂向其岳父学习畲族打银技艺，并从此以制作畲银为生。2011 年，传承人林陵祥创作的银雕作品《银翼善冠》获 2011 年中国工艺美术“百花奖”特别金奖。此后，又运用黄金材料制作了作品《醉里看花》，再现了锤揲、花丝和银蓝等传统绝活，并获得文化部主办的首届中国非物质文化遗产传统技艺大展金奖。2014 年，“银饰锻制技艺（畲族银器锻制技艺）”被列入第四批国家级非物质文化遗产代表性项目名录扩展项目名录。

婚俗（畲族婚俗） 闽东畲族长期以来实行的是宗族外婚制和民族内婚制。20 世纪 50 年代后，畲汉通婚已不受限制，但主要以畲族女子外嫁居多。整个畲族婚俗保留着古老的“（婚）俗不离歌”的传统，婚俗有“提亲、看寮、讨庚帖、合婚、压圆、回贴、下定、做表姐、做亲家伯、成亲、做头客”等流程，以歌传情、以歌结交、以歌述怀、以歌欢娱，畲歌贯穿从议婚到完婚的全过程。畲族婚俗展现了畲族人的浪漫、热烈、率真、执着、智慧和诙谐风趣，畲家人爱歌善歌的特点凝聚在这喜庆的婚礼中。2014 年，“婚俗（畲族婚俗）”被列入第四批国家级非物质文化遗产代表性项目名录扩展项目名录。

酿造酒传统酿造技艺（红糀黄酒酿造技艺） 屏南地处闽东北鹫峰山脉中段，是福建平均海拔最高的县份，这里山高林密，清泉醇冽，有着得天独厚的制糀酿酒之优质原材料——高山稻米与泉水。数百年来，红糀制作与黄酒酿造技艺一直流传于民间，以农家自制或小作坊生产形式存在，屏南红糀黄酒酿造注重选料和水源，从糀母选育、制糀到酿造，工艺流程繁多，工序严谨，有着极其宝贵的传统工艺价值，是屏南古代重要的民间技艺之一。2021 年，屏南县的“酿造酒传统酿造技艺（红糀黄酒酿造技艺）”被列入第五批国家级非物质文化遗产名录。

文化场馆

中华畲族宫 位于宁德市蕉城区金涵畲族乡亭坪畲族村，建于1995年，占地面积1.3公顷，主要建筑有忠勇王殿、文物馆、文化长廊、龙首祖杖、太极祭坛等。宫内闽东畲族文物馆，2008年1月正式对外开放，全面展现畲族独特风情、畲族人民革命斗争历史及中华人民共和国成立后各个历史时期畲乡建筑取得的辉煌成就。2019年，建成文化长廊，展示闽、浙、粤、赣、湘、鄂、贵等省主要畲族聚居

中华畲族宫

地自然和人文景观、非物质文化遗产、民俗风情等。2007 年，闽东畲族文物馆被国家民委命名为“全国民族团结教育基地”。2012 年，被省委统一战线理论研究会命名为“民族工作理论宁德研究基地”。2016 年，被宁德市委宣传部命名为“宁德市爱国主义教育基地”。2020 年，被命名为“全省民族团结进步重点区重点单位”。2022 年，建成畲族红色文化展厅，主要展示了在闽东红色政权建立、南方三年游击战争、抗日战争和解放战争三个时期畲族人民的杰出事迹和重要贡献。

宁德市艺术馆 位于宁德市东侨经济技术开发区北区，占地面积 1.7 公顷，建筑面积 11297 平方米、主体建筑高度 22.5 米。2015 年，被评为国家一级文化馆。先后被授予福建省艺术扶贫先进集体、宁德市文化工作先进单位、宁德市爱国主义教育基地等称号。2022 年，宁德市艺术馆挂牌设立宁德市美术馆机构，建设 600 平方米艺术展厅。拥有 320 座位剧场、培训室、排练厅、畲族民歌传习所、宁德市道德模范展厅、宁德市历史文化名人展厅、宁德市非物质文化遗产展厅、艺术展厅等 8 个文化设施。艺术馆常年对外免费开放宁德市非物

宁德市艺术馆（黄鹤鸣 / 摄）

质文化遗产展厅、宁德市历史文化名人展厅和宁德市道德模范展厅。其中，非物质文化遗产展厅重点推介了被列入联合国教科文组织非物质文化遗产名录的中国木拱桥传统营造技艺（寿宁、屏南）、中国水密隔舱福船制造技艺、柘荣剪纸、福鼎白茶制作技艺、坦洋工夫茶制作技艺以及被列入国家级非物质文化遗产代表作名录的畲族民歌、宁德霍童线狮、寿宁北路戏、屏南四平戏、福鼎白茶等。

宁德市图书馆　位于宁德市中心城区东湖北岸的东侨经济技术开发区华庭路，是2012年宁德市委、市政府为民办实事项目和市“五大战役”民生工程。该馆占地面积9446.7平方米，总建筑面积12151平方米，项目总投资6936万元，2012年6月动工建设。计划建成达标的国家一级图书馆，成为融图书阅览、典籍收藏、文化休闲、信息咨询、教育培训及学术研讨为一体，面向公众的高品位社会学习中心、文化交流中心和信息服务中心，成为宁德市建设学习型社会的重要平台。该馆设计藏书总量80万册，阅览座位800座；配套

宁德市图书馆（倪风凉/摄）

建设一座650平方米，290个座位的学术交流馆。馆楼设计建设坚持“将最好的空间留给读者”的理念，把建筑南面朝湖景观位置，以大开间、大开放格局，为读者提供优雅、舒适、便捷的借阅空间。2013年9月30日，宁德市图书馆竣工验收并投入使用，实行免费对外开放。2018年被文化和旅游部公布为“二级图书馆”。2020年10月馆内城市书房开始对外开放，2021年8月挂牌设立闽东畲族文献资料中心，设有5个分中心，建成畲族文献数据库和福建旧地方志数据库等。截至2022年底，有馆藏图书101.7万册（纸质图书30.3万册、电子图书71.4万册），其中畲族相关文献资源48971册（件），年均服务进馆读者60余万人次，分馆10个，图书流通点29个，阅览坐席1005个。

宁德市博物馆（闽东畲族博物馆） 是以收藏、展示、研究宁德历史文化、民俗风情和闽东畲族文化为宗旨的综合性博物馆，1989年建成闽东畲族博物馆，2005年成立宁德市博物馆，实行“一套人

宁德市博物馆全貌（林章明/摄）

马、两块牌子”。2009 年，被国家文物局评为“国家三级博物馆”。2006 年，馆址由宁德市建新路 1 号文化大院迁至东侨经济开发区华庭路西侧宁德市艺术馆一楼右侧，2008 年 2 月免费重新对外开放。2009 年被国家文物局评为“国家三级博物馆”。共有文物藏品 4500 件（套），其中三级以上珍贵文物有 482 件，分为历史文物和畲族民俗文物两大类。馆藏历史文物主要有石器、陶瓷器、玉器、木雕、丝织品、金银器等，尤以畲族民俗文物最具特色。2022 年 9 月 29 日，馆址迁至宁德市东侨经济技术开发区金马北路 6 号（宁德四大馆），重新正式对外免费开放。新馆馆舍建筑面积 5076.3 平方米，库房面积 500 平方米，基本陈列展厅面积 1688 平方米，临时展厅面积 132 平方米。基本陈列设“沧海桑田　源远流长”“天工开物　百业兴盛”“崇文重教　人杰地灵”“千年山哈　多彩畲族”4 个部分，展出各类文物 600 余件。

宁德市档案馆　1958 年 9 月成立，名称为中共福安地委档案馆，直属地委领导。1961 年 1 月，成立福安专署档案管理局，隶属福安专署领导。1982 年，地区档案管理局被撤销，其业务工作与档案馆合并，称地区档案管理馆。1984 年 11 月，地区档管理案馆从福安迁至宁德。1986 年 5 月，恢复地区档案局，地区档案管理馆改称地区档案馆，局馆合署办公，实行两块牌子、一套班子。2000 年宁德撤地设市，改称为宁德市档案馆，局馆合署办公。2010 年 12 月，宁德市档案馆经国家档案局和省档案局考核，批准晋升为国家二级档案馆。2018 年 12 月，宁德市档案局（市档案馆）承担的行政职能划入市委办公室，市委办公室加挂市档案局牌子，市档案馆作为市委直属正处级事业单位设置，归口市委办管理。2022 年 11 月，经省委组织部批复，明确将市档案馆继续列入参照公务员管理。宁德市档案馆新馆项目位于东侨经济开发区金马北路，于 2017 年 12 月开工，2021 年 10

宁德市档案馆（刘剑清 / 摄）

月 15 日开馆，具备档案安全保管基地、爱国主义教育基地、档案查阅利用中心、政府公开信息文件查阅中心、电子文档中心“五位一体”的功能要求。新馆总建筑面积约 1 万平方米，包括档案库房、对外服务用房、档案业务和技术用房等。库房配备了完善的消防系统、恒温恒湿系统、除湿系统，大楼配备智能楼宇系统。设有“闽东历史革命档案展”“三都澳历史档案展”2 个专题展厅及 1 个临时展厅，是宁德市第一批爱国主义教育基地及第一批党史学习教育参观学习点。

宁德市科技馆　宁德市科技馆位于金马北路宁德市动车站正对面，2018 年 4 月 17 日动工建设，2020 年 9 月竣工，2020 年 10 月对外开放。市科技馆地理位置优越，与博物馆、档案馆、青少年宫同属于宁德市四大馆文化公建项目，四大馆总投资 25082 万元。宁德市科技馆是全市设立的首座公益性市级综合性科技场馆。市科技馆共有建筑面积 5162.4 平方米，一至三层为常设展厅，面积约 3300 平方米。一层展厅设锂电新能源分馆、学术报告厅、多功能厅、青少年科技竞赛室等公共科普设施。二层展厅设有序厅、小发明家天地（儿童

宁德市科技馆（王薪越 / 摄）

乐园）。三层主展厅以“天、地、人”的哲学观作为展厅的动线规划概念，围绕“感知万物”“科学探索”“认识自我”3 个主题，分别设置了宇宙探秘、地球家园、前沿科技、科学探索、科学启蒙、生命健康、安全教育 7 个展区，拥有宇航员训练、月球车、直升机模拟驾驶、磁悬浮列车、足球射门等 100 多件套 AR 体验展品和体感互动游戏，让参观者体验从宇宙过渡到人体，从宏观到微观全方位的科普历程，经历震撼回味的探险。宁德市科技馆是实施科教兴市和人才强市战略，提升全民科学素质的公益性、综合性大型科普教育基础设施。截至 2022 年底，已被认定为全国科普教育基地、市级应急消防科普教育基地，获中国科协“中国流动科技馆项目优秀组织单位”表扬，获批“2022 福建省优秀科普教育基地建设项目”。

宁德市青少年宫　宁德市青少年宫是由共青团宁德市委主管的青少年校外活动阵地和公益性校外教育服务场所，属于财政全额拨款事业单位，划分为公益二类。该宫坐落于宁德市“四大馆”内，总建筑

宁德市青少年宫

面积4850多平方米，于2020年9月投入使用。宁德市青少年宫作为全市青少年校外教育主阵地，是面向宁德市青少年进行思想道德教育、科技体验普及、知识技能培训等的服务平台，主要职责是为青少年开展实践教育、社会教育和校外活动提供场所和服务，采取多种培训形式普及艺术、体育、科技知识，运用多种手段培养青少年兴趣爱好，陶冶情操，引导青少年健康发展。截至2022年底，宫内有教师28人，开设舞蹈类、体育类、美术类、语言类、器乐类、棋类、科技类等50多个科目的公益性、普惠性、培优性相结合的培训班，年培训学员达2000多人。宁德市青少年宫率先成立少工委，立足青少年成长实际需求，采用“课堂+活动”模式，切实提升少先队社会化工作水平。

宁德市妇女儿童活动中心　原位于宁德先锋广场，2010年决定迁建东侨新区华庭路3号，2012年6月动工建设，2013年9月30日，竣工并投入使用。该活动中心是集妇女儿童教育培训、文体活

宁德市妇女儿童活动中心（王立宇／摄）

动、法律维权、咨询服务、宣传展示、联谊交流等服务为一体的多功能综合性社会公益活动场所。为宁德市民生重点工程之一。占地面积9449平方米，总建筑面积10409平方米，总投资5588万元。整体建筑为地下1层，地上5层。内设展厅、室内球馆、多功能演艺厅，少儿校外教育培训教室，妇女职业技能培训教室等场馆设施。活动中心秉承“服务妇女、服务儿童、服务社会”的宗旨，坚持公益性原则，围绕“培训、活动、服务”三大功能，致力于把中心建设成为女性家园、亲子乐园、儿童学园。常年开设各类少年儿童艺术特长培训以及妇女文化、科技、职业岗前技能培训。

宁德市体育中心 位于东侨经济技术开发区坪塔路北、兰溪路南、滨海大道西、沈海高速公路高架桥东。1999年8月开工建设，占地面积20.0公顷。建有可容纳1.6万名观众的体育场、田径场、800个座位的游泳馆、820个座位的训练馆、射击馆、室外篮球场、

宁德市体育中心（杨超异 / 摄）

室外网球场、多功能球场及大门、道路、绿地、停车场等配套工程。集健身、训练、竞赛、休闲、观赏、旅游、办展功能于一体。2015年9月30日开工建设体育中心新馆，2017年8月31日竣工验收，总投资概算为2.5亿元。作为第十六届省运会主场馆，按照国家单项比赛乙级标准进行设计，承办该届省运会大部分室内球类赛事。新馆占地1.3万平方米，建筑面积21660平方米、建筑高度28.8米，总投资2.1亿元。主体为混凝土框架结构，地上1层、局部3层，内设主馆和副馆，主馆设置固定座位4800个、移动座位1200个，由主副馆两部分组成。其中主馆座位6000个、馆内设施齐全，配备空调、音响、照明、安保、信息等系统，按乙级标准体育馆建设。既可作为承办综合比赛项目的场馆，还可作为文艺演出等大型活动场所使用。

史志成果

党史编研 1995—2000 年，编写社会主义时期地方党史 9 个重点专题，20 多万字，11 个具有闽东地方特色的专题，约 16 万字。各县（市、区）还完成其他各类专题和地方党史研究文章 200 多篇，共 160 多万字。完成《中国共产党宁德地区历史大事记（1949.10—1990.12）》出版发行。2000 年，出版发行了闽东社会主义时期地方简史《与共和国同行——闽东 50 年沧桑巨变》；2004 年，内部出版《闽东革命史画集》；2014 年，内部出版《闽东苏区革命史画册》；2013 年，出版发行《福建省重要革命遗址通览·宁德市》；2020 年，出版发行“闽东革命历史故事连环画丛书”，并编写人物传略，全市（地区）共撰写英烈传略 193 篇 70 万字。完成出版《闽东英烈》《中国共产党革命英烈大典》闽东部分 92 名英烈传略的编写工作，出版发行《中共宁德党史人物》《范式人纪念文集》。2021 年，编印全市党史学习教育特色教材《闽东革命简史》《闽东百个革命故事》。2022 年，出版发行《中国共产党福建省宁德市历史第一卷（1926—1949）》。

地方志书 闽东史上有《秦川志》和《秦溪志》，明永乐十六年

（1418 年），修《福宁县志》。明成化十一年（1475 年），知州刘象主修《福宁州志》。闽东地区共修过州府志、县乡志 39 种、396 卷。明万历十九年（1591 年）至四十三年（1615 年）修过 4 部志书；清乾隆五年（1740 年）至四十八年（1783 年）修了 5 部志书。清光绪六年（1880 年）至三十四年（1908 年）修 6 部志书。1917—1941 年共修 5 部志书。中华人民共和国成立后，20 世纪 50 年代末至 60 年代初，各县曾部署修志，但成果不佳。80 年代初期，开始组织点校旧志、指导全区第一轮修志工作。整理《福宁府志》《宁德县志》《福鼎县乡土志》《屏南旧志集》《太姥山志》等 30 余部历代旧志的出版。1988 年，时任宁德地委书记的习近平刚来宁德工作，第一件事就是先看宁德各县的府志、县志，对修志工作十分重视；1989 年 8 月，其在主持召开的全区地方志工作会议上强调“修志是一件相当‘得志’的事情”。1990 年，点校完成的《福宁府志》是保存最好、规模最大的一部全区性旧志。1998 年，完成当代宁德历史新方志《宁德地区志》编纂出版；另有 9 部县（市）志书、300 余部专志、部门志、行业志、乡镇志陆续完成，为宁德市地方志事业可持续发展奠定了基础。2009 年，宁德市第二轮修志全面启动，截至 2022 年，《宁德市志》已出版发行，各县（市、区）除《柘荣县志》《屏南县志》《周宁县志》《寿宁县志》《霞浦县志》《古田县志》《蕉城区志》出版发行外，《福安市志》《福鼎市志》已交付出版。

综合年鉴　1999 年 3 月，宁德地区方志委开始连续编纂地方综合年鉴，之后有福鼎、古田、寿宁、周宁、柘荣、福安、蕉城、屏南开编年鉴。2014 年，全面启动县级地方综合年鉴编纂工作。2015 年，全市实现“一年一鉴、公开出版”全覆盖。截至 2022 年，已连续编纂出版《宁德年鉴》22 部。其中，《宁德年鉴（2017）》《宁德年鉴（2020）》获评省一等年鉴，《宁德年鉴（2018）》《宁德年鉴（2021）》获评省特等年鉴，《宁德年鉴（2019）》《宁德年鉴（2020）》获评全国一等年鉴。全市县级地方综合年鉴累计编纂出版90余部。《古田年鉴（2001—2002）》获首届中国地方志年鉴奖版式装帧印刷特等奖，《福安年鉴（2012）》获全国三等年鉴，《福安年鉴（2019）》《福安年鉴（2020）》分别获全国三等、二等年鉴，《柘荣年鉴（2017）》获全国三等年鉴，《屏南年鉴》《福鼎年鉴》《福安年鉴》《周宁年鉴》等先后获评省二等、三等年鉴。

地情资料 20世纪90年代始，陆续征集、编研、出版一系列地情资料。全市主要资料有《宁德文明之光》《谢翱研究专辑》《宁德60年》《宁德名产》《宁德地名概览》《宁德市情手册》《宁德家训·乡规民约》《历史的足迹——宁德三十年变迁》《今古宁德》《中国国家人文地理·宁德》《闽东之光历史文化丛书》《中央领导人在宁德工作、调研文献资料》《圆瑛大师与佛教文化》《寿宁知县冯梦龙》等。2021年，《扶贫开发“宁德模式”的探索与实践》获2016—2020年全国党史和文献部门优秀科研成果资政成果类二等奖，《“传承红色基因，走出闽东特色乡村振兴之路”主题党日活动线路》项目获全省机关体制机制创新优秀案例一等奖。2018—2022年，先后组织编纂《悠远地方志　魅力霍童溪》《悠远地方志　红色溪柄镇》《悠远地方志　耕读黄柏乡》《悠远地方志　仙韵路下乡》《悠远地方志　千年昭明寺》《悠远地方志　人文薛后村》6册地方志助力乡村振兴画册。

方言民俗

闽东方言

唐末，中原光州固始人王潮、王审知兄弟率500余名官兵渡江南下入闽，大批移民纷纷在闽中落籍安居，中原汉语在这里传播，形成了闽方言中的福州话，为闽东方言奠定基础。闽东方言形成初期，各地较为一致。社会的发展，地理的阻隔等原因，各地的闽东方言逐渐产生差异性。闽东方言分为南片区、北片区两个片区。南片区包括福州市及其所辖的8个县（市）和宁德地区的古田、屏南两县；北片区包括宁德地区的福安、周宁、宁德（蕉城）、柘荣、寿宁、福鼎、霞浦7个县（市、区）。这两个片区恰好分别是历史上的福州府和福宁府的辖地。宁德9个县（市、区），以各县城关话为代表的福安话、周宁话、宁德（蕉城）话、柘荣话、寿宁话、福鼎话、霞浦话、古田话、屏南话均属闽方言中以福州话为代表的闽东方言系统。其中，古田话、屏南话为闽东方言的南片区，其他均为闽东方言的北片区。宁德境内还有一些地方形成区外方言岛。宁德（蕉城）飞鸾镇的碗窑和礁头村，霞浦三沙镇和水门、牙城的部分村庄，以及下浒、州洋、长春等乡镇的少数村庄，福鼎的沙埕、前岐、店下、白琳、点头、贯岭、嵛山、叠石等乡镇的部分村庄，还有柘荣县乍洋乡和东源乡的少数村庄讲闽南话。闽南话是宁德地区的第二大方言。宁德还有少数地区形成汀州话（客家话）方言和莆仙话方言。

闽东畲语

宁德是全国最大的畲族聚居区，也是畲语人口最多、分布最广的地区。畲族交流的是“山哈语”，由古畲语的“底层”、汉语客家话成分和现畲族居住地汉语方言成分组成。畲族没有本民族语言的文字，历来用汉字记录本民族歌谣和族谱等。全市畲语以福安畲语为代表。福安畲族多聚居北部山区，历史上因交通闭塞，与汉人交往较少，受当地汉语方言影响较小，保留的古成分较多。宁德（蕉城）畲语、福鼎畲语较接近福安畲语。寿宁、周宁、柘荣三县邻近福安，畲族人口较少，且多与汉族杂居，受当地汉语方言影响，与福安畲语有地域性差异。霞浦畲族因畲族人口与汉族往来较多，受当地霞浦话的影响也较大。屏南、古田大部分畲族已不说或不会说畲语。全市各地畲语基本一致，语音、词汇、语法大同小异，用各自的畲语彼此可以沟通。

民　　俗

闽东基于其地理位置与历史变迁，融合杂糅了多种文化积淀，滋生了极具地域特色的民俗文化，如婚嫁、丧葬、生育、敬祖、节庆等。“米龟祈福”是宁德蕉城极具特色的正月民俗文化活动之一，人们用手触摸“米龟”，希望通过“米龟”来寄托新一年的美好愿望。闽东畲族婚俗、“二月二”灯会、“牛歇节”、周宁鲤鱼溪护鱼习俗和闽东农村流行“尝新”风俗等，其他岁时习俗、生活习俗等大多与全国各地大同小异。中华人民共和国成立后，随着时代的发展变革，宁德各地不断推进移风易俗，破除封建迷信活动，逐渐形成见义勇为、诚信担当的社会新风尚。

宁德人物

宁德人物以记载闽东籍主要人物和个别在闽东具有较大影响的外地籍著名人士、革命人物、英模人物（含宁德市历年被评为全国劳动模范、先进工作者，时代楷模和全国道德模范及提名奖获得者以及获一等功和军队军区级单位授予荣誉称号的退役军人）。人物中历史名人 33 人、革命人物 39 人、英模人物 67 人（其中全国劳动模范、先进工作者 52 人，时代楷模和全国道德模范及提名奖获得者 9 人，获一等功和军队军区级单位授予荣誉称号的退役军人 6 人）。

历史名人

宁德历史名人一览表

表 3

姓名	籍贯	生卒时间	简介
黄　鞠	河南固始	（569—657）	隋朝谏议大夫。水利专家。开凿隧道水利灌溉工程
薛令之	福安	（683—756）	唐福建第一个进士。开元中，授左补阙之职，与贺知章同为太子李亨侍讲
林　嵩	霞浦	（约 848—944）	唐闽东最享盛名的擢巍科者。为度支使、金州（今陕西安康）刺史
陈　桷	浙江温州	（1090—1154）	两宋军政要员。充广南东路经略安抚使
陆　游	浙江绍兴	（1125—1210）	南宋文学家、史学家、爱国诗人。宋孝宗即位后，赐进士出身，任宁德县主簿。著有《剑南诗稿》《南唐书》

续表 3

姓名	籍贯	生卒时间	简介
林　湜	霞浦	（1132—1202）	南宋历任晋江知县、监察御史、吏部郎中等职。陪朱熹讲学访友于赤岸、巽城、桐山及浙东永嘉、雁荡、天台等地传播理学
赵万年	浙江衢州	（1168—1209）	南宋师从朱熹，中进士，后任襄阳制置司干办。进武德大夫。著《裨幄集》《襄阳守城录》
王伯大	霞浦	（?—1253）	南宋《国史实录》院同修撰、刑部尚书。端明殿学士，佥书枢密院事。任参知政事
郑虎臣	福安	（1219—1276）	南宋任会稽（浙江绍兴）县尉，在押解大奸臣贾似道途中将其诛杀，为天下除奸，事迹被载入《闽都别记》
陈　普	宁德	（1244—1315）	南宋末元初教育家、理学家，探研朱熹理学，熟谙律吕、天文、地理、算数之学，精于阴阳玑衡之说
谢　翱	福安	（1249—1295）	南宋末抗元志士，爱国诗人。招募乡兵数百人到南剑州（南平市）投奔文天祥，被署为谘议参军。著《晞发集》
王都中	霞浦	（1279—1341）	元代为官四十余载，历任平江路总管府治中、郴州路总管、两浙都转运盐使，福建道、浙东道、广东道宣慰使都元帅，户部尚书，两淮都转运盐使，河南行省、江浙行省参知政事等职。著有《本斋诗集》三卷
章　润	屏南	（1388—1443）	明进士，历官至刑部郎中。为官廉洁敦厚，决狱勤慎，受朝廷器重
林　聪	宁德	（1415—1482）	明刑部尚书，耿直敢言，上《乞缓重狱疏》，提出“秋后决”的主张，反对株连，明廷诰授荣禄大夫太子少保
黄　钏	福安	（1510—1556）	明举人，任浙江温州郡丞，抗倭名将
游　朴	柘荣	（1526—1599）	明进士。为官廉洁爱民，办理冤狱不滞成案。任大理寺评事、右寺副、署左寺正事、实授左寺正等职，后任湖广布政使司右参政
戚继光	山东蓬莱	（1528—1588）	明抗倭名将。倭寇骚扰福建沿海，奉命率部入闽平倭。战横屿攻龟山，全歼残倭
叶朝奏	寿宁	（1545—？）	明任江西信丰知县。回乡“止开矿”“寝迁城”“修邑乘”等。撰有《孝经注》，冯梦龙赞其“正直居官，孝友表俗”
冯梦龙	江苏苏州	（1574—1646）	明文学家、思想家、戏曲家。任寿宁知县。任上“政简刑清，首尚文学，遇民以恩，待士有礼”。编《四书指月》《寿宁待志》
刘中藻	福安	（1605—1649）	明进士，兵部尚书兼东阁大学士。抗清名将

续表 3

姓名	籍贯	生卒时间	简介
罗文藻	福安	（1611—1691）	明末清初人，中国天主教第一位中国籍主教
余正健	古田	（1657—1717）	清进士，选翰林庶吉士。修《词谱》。先后任江南提督学政、云南学政。注重正本清源，整顿科场纪律，择优选拔
甘国宝	屏南	（1709—1776）	清武进士，授御前侍卫。任台湾总兵，福建陆路提督，致力海防，热心公益
李　拔	四川犍为	（1713—1775）	清进士，任福宁知府。总纂《福宁府志》，撰《劝学箴》《俭箴》《檄召郡县诸生会文序》等文章及《寻乐亭讲学示诸生》等诗、赋
游光绎	霞浦	（1758—1827）	清进士，以文学优选为庶常馆庶吉士。后授职翰林院编修，在馆阁以“博文强识，文学华赡”闻名。后任陕西道监察御史。总纂《鳌峰书院志》
魏敬中	宁德	（1778—1860）	清进士，殿试获二甲第六名。授翰林院庶吉士，散馆后授编修，任国史馆总纂。总纂《福建通志》
林朝聘	古田	（1803—1841）	清抗英名将，定海直隶同知，道光帝亦命古田知县督工，在杉洋建祠褒扬林朝聘
钟学吉	霞浦	（1856—1924）	畲族“盘瓠忠勇王”的正式传人。编写《花名歌》《鸟名歌》《十贤歌》《十女歌》《十字歌》《起书堂》《大读书》等大量知识性歌谣，改编《高辛氏》叙事史诗，代表作《末朝歌》思想性、艺术性都比较成熟，成为名闻闽浙畲区的一代畲族“歌王”
缪锡龄	福安	（1875—1928）	福安新式小学堂最早的创办人。创办景贤义塾，创办学堂达三十载，为教育事业鞠躬尽瘁
圆　瑛	古田	（1878—1953）	中国佛教协会首任会长，当代爱国名僧
朱腾芬	福鼎	（1881—1932）	全闽师范完全科毕业，入孙中山领导的中国同盟会，为最早会员之一，任过福建公立法政学校校长、国会众议院议员、军政府顾问、总统府顾问、北京朝阳大学和上海法商学院教授等职
林振翰	宁德	（1884—1932）	鳌峰和致用书院毕业，接触康有为、梁启超、魏源、林则徐等人，欣赏“中体西用”之学。出版《汉译世界语》。为全国第一部世界语教材。任四川盐运使。后在浙江、安徽、福建等盐务部门任职。撰《川盐纪要》《浙盐纪要》《淮盐纪要》《中国盐政辞典》《中国盐政纪要》《全国精盐调查录》等书
林耀华	古田	（1910—2000）	中央民族大学终身教授，博士生导师，1956 年加入中国共产党，著名的民族学家、人类学家、历史学家、社会学家和民族学教育家

革命人物

宁德革命人物一览表

表 4

姓名	籍贯	生卒时间	简介
陈奶兰	周宁	（1890—1936）	1934 年参加革命。1935 年加入中国共产党。任紫云村妇女会负责人，交通员
钟日住	福安	（1892—1937）	1933 年参加革命，1934 年加入中国共产党。1935 年，先后任宁寿县苏维埃政府主席、安周县苏维埃政府主席、为竹洲山根据地建设作出贡献
邓子恢	龙岩	（1896—1972）	老一辈无产阶级革命家，农民运动的卓越领导者。以中共福州（中心）市委巡视员的身份到福安、连江巡视，深入福安溪柄、连江透堡，指导闽东革命斗争
黄丹岩	福鼎	（1897—1934）	1929 年春在福州加入中国共产党。同年 5 月参加中共福州市委领导的人力车工人罢工斗争。不久返回福鼎领导革命，为中共福鼎县委主要负责人
林　爱	柘荣	（1899—1934）	1932 年加入中国共产党。组织红带会，建立柘荣第一个党小组。1934 年率领赤卫队配合闽东红军独立二团十六连胜利解放柘荣，开展群众运动、土地革命运动、攻打当地民团。任柘荣党小组组长，霞鼎泰县委副书记
郑长璋	宁德	（1901—1927）	1921 年考入国立北京大学政治系毕业，在北大加入中国共产党。1926 年回到宁德开展党的工作，筹建国民党宁德县党部，任筹备处任主任
范　浚	寿宁	（1902—1933）	1930 年底受中共福州市委派遣回到寿宁，创建“红带会”。1932 年 10 月，任中共寿宁县特别支部宣传委员。1933 年领导发动寿宁西区农民暴动

续表 4

姓名	籍贯	生卒时间	简介
詹如柏	福安	（1902—1935）	1931 年加入中国共产党，历任中共福安中心县委委员、书记、闽东工农游击第一支队支队长、福安革命委员会主席、闽东临时特委委员、代理书记等职。发动兰田暴动和赛岐暴动
张家镇	屏南	（1902—1938）	1935 年加入中国共产党，先后任中共政屏中心区委书记、政屏县委书记等职
陈铁民	福安	（1903—1935）	1927 年投身革命，1929 年加入中国共产党，先后任中共福安县委书记、闽东特委机关报《闽东红旗报》主编
许　旺	霞浦	（1903—1937）	1932 年 2 月加入中国共产党，组织革命武装红带队，组建柏洋游击队、小东区游击队和霞鼎游击队等革命武装，历任中共霞鼎县委委员、霞鼎中心县委书记、闽东特委委员、闽东特委霞鼎办事处书记、闽浙边临时省委委员等职
叶秀蕃	寿宁	（1904—1935）	1929 年秋加入中国共产党，1933 年创建了福鼎第一支工农武装游击队。历任中共寿宁特支书记、闽东红军独立二团政治部主任、闽东苏维埃政府副主席、中共福寿县委书记、中共闽东特委机关报红旗报社长兼主编等职
黄淑琮	福鼎	（1906—1934）	1929 年春加入中国共产党。1930 年 10 月，在福鼎筼筜一带领导抗租抗税斗争，为福鼎第一个共产党小组组长，1933 年为中共福鼎县委主要负责人
范铁民	寿宁	（1906—1935）	1930 年走上革命道路，先后任寿宁县革命委员会主席、中共安德县委书记、中共福寿边委书记、中共福寿县委书记、中共宁德县委书记等
赖金彪	广东大埔	（1906—1935）	1931 年加入中国共产党，1935 年受中共福州中心市委派遣到闽东加强军事领导力量。历任闽东工农游击第七支队支队长、闽东红军独立二团连长、营长、团长、闽东红军独立师副师长兼一团团长等
蔡　威	宁德	（1907—1936）	1925 年加入中国共产党，1926 年底筹建国民党宁德县党部，任筹备处委员。参加中共中央特科无线电训练班学习。在鄂豫皖革命根据地创建无线电通讯，被任命为红四方面军总部无线电二台台长、中国工农红军总司令部二局局长。徐向前为其题词“无名英雄”
黄孝敏	古田	（1907—1937）	1926 年加入中国共产党，1927 年初受中共福州地委派遣回到古田，参加筹建党组织发动农民运动，历任闽东地区第一个共产党组织——中共古田特支组织委员、中共福州中心市委委员、福州中心市委组织部部长、宣传部部长，福清中心县委书记，闽中特委组织部部长等
戴炳辉	霞浦	（1907—1940）	1933 年加入中国共产党。土地革命战争时期，先后任霞浦游击队队长、闽东红军独立师第三纵队政委、教导队政委等职。1938 年 2 月任新四军三支队六团三营教导员北上抗日。1939 年 5 月回闽东工作，任中共闽东特委书记、福建省委委员

续表 4

姓名	籍贯	生卒时间	简介
粟　裕	湖南会同	（1907—1984）	老一辈无产阶级革命家和杰出的军事家。1927 年加入中国共产党。历任红军团长、师长、师政委、军参谋长、军团参谋长等职。1935 年任红军挺进师师长，率部在闽浙边地区坚持游击战争，开辟闽浙边区游击根据地，先后任中共闽浙边临时省委委员、组织部部长、省军区司令员。抗战初期任新四军二支队副司令员，率部离开闽浙边地区，北上抗日
柯成贵	霞浦	（1908—1935）	早年为反对官府、渔霸，揭竿而起，称雄海上。1934 年春加入中国共产党，任闽东红军独立团海上游击独立营营长
陶　铸	湖南祁阳	（1908—1969）	老一辈无产阶级革命家。在任中共福州中心市委书记期间，于 1932 年 6 月到闽东检查工作，帮助连江、福安党将农村中以“五抗”为中心的经济斗争转为创建闽东苏区的武装斗争。亲自指导福安、连江党组织组建工农游击武装，传授游击战术，指导军事训练，为闽东工农武装斗争奠定了基础
马立峰	福安	（1909—1935）	1927 年初，筹建国民党福安县党部，发动工农革命运动。1929 年 2 月，加入中国共产党。发动兰田暴动，攻占赛岐。历任中共福安县委书记、福安中心县委书记、闽东工农游击第一支队政委、闽东苏维埃政府主席、闽东临时特委委员等职
范式人	寿宁	（1909—1986）	老一辈无产阶级革命家。1932 年 10 月加入中国共产党。土地革命战争时期，先后任中共寿宁特支委员、闽东特委宣传部部长、闽浙边临时省委委员等职。在红军中，历任连指导员、营政委、团秘书长、师政治部主任等职。抗日战争时期，任闽东军政委员会副主席、闽东红军独立师政治部主任、闽东特委书记兼组织部部长、福建省委常委、军事部部长、组织部部长等职
颜阿兰	宁德	（1910—1933）	1928 年参加革命，1930 年加入中国共产党，历任中共宁德霍童小组组长、共青团宁德县委书记、中共宁德霍童区委书记、闽东工农游击第三支队支队长等职。1933 年 5 月，与叶飞一道领导、发动宁德霍童暴动，取得成功，发展壮大了工农武装力量
郑丹甫	福鼎	（1910—1983）	1932年参加十九路军在福州东湖举办的民团干训班受训。1935 年 6 月打入“前岐清乡委员会”当主任，保护大批革命同志。1935 年 11 月加入中国共产党。先后任瑞平泰县委书记兼浙南人民革命委员会主席，浙闽边委书记，中国人民解放军浙南游击纵队副司令员，温州前线司令员，浙江温州军管会主任，温州地委副书记，浙江省委农村工作部副部长

续表 4

姓名	籍贯	生卒时间	简介
金维娇	福鼎	（1911—1937）	1935 年参加革命，1936 年任高滩村人民革命委员会妇女委员，开展革命活动。1937 年加入中国共产党
曾　志	湖南宜章	（1911—1998）	1932 年 1 月至 1933 年 4 月任中共福州中心市委秘书长。1933 年 5 月受福州中心市委派遣前来闽东，先后任中共福安中心县委委员、闽东临时特委委员、福霞县委书记等职。1933 年 10 月，和任铁锋、施霖等人发动领导了著名的福安甘棠暴动。1934 年 1 月，参与领导赛岐暴动。主持制定闽东苏区分田大纲，领导闽东苏区分田运动，为闽东土地革命斗争和苏区的各项建设作出了杰出贡献
陈　挺	福安	（1911—2005）	1930 年加入中国共产党。1931 年参加福安秘密游击队。历任闽东红军独立第二团短枪队队长、福寿独立营营长、闽东红军独立师特务队队长、团长、纵队长、中共闽东特委委员等职。抗日战争初期任新四军三支队六团一营营长，北上苏皖前线抗日
凌福顺	周宁	（1912—1936）	1932 年参加革命，1934 年加入中国共产党。先后任闽东工农游击第十一支队支队长、周墩县委执行委员、周墩县独立营营长等职
黄垂明	宁德	（1912—1992）	1933 年 5 月参加革命，1938 年 3 月加入中国共产党。1938 年初随新四军第三支队第六团北上抗日，1939 年 11 月返回福建坚持闽东抗日斗争，曾任宁德县游击队队长、闽东特委机关教导队负责人、福建直属纵队第三支队队长。解放战争时期，先后任闽东地委委员、闽东人民游击队负责人。1949 年后历任福安县县长、宁德县县长，中共福安地委委员、常委、福安专署副专员，宁德地区革委会副主任、宁德地区行署副专员、中共宁德地委常委兼地委政法委副书记。系福建省政协第四、五届常委
阮英平	福安	（1913—1948）	1932 年加入中国共产党，参加甘棠暴动，历任中共福安中心县委委员、安德县委书记、闽东特委组织部部长、闽浙边临时省委委员、闽东军政委员会副主席等职。1938 年 2 月，任新四军三支队六团副团长北上抗日。1947 年 5 月，受中央派遣回福建工作，任中共闽浙赣区党委常委、军事部部长。1947 年 9 月兼任中共闽东地委书记
叶诚忠	周宁	（1914—1944）	1935 年参加闽东特委领导下的红军游击队。1936 年加入中国共产党。历任闽东红军独立师班长、排长、连长。1938 年 2 月北上抗日，历任新“江抗”二支队一连连长，新四军六师十八旅五十二团一营连长、副营长。在无锡严家桥歼灭“忠义救国军”部，参加奔袭浒墅关、大官庄战斗

续表 4

姓名	籍贯	生卒时间	简介
叶　飞	南安	（1914—1999）	老一辈无产阶级革命家。原名叶启亨，出生于菲律宾奎松省。1932年7月，以中共福州中心市委特派员身份到闽东，先后任中共福安中心县委书记、闽东临时特委委员、闽东红军独立师政委、闽东特委书记兼闽东红军独立师师长、政委、闽浙边临时省委委员、宣传部部长兼共青团临时省委书记、闽东军政委员会主席、新四军三支队六团团长等职
沈冠国	福安	（1916—1938）	1932年加入贫农团，1933年加入红带会、先后参加甘棠暴动、赛岐暴动。1934年加入中国共产党。1935年夏担任闽东红军警卫班长。1936年冬任闽东红军独立师第三纵队纵队长。1938年2月任新四军三支队六团二营营长，北上抗日
阮伯淇	福安	（1918—1948）	1934年加入中国共产党。曾任中共福安县委委员、书记、城工部闽东工委副书记、闽东地委副书记等职
左丰美	江西铅山	（1918—1999）	1933年5月加入中国共产党。曾任中共闽浙赣特委青年部长、福建省委常委、军事部部长等职。抗日战争时期，任中共闽东特委书记、省委基本地区委员会书记等职。解放战争时期，先后任中共闽东北地委书记、闽浙赣区党委常委、军事部部长、闽浙赣游击纵队司令员兼政委等职。长期领导闽浙赣地区的革命斗争
蓝阿嫩	柘荣	（1919—1948）	1933年9月参加红军。1936年2月加入中国共产党。在三年游击战争时期，先后历任闽东红军独立师班长、排长。1938年2月北上抗日，任新四军连政治指导员、连长、作战参谋、营长等职。抗战胜利后，任团副参谋长、参谋长、副团长。参加了“夜袭虹桥机场”、江都大桥、半塔集、郭村保卫战、黄桥决战、泰安攻坚战、莱芜战役、鲁南反击战、宿北战役、孟良崮战役、豫东战斗等战斗
江作宇	古田	（1922—1990）	1940年加入中国共产党。抗日战争和解放战争时期，历任中共古田工委委员、南古瓯工委书记、闽浙赣游击纵队第二大队政委、闽东地委副书记、南顺瓯工委书记等职
李继藩	古田	（1924—1948）	1938年参加抗日救亡宣传活动，1940年加入中国共产党，创立了古罗林游击根据地。历任城工部古田县委书记、中共古罗林中心县委书记、中共闽东地委委员、古罗林游击大队政委

注：人员排序按出生时间先后顺序排列。

英模人物

宁德全国劳动模范、先进工作者一览表

表 5

姓　名	性别	所在单位及职务	授予年份	荣誉称号
兰耀珠	女	古田县广播站收音员	1956	全国先进工作者
张利见	男	古田 101 工程处工段长	1956	全国先进工作者
黄祖忠	男	古田溪水力发电厂风钻班长	1956	全国先进工作者
汤跃离	男	古田溪水电站检修工	1959	全国先进工作者
阮宝成	男	福安电厂副厂长	1959	全国先进工作者
郭翠珍	女	闽东印刷厂装订车间组长	1959	全国先进工作者
王木成	男	福安县留洋里村小学校长	1960	全国先进工作者
王本儆	男	福安第一中学副校长	1960	全国先进工作者
王锦娇	女	古田县大桥公社秀峰大队业余学校教师	1960	全国先进工作者
陈培信	男	古田县第一中学教师	1960	全国先进工作者
林石佺	男	福安甘棠八一公社业余学校教师	1960	全国先进工作者
金丽祥	男	福安师范学校教导主任	1960	全国先进工作者
张益亨	男	福建省闽东轮船公司船长	1977	全国劳动模范
萨阿六	男	人民银行福安支行白石营业所主任	1978	全国劳动模范
朱月花	女	福鼎县点头供销社副主任	1978	全国先进工作者
王良培	男	霞浦县牙城镇农机管理服务站站长	1989	全国劳动模范
李春贵	男	霞浦县电子仪器厂厂长	1989	全国劳动模范
陈永统	男	闽东电机厂八级造型工	1989	全国劳动模范
郑帮德	男	柘荣县乍洋乡五浦村委徐庄村农民	1989	全国劳动模范
郑婉如	女	福鼎县华茂玩具厂厂长	1989	全国劳动模范
曾锡龙	男	古田溪水力发电厂厂长	1989	全国劳动模范
王梓松	男	福安县工商行政管理局局长	1989	全国先进工作者

续表 5

姓　名	性别	所在单位及职务	授予年份	荣誉称号
苏玉桂	女	古田县大桥镇瑞岩小学校长	1989	全国先进工作者
叶石成	男	闽东电机第一冲压厂厂长、书记	1995	全国劳动模范
刘标标	男	宁德地区公路局工程处领工员	1995	全国劳动模范
陈太纯	男	古田县鹤塘东际村党支书	1995	全国劳动模范
黄永勤	男	柘荣县玻璃卡纸厂厂长	1995	全国劳动模范
缪惠琴	女	福安市赛岐供销社出纳员	1995	全国劳动模范
黄梅玉	女	霞浦县海岛学区北礵小学教师	1995	全国先进工作者
黄振裕	男	中国人民解放军第四八〇七工厂职工	2000	全国劳动模范
喻方兴	男	福鼎汽车站站长	2000	全国劳动模范
曾育湘	女	古田县极乐村农民	2000	全国劳动模范
陈永加	男	霞浦县工商行政管理局松城分局局长	2000	全国先进工作者
潘鸿华	男	福安市甘棠学区副校长	2000	全国先进工作者
甘振温	男	宁德市汽车运输集团公司党委书记、总经理	2005	全国劳动模范
陈茂祥	男	柘荣县环境卫生管理所所长	2005	全国劳动模范
戴维浩	男	古田县大桥镇大桥村农民	2005	全国劳动模范
陈建斌	男	宁德市人民医院超声科主任	2005	全国先进工作者
谢树政	男	福鼎市工商行政管理局城郊工商所所长	2005	全国先进工作者
卓继雄	男	福鼎市供电有限公司电力抢修队队长	2010	全国劳动模范
周久切	男	福建省（屏南）榕屏化工有限公司电解工段工人	2010	全国劳动模范
夏　鹏	男	福建三祥工业新材料有限公司总经理	2010	全国劳动模范
杨良雄	男	柘荣县第一中学副校长	2010	全国先进工作者
王周齐	男	福鼎市硖门畲族乡柏洋村党委书记	2015	全国劳动模范
叶德奕	男	国家电网福建周宁县供电有限公司配电抢修班班长、助理工程师	2015	全国劳动模范
杨光华	男	福建省白马船厂船舶管工、技师	2015	全国劳动模范
易发扬	男	福建宁德核电有限公司工程管理部副经理、高级工程师	2015	全国劳动模范
朱忠寿	男	宁德市医院院长助理、科主任、副主任医师	2015	全国先进工作者
于　健	男	中铜东南铜业有限公司党委书记、董事长、总经理，高级工程师	2020	全国劳动模范
周小明	男	福建青拓特钢技术研究有限公司首席工程师，助理工程师、技师	2020	全国劳动模范
缪文钦	男	寿宁县祥瑞葡萄种植专业合作社理事长	2020	全国劳动模范
张徐生	男	周宁县第一中学校长，正高级教师	2020	全国先进工作者

注：人员排序按授予时间先后顺序排列；同一年度授予的，按姓氏笔画排序。

宁德时代楷模和全国道德模范及提名奖获得者一览表

表 6

姓名	性别	职务	荣誉称号	授予年份
徐丽珍	女	福建省寿宁县凤阳乡基德村村民	全国诚实守信模范（第一届）	2007
罗成财	男	生前系福建省福鼎市沙埕镇黄岐村村民	全国见义勇为模范（第二届）	2009
李朗红	男	生前系大唐国际发电股份有限公司副总工程师	全国道德模范提名奖获得者（第二届）	2009
胡玉荣	女	福建省寿宁县玉荣面制品加工作坊店主	全国道德模范提名奖获得者（第二届）	2009
范英娇	女	福建省寿宁县南阳镇含头村村民	全国道德模范提名奖获得者（第三届）	2011
周炳耀	男	生前系福建省古田县卓洋乡庄里村党支部书记	全国见义勇为模范（第六届）	2017
陈祥榕	男	生前系陆军某边防团列兵	全国敬业奉献模范（第八届）	2021
杨　春	男	生前系福建省宁德市公安局蕉城分局党委委员、副局长	时代楷模、全国道德模范提名奖获得者（第八届）	2019 2021
孙丽美	女	生前系霞浦县松山街道古县村党支部书记	时代楷模	2021

宁德获一等功和军队军区级单位授予荣誉称号的退役军人一览表

表 7

姓名	性别	籍贯	授予年份	奖励、荣誉称号	退役年份	备注
刘建陵	男	山东青州	1949	一等功	1982	安置地为福安
林振元	男	蕉城区	1978、1980	北京军区技术革新先进个人荣誉称号、北京军区科技成果奖	1985	军区级
苏国生	男	福安市	1979	一等功	1981	
詹李术	男	蕉城区	1981	一等功	1981	
叶建清	男	蕉城区	1996	一等功	2018	
陈　辉	男	蕉城区	2011	一等功	2017	

注：人员排序按授予时间先后顺序排列。

编后记

修史立典，存史启智，是中华民族的优良传统。为增强志书可读性、实用性，更好地发挥志书“存史、资政、教化”的功用，满足读者多元化需求，2021 年底至 2023 年，宁德市委党史方志室以《宁德地区志》《宁德市志（1993—2005）》及历年《宁德年鉴》等为基础，简化框架结构，择取地域概况、支柱产业、传统文化、旅游景点、重要人物等重点资料并续写至 2022 年，形成便捷精巧的《宁德简志》，可一窥宁德境况又能方便阅读携带。

本书由林立光承编市情概览、城乡建设部分；王乃化承编经济发展、社会事业部分；翁泰其承编地方组织、文化艺术、宁德人物部分。文字资料由宁德市直相关单位、各县（市、区）及东侨经济技术开发区等市县两级相关单位负责核校补充完善。市县有关部门给予大力支持，提供了许多图片。在此，向所有支持本志编纂、出版的人员表示衷心感谢！

本书虽经再三斟酌、反复修改，但限于编者水平和经验有限，书中难免有错漏不足之处，敬请批评指正。

编者

2023 年 9 月